融媒体版

入眼·入脑·入手·易教·乐学

学前教育专业（新标准）“十二五”系列规划教材

依据《幼儿园教师专业标准（试行）》《中小学和幼儿园教师资格考试标准（试行）》编写

学前儿童美术教育

主　编／王任梅
副主编／张燕子

XUEQIAN ERTONG MEISHU JIAOYU

zjfs.bnup.com | www.bnupg.com

北京师范大学出版集团
BEIJING NORMAL UNIVERSITY PUBLISHING GROUP
北京师范大学出版社

图书在版编目（CIP）数据

学前儿童美术教育／王任梅主编．—北京：北京师范大学出版社，2019.7

学前教育专业（新标准）“十二五”系列规划教材

ISBN 978-7-303-19359-2

Ⅰ．①学… Ⅱ．①王… Ⅲ．①学前教育－美术教育－幼儿师范学校－教材 Ⅳ．①G613.6

中国版本图书馆 CIP 数据核字（2015）第 186371 号

营销中心电话 010-58802755 58801876
北师大出版社职业教育教材网 http://zjfs.bnup.com
电子信箱 zhijiao@bnupg.com

出版发行：北京师范大学出版社 www.bnup.com
北京新街口外大街 19 号
邮政编码：100875
印　刷：保定市中画美凯印刷有限公司
经　销：全国新华书店
开　本：787 mm × 1092 mm 1/16
印　张：18
插　页：2
字　数：355 千字
版　次：2019 年 7 月第 2 版
印　次：2019 年 7 月第 5 次印刷
定　价：39.80 元

策划编辑：于晓晴　　责任编辑：王　强　王　亮
美术编辑：焦　丽　　装帧设计：焦　丽
责任校对：段立超　陈　民　　责任印制：陈　涛
封面插图：郝馨悦

编写委员会名单

主任委员

冯晓霞　朱家雄　秦金亮　杨　文

副主任委员（按姓氏笔画排序）

于德水　文　颐　王玉兰　卢新予　朱宗顺　庄建东

刘　洋　刘迎接　杨四清　李红军　李河江　吴　林

宋占美　张兰香　张根健　张家森　张祥华　陈文华

陈伟军　陈志超　杭　梅　罗长国　郑健成　赵汝亮

郦燕君　原淑慧　栾　敏　唐志华　唐学军　黄淑敏

梁周全　喻小平

委　　员（按姓氏笔画排序）

王　刚　邓大河　石生莉　安春芳　孙华庚　张锋利

陈　华　武建芬　周玲玲　胡玉智　蒋荣辉　戴猛强

再版说明

近年来，《中共中央 国务院关于学前教育深化改革规范发展的若干意见》《国家职业教育改革实施方案》等文件陆续发布，保教质量日益受到重视。提高保教质量关键在于教师，因此必须完善教师培养体系，突出保教实践能力，提升保教工作专业化水平。

本书自 2015 年出版以来已 3 年有余，为了学生更好地学、教师更好地教，从而提升学生的专业素养，最终促进儿童全面发展，我们对原版的内容、形式等进行了适当修订。具体体现在如下三方面：

第一，配套数字资源。增设了难点讲解、实践指导、总结与反思栏目。其中，难点讲解栏目针对学生难以理解的部分进行讲解，从而更好地促进学生的学习；实践指导栏目主要针对实践性较强的部分给予引导，旨在提升学生的实践能力；总结与反思栏目梳理了每一单元学生需要重点掌握的内容，帮助学生对学习内容有整体的把握，便于巩固与应用。

第二，增加图片资源。结合学前儿童美术能力的发展与“学前儿童美术教育”课程的属性，增加了美术作品和儿童美术活动方面的照片，有利于学生结合作品赏析、案例分析等更好地理解学习内容。

第三，更新教材内容。通过本课程的学习，我们希望学生能够树立科学的儿童艺术观与艺术教育观，并将科学理念落实到教育教学的实践中。结合近年来学前儿童美术教育的最新研究与实践成果，我们更新了教材的部分内容，以期提升学生的美术教育素养。

王任梅

2019 年 5 月

再版说明

前 言

《3–6 岁儿童学习与发展指南》明确指出："每个幼儿的心里都有一颗美的种子。"也就是说，每个幼儿与生俱来地拥有艺术欣赏与创作的潜能。学前儿童美术教育应保护儿童的艺术潜能，激发儿童的艺术潜能，促进儿童美术能力与人文素养的整合发展。"学前儿童美术教育"课程属于学前教育专业教学法课程系列之一，旨在引导学生掌握关于美术尤其是学前儿童美术的基本问题，树立科学的儿童艺术观与艺术教育观，并将先进的儿童教育理念落实到幼儿园美术教育活动设计与实施之中。

本书是湖北省高等学校省级教学研究项目"模拟教学在高师学前教育专业教法课程中的应用研究"（项目批准号：2014090）的研究成果之一。基于学前儿童美术能力的发展与"学前儿童美术教育"课程的属性，本书阐述了儿童美术的本质与特点、学前儿童美术能力的发展、学前儿童美术教育的取向与价值等基本问题；结合具体翔实的案例，分析了幼儿园美术教育目标的制订和内容的选择，以及学前儿童美术教育活动的设计与实施；且论述了幼儿园美术教育与其他教育整合的基本理念与实践策略及学前儿童美术教育的评价等问题。

本书试图集前瞻性、理论性、实践性、整合性于一体，既适合高等院校学前教育专业本、专科学生使用，又适合学前教育研究者、幼儿教师及家长等群体阅读。首先，本书所传达的儿童美术教育理念符合儿童及儿童美术的特点，能够反映学前儿童美术教育的最新研究与实践，具有一定的前瞻性。其次，本书理论联系实践的特点非常凸出，在介绍基本理念与原理的同时，呈现了很多优秀的案例，非常注重启发学生探索幼儿园美术教育活动的设计与实施，重视学生教学实践能力的培养。最后，除了深入专门地论述学前儿童美术教育活动的价值取向、设计、实施、评价等问题，也论述了幼儿园美术教育与其他教育的整合，适应幼儿以及幼儿学习的整体性特征，体现了明显的整合性。

本书由主编拟定编写提纲，并负责全书的组织协调与统筹安排以及后期的内容修改、文字润色、图片整理等统稿工作。编写组成员主要有：王任梅、张燕子、邵秋硕、范诚等。其中：

第一单元、第四单元、第六单元、第七单元由王任梅撰写；

第二单元、第五单元由张燕子撰写；

第三单元、第八单元第二课由范诚撰写；

第八单元第一课由邵秋硕、王任梅撰写；

第八单元第三课、第九单元由邵秋硕撰写。

此外，郑梅、梁欣洁、朱建华、夏涓、吴晨阳、邓智丹、冯媛茹等为本书提供了部分精彩的案例与图片，许妮娜、孔国欢等为本书提供了部分文字资料，在此一并致谢。

感谢南京师范大学边霞教授的鼓励与引导，感谢北京师范大学出版社于晓晴编辑对编者的信任与支持，感谢编写组全体成员的合作与付出。

由于编者时间、精力及能力的局限，书中存在许多不足之处，还请各位专家同行批评指正。

编　者

2015 年 7 月

目录

第一单元

走进学前儿童的美术世界

学习目标

1. 了解美术的内涵、分类与起源，理解儿童美术的内涵、儿童美术与成人美术的差异。

2. 掌握儿童美术的本质与特点，并能在教学实践中尊重儿童以及儿童美术。

3. 领会学前儿童美术作品的独特性，并且能够欣赏学前儿童美术作品独特的视觉样式与审美效果。

情境导入

图 1–1

图 1–2

图 1–1 与图 1–2 是大班美术活动中的两幅美术作品，作品中毛茸茸的小动物是运用瓶装颜料以及牙签、筷子、叉子、棉签等辅助材料创作而成。请你猜一猜，两幅作品中哪一幅是成人的作品？哪一幅是儿童的作品？在你看来，什么是儿童美术？儿童美术具有哪些特点？学习完本单元，你就可以找到上述问题的答案了。

第一课 什么是儿童美术

儿童的美术世界不同于成人的美术世界，它神奇而又独特，充满了无穷的魅力。那么，什么是儿童美术？怎样才算是真正的儿童美术？我们认为，要了解儿童美术是什么，首先必须了解美术是什么。

一、什么是美术

（一）美术的内涵与分类

美术是什么？从词源学上分析，在西方，“美术”源于古罗马的拉丁文“art”，原意指“人工技艺”，泛指音乐、文学、戏剧及手工制作的艺术品等，甚至还包括制衣、栽培、医术等技艺。古希腊时期，“art”仍然与技术、技艺等同，公元前5世纪古希腊绘画与雕塑基本确立了一套古典美的标准。直到文艺复兴时期，近代意义上的“艺术”和“美术”概念才得以确立，艺术家逐渐注重追求思想和情感的表现。现在，“art”一词既可以指包括音乐、美术、舞蹈、戏剧、文学、影视等在内的各艺术门类的总称，称为“艺术”；也可以指包括绘画、雕塑、工艺美术、建筑等在内的视觉艺术，称为“美术”；还可以指作为视觉艺术“美术”中的一部分，称为“绘画”。

在我国，“美术”一词从五四新文化运动开始被普遍运用。当时的“美术”概念相当于整个“艺术”的含义，包括音乐、诗歌等。例如，鲁迅解释“美术”一词时写道：“美术为词……译自英之爱忒。爱忒云者，原出希腊，其谊为艺。”其后，我国另以“艺术”一词翻译“art”，“美术”一词则专指绘画、雕塑、工艺美术、建筑等视觉艺术。

美术是运用一定的物质材料，塑造可视的平面或立体的视觉形象，以反映自然和社会生活，表达思想和情感的一种艺术。美术的范围较为广泛，一般包括绘画、雕塑、工艺美术、建筑等。

1. 绘画

绘画是应用线条、形状、色彩等艺术语言，通过造型、设色、构图等艺术手段，塑造静态的平面视觉形象，以反映自然和社会生活并同时表达思想情感的艺术形式。绘画应用最为广泛，是美术中最主要的一种艺术形式。根据不同的角度，绘

图 1-3　庐山高　沈周

图 1-4　树间小道　霍贝玛

画可以分为不同的类别：从地域来看，可分为东方绘画与西洋绘画；从工具材料来看，可分为水墨画（如图 1-3）、油画（如图 1-4）、水彩画、水粉画等；从题材内容来看，可分为人物画、风景画、动物画、静物画等；从作品形式来看，可分为壁画、年画、漫画、连环画、宣传画、插图等。

不同类别的绘画，由于历史传统的差异，有着各自独特的表现形式和审美特征。在此，我们以水墨画和油画为例，比较两种绘画形式的不同，具体见表 1-1。

表 1-1　水墨画与油画的比较

	水墨画	油　画
地　域	东方绘画的主流，以中国画为代表	西洋绘画的代表
工具材料	用毛笔、水质颜料在宣纸、绢帛上作画，强调墨线造型	用油画笔、油质颜料画在画布、木板上，强调明暗造型
表现方法	散点透视	焦点透视
画面构成	注重空白，画面要求“虚实相生”	构图饱满，画面要求以再现客观对象为主
审美特征	诗、书、画、印交相辉映，讲究“形神兼备”“气韵生动”	强调自然真实，后来渐渐追求表现

2. 雕塑

雕塑是以各种可雕刻和可塑造的物质材料，通过雕、刻、塑等造型手段，创造出具有一定空间的立体视觉形象的艺术形式。雕塑是最具实体感的美术门类，既可诉诸视觉，又可诉诸触觉。雕塑种类繁多，根据不同的标准，可以分成不同的种类：从使用材料来看，可分为木雕、石雕、玉雕、漆雕、根雕、冰雕、泥塑、面塑、陶塑等；从表现形式来看，一般分为圆雕和浮雕；从功能来看，可分为纪念性雕塑、装饰性雕塑、主题性雕塑、功能性雕塑及陈列性雕塑等。

3. 工艺美术

工艺美术是日常生活用品经过艺术化加工和处理之后，成为具有一定审美价值的产品，是美化生活用品与生活环境的美术门类。工艺美术一般分为实用工艺美术与陈设欣赏工艺美术。其中，实用工艺美术是整个工艺美术的主体与基础，包括日常生活中衣、食、住、行、用的方方面面，如茶具、餐具、灯具、家具、文具、服饰、玩具等。实用价值是实用工艺美术的主要价值，审美价值是其辅助价值。融实用性和观赏性为一体，追求实用与美观的统一，使日常用品具有物质和精神的双重属性，是越来越多的现代人对生活提出的要求，也是工艺美术追求的标准。①陈设欣赏的工艺美术是那些以摆设、观赏功能为主的工艺品，如玉器、漆器、金银首饰、景泰蓝、壁挂等。这类工艺品以审美价值为其首要价值，注重形式的精美和技艺的高超，实用价值已不明显甚至完全消失。

4. 建筑

建筑是人类用砖、石、瓦、木、铁等物质材料，在固定的地理位置上，堆砌修建而成的，用来居住与活动的物质生活空间。建筑艺术则是运用独特的建筑艺术语言，使建筑形象既具文化价值与审美价值，又具象征性与形式美的一种造型艺术。按照功能的不同，建筑艺术大致可分为纪念性建筑、宗教建筑、宫殿陵墓建筑、园林建筑、住宅建筑、生产建筑等。实际上，建筑艺术与工艺美术一样，也是一种实用性与审美性兼备的艺术。实用性是建筑的首要功能，因为建筑的本质就是人类建造的用来居住和活动的生活场所。虽然最初的建筑仅用于遮风挡雨等实用目的，但随着人类生产力的不断发展，审美需求的不断增加，建筑越来越具有审美价值。

---

① 边霞：《幼儿园美术教育与活动设计》，9~10 页，北京，高等教育出版社，2009。

（二）美术的起源

美术是人类社会最早产生的艺术门类之一，也是人类最为古老的表达方式。那么，人类原始美术是如何产生的呢？这就涉及美术的起源问题。虽然原始美术与儿童美术有着本质区别，但它们在产生动因和表现形态等方面有着相似之处。所以，了解原始美术的发生，在某种程度上有利于我们深入认识和理解儿童美术。目前，国内外研究者对艺术起源的研究大致有三种途径：从考古学角度对史前艺术遗迹遗物进行分析研究；从人类学角度对现代残存原始部族的艺术进行分析研究；从心理学角度对儿童艺术心理进行分析研究。研究者对于美术起源的研究途径也大致如此。

想一想

关于美术起源的学说有很多种：模仿说、表现说、游戏说、巫术说、劳动说等。你认为，美术起源于什么呢？

让我们通过原始洞窟壁画来思考美术的起源吧！在你看来，美术起源于什么呢？

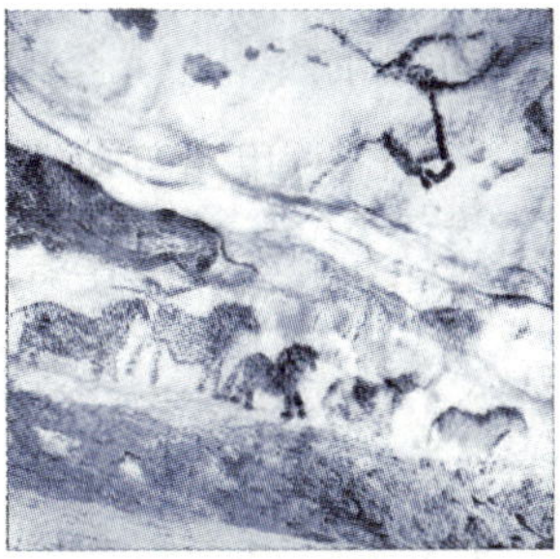

图 1–5

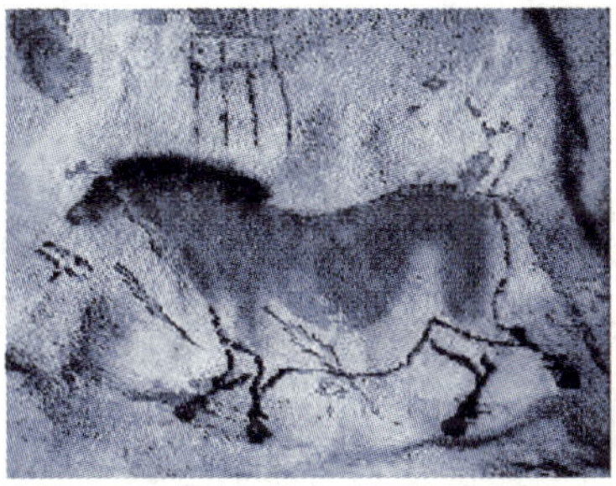

图 1–6

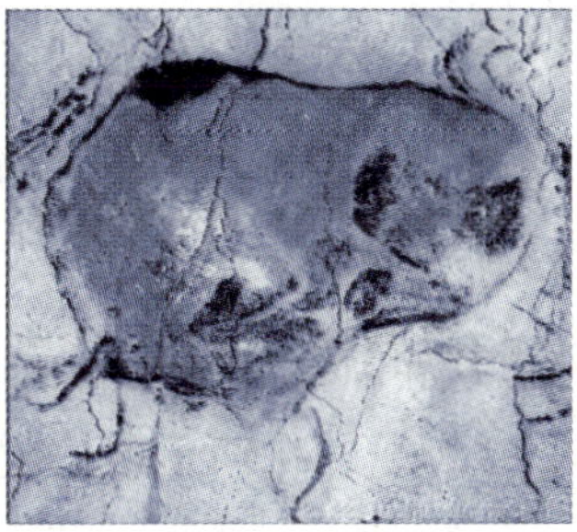

图 1–7

图 1–5 为拉斯科岩洞壁画局部，图 1–6 与图 1–7 为阿尔塔米拉洞窟壁画局部。目前，关于美术起源的学说主要有模仿说、表现说、游戏说、巫术说、劳动说等。

1. 模仿说

模仿说是各种美术起源学说中出现最早的一种，它的产生可以追溯到古希腊。模仿说关注艺术与自然、艺术与现实之间的关系，认为模仿是人类固有的天性，美术起源于对自然的模仿。柏拉图认为，艺术是对现实世界的模仿，而现实世界又是理念世界的影子，因此说“模仿术与真实之间的距离是很远的”[①]。亚里士多德在批判柏拉图模仿说基础上建立其模仿说，认为现实世界是真实的，艺术模仿的是实实在在的现实世界，既反映事物的外形，又反映事物的本质。文艺复兴时期，达·芬奇认为艺术模仿自然，再现自然，“画家的心应该像一面镜子，经常把所反映的事物的色彩摄进来。前面有多少事物，就摄取多少形象”[②]。直到19世纪末期，模仿说依然具有很大的影响。

通过关于原始美术的考古发现，模仿是美术创作的一种方法或手段，但模仿很难对人类美术起源做出充分解释。模仿说特别强调客体在艺术产生中的作用，相对忽视人类的主观情感，然而模仿难以成为艺术发生的动因。事实上，美术并非机械地模仿现实，它也体现主体的思想和情感。

2. 表现说

表现说是作为模仿说的对立面而出现的，其产生亦可以追溯到古希腊，在18世纪达到一个高潮。表现说主张艺术起源于人的情感，旨在表达情感与交流思想。例如，雪莱在《为诗辩护》中提到：“……野蛮人（野蛮人之于历史年代，犹如儿童之于人生岁月）表达周围事物所感发他的感情，也是如此；语言，姿势，乃至雕像的或绘画的模拟，不外乎事物以及野蛮人对事物的理解两者结合而成的表象罢了。”[③]列夫·托尔斯泰认为艺术不仅表现情感，而且传达情感。他指出：“艺术起源于一个人为了要把自己体验过的感情传达给别人，于是在自己心里重新唤起这种感情，并用某种外在的标志表达出来。”[④]可见，在表现说看来，艺术是艺术家情感的表现，凸显了艺术家的主体精神。

表现说在纠正模仿说偏颇的同时，夸大主体情感的表达，存在否认客观现实作用的唯心主义倾向。例如，在克罗齐看来，艺术即直觉，直觉即表现，艺术的本质是艺术家情感的表现，拒绝任何功利目的。情感是原始艺术产生的基本要素之一，但是原始艺术往往是社会与实用的目的在先。大量原始岩画主要出现在洞穴、峭岩，难以作为原始人表达情感与交流思想的证据。而且，表现说强调人的情感和感受，否认客观现实的作用，显然是有失偏颇的。

---

① ［古希腊］柏拉图：《理想国》，393页，北京，商务印书馆，1995。

② ［意］达·芬奇：《芬奇论绘画》，41页，北京，人民美术出版社，1979。

③ ［英］雪莱：《为诗辩护》，119～121页，北京，人民文学出版社，1984。

④ ［俄］列夫·托尔斯泰：《艺术论》，5～6页，北京，人民文学出版社，1958。

3. 游戏说

游戏说产生于18世纪，具有浓郁的人本主义色彩。游戏说认为艺术起源于游戏，其代表人物是席勒和斯宾塞，因此游戏说也称为“席勒—斯宾塞理论”。人的审美活动与游戏一样，是一种剩余精力的使用，剩余精力是进行艺术这一精神游戏的动力。在席勒看来，游戏是人自由的剩余精力的排解，以外观为快乐的游戏冲动触发模仿的创作冲动，也就是说，艺术起源于游戏。只有无功利、无目的产生的游戏冲动，才是艺术产生的动因。艺术是一种以创造形式外观为目的的审美自由的游戏。①斯宾塞和席勒一样，也认为艺术是过剩精力的发泄，艺术起源于人类的游戏冲动，是一种没有任何功利目的的精神活动。康拉德·朗格认为每一种游戏都有某种艺术形式与之相应，每一种艺术在产生之时都伴随着类似的游戏冲动。例如：“听觉的游戏之与音乐；视觉的游戏之与装饰；运动的游戏之与舞蹈；戏剧的游戏之与戏剧；看图的游戏之与绘画；玩偶的游戏之与雕塑；构造的游戏之与建筑；故事的游戏之与史诗等等。”②

游戏说揭示了艺术发生的生物学与心理学方面的某些条件，如剩余精力是艺术活动的重要条件等。但游戏说将艺术看成脱离社会实践的绝对自由活动，一方面偏重从生物学角度解释艺术的起源；另一方面强调艺术与功利的截然对立，这具有一定的片面性。事实上，原始艺术与社会生活息息相关，往往出于庄严的目的与场合，其发生有比游戏更为复杂、更为深层的社会文化内涵。

4. 巫术说

巫术说产生最晚，其产生与近现代原始艺术遗迹的发现和欧洲人类学的兴起直接相关。巫术说是20世纪影响最为广泛的一种艺术起源学说，它主张艺术本身起源于巫术。巫术说最早由英国人类学家泰勒在其《原始文化》一书中提出。在泰勒看来，原始艺术起源于原始巫术，原始巫术则根植于原始人万物有灵的原始思维。泰勒指出：“野蛮人的世界观就是给一切现象凭空加上无所不在的人格化的神灵的任性作用……古代的野蛮人让这些幻象来塞满自己的住宅，周围的环境，广大的地面和天空。”③万物有灵是巫术产生的基本条件。原始人的思维方式与现

---

① 边霞：《幼儿园美术教育与活动设计》，4页，北京，高等教育出版社，2009。

② 朱狄：《艺术的起源》，97页，武汉，武汉大学出版社，2007。

③ 朱狄：《艺术的起源》，107页，北京，中国青年出版社，1999。

代人不同，即万物有灵的原始思维，认为自然界万事万物的背后都有着一种不可知的神秘属性。

巫术说运用实用性解释美术起源问题，认为在原始人看来，艺术具有极大的实用价值。例如，原始洞穴壁画往往处于难以接近的洞穴深处，显然不是给人欣赏的，而是企图通过巫术促进动物繁殖或者保证狩猎成功。按照巫术说的观点，事物的形象与事实上的事物之间存在实在联系，对事物的形象实施影响实际上就是对事物实施影响。因此，在人类迄今发现的原始洞穴壁画中，最多见的是各种各样的动物形象，而且常常可以看到被刺中或受伤的动物形象。巫术说主要依赖于原始思维，为艺术的产生抹上了神秘的色彩。不可否认，巫术与艺术之间有着密切的联系，但巫术仅是人类活动的一部分，它必须建立在人类生产活动基础之上，必须着眼于人类的生存。因此，巫术说虽然解释了原始美术发生的非审美动因，但是却忽视了人类的生产活动。

5. 劳动说

劳动说主张艺术起源于人类的生产劳动，生产劳动是人类艺术产生与发展的基础。毕歇尔在《劳动与节奏》中明确提出艺术起源于劳动。普列汉诺夫亦将艺术起源问题置于人类劳动实践活动，认为劳动先于游戏与艺术，指出人类只有满足基本的物质需要以后，才能从事艺术等精神活动。他将社会生产力作为原始艺术品产生的主要决定因素，“如果一些金属东西逐渐地从实用的物品变成一些以其外形引起审美快感的物品，那么，这是由于各种极不相同的因素的作用而发生的……有些情况本身就是生产力的发展所引起的，而其他一些因素之所以这样地而不是另样地发生作用，正是因为社会生产力是处在这样的发展阶段，而不是在其他发展阶段。[①]”

劳动说注重艺术与劳动的关系，将艺术建立在人类社会实践活动的基础之上，强调人的精神活动对于社会实践的依赖。但是，劳动说过于强调劳动的外在表征，而忽视艺术的生命内涵与社会内涵。另外，劳动说仅重视物质生产对艺术的影响，忽视其他因素（如原始人类的生命意识）在艺术起源中的重要作用。

综上所述，至今关于美术起源的学说主要有模仿说、表现说、游戏说、巫术说、

---

① ［俄］普列汉诺夫:《论艺术——没有地址的信》，93页，北京，生活·读书·新知三联书店，1964。

劳动说等。各种理论学说都从某一个侧面揭示了人类原始美术的起源，但都存在一定的片面性与局限性。事实上，人类原始美术的发生动因是错综复杂的，巫术、劳动、情感、想象、本能等相互联系，相互制约，共同推动人类美术的发生和发展。

二、什么是儿童美术

（一）儿童美术的内涵

> 难点讲解
>
> 扫一扫，收听“什么是儿童美术”的专家精讲。

什么是儿童美术呢？是不是只有儿童美术作品才是儿童美术呢？在常人看来，似乎儿童美术就等同于儿童创作的美术作品。其实不然，儿童美术既指儿童运用各种美术工具与材料创作美术作品的行为过程，又指这一行为过程的结果，即儿童创作的美术作品。

那么，是不是只要儿童自己创作的美术就是儿童美术呢？我们认为并不是所有儿童自己创作的美术都是儿童美术。儿童自己创作的美术大致可以分为两种，一种是“不见儿童的儿童美术”；另一种是“真正的儿童美术”。“不见儿童的儿童美术”指的是虽然创作主体是儿童，但是不管是创作过程还是结果都没有体现儿童的特质与儿童的视角。真正的儿童美术是儿童自己创作的，是从自己的视角反映自己的生活，用自身独特的方式表达情感、感受、想法与观点的艺术。

对于上述几个问题的回答，有助于我们了解儿童美术的基本要素。首先，儿童美术的创作主体是儿童。儿童美术受儿童的身心发展水平制约，因此，儿童美术行为与美术作品体现出特殊的品质。儿童美术的创作主体必须是儿童。如果不是儿童，即使他的美术行为和美术作品具有儿童美术的特点，那也不能算作儿童美术。其次，儿童美术有其独特的品质。儿童美术与儿童文学、儿童歌曲、儿童舞蹈等有着本质上的差异。儿童文学、儿童歌曲、儿童舞蹈往往是成人以儿童为行为主体与接受客体而创作的艺术作品，更多地体现“为儿童而创作”的意蕴。在儿童美术中，儿童既是创作主体，又是接受主体。儿童是儿童美术的创作者，这体现在儿童自己的创作意蕴中。“儿童美术是儿童表达对社会、自然的认识和情感以及与他人互动的最常用和最基本的方法之一，尤其是在他们的语言和文字表达能力尚未发达的时候更是如此。孩子画画，可能并非我们所理解的是在进行艺术创作，或许更多的是表达自己对自然和社会的认识与情感。而且，他们在表达的过程中内心充满了强烈的情绪和身临其境的体验。”[①]

（二）儿童美术与成人美术

儿童美术与成人美术有着本质上的差异。儿童美术与成人美术的差别之大，不仅是难易和复杂程序上的，更是本质上的。儿童美术的形象生成与组织主要取决于其身心发展水平，反过来也能反映儿童的身心发展水平。[②]从创作主体来看，儿童美术的创作主体是儿童，成人美术的创作主体是成人。儿童美术是儿童身心发展水平的体现，能够反映儿童对自然与社会的认识及情感，具有一种稚拙美。成人美术则建立在其身心成熟的基础之上，能够反映成熟的人对自然与社会的认识和技巧的精湛以及处理媒介的娴熟。

> **资格考试要点**
>
> 什么是儿童美术？儿童美术与成人美术有何差异？

儿童美术与成人美术之间，身心是否成熟是一个重要的分水岭。尽管有的成人会追求儿童美术的品质，向儿童美术学习，但二者之间是不同的。一些成人美术家不仅学习儿童美术的表现方法，而且推崇儿童美术所体现的稚拙、清新、率真、自由等品质。例如，毕加索等立体主义美术家有意识地从多视点描绘物体，运用平面空间改变形象。保罗·克利等美术家努力消除其作品中的成人痕迹，追求从儿童的角度反映生活与表达情感。

除了身心发展水平导致感知、情感、智力等差异之外，儿童美术与成人美术在美术知识与技能、社会文化内涵的深刻程度等方面也存在差异。例如，有的孩子可能因为尚未形成对色彩的正确认识或掌握调配颜色的技巧，没有按照事物固有的颜色去表现。而成人美术家（如野兽派画家）野性地运用色彩则完全出于其有意识的追求，而非不熟悉相关色彩知识和调配技能。又如，毕加索、米罗等艺术家在其作品中体现了类似儿童美术的品质，但他们熟谙各种艺术手法，具有精湛的艺术技巧。另外，成人的生活经验和人生阅历亦是儿童无法相比的。生活是艺术创作的基础与源泉，有着丰富生活经验与阅历的成人美术家最有可能创作出意义深刻的作品。例如，毕加索于20世纪30年代创作的《格尔尼卡》（图1–8）描绘了西班牙小镇格尔尼卡遭德军飞机轰炸之后的惨状。作品结合立体主义、现

---

① 尹少淳：《关于儿童美术的几个问题》，载《美术》，2007（6）。

② 尹少淳：《关于儿童美术的几个问题》，载《美术》，2007（6）。

图 1-8　格尔尼卡　毕加索

实主义与超现实主义风格，表现痛苦、受难和兽性的主题。现今已成为警示战争灾难的文化符号之一，同时也使格尔尼卡的悲剧留在了人类伤痕累累的记忆之中。画家运用半抽象的立体主义手法，以超时空的形象组合，打破空间界限，蕴含满腔抗议，成就了史诗的悲壮；于支离破碎的黑白灰色块之中，散发着无尽的阴郁与恐惧，体现了画家对人类苦难的悲悯。

延伸阅读

儿童画①

孩子们的袋里常常私藏着炭条、黄泥块、粉笔头，这是他们的画具。当大人们不注意的时候，他们便偷偷地取出这些画具来，在雪白的墙壁上，或光洁的窗门上，发挥他们的作品。大人们看见了，大发雷霆，说这是龌龊的、不公德的、不雅观的；于整洁和道德上，美感上都有害，非严禁不可。便一面设法销毁这些作品，一面喃喃咒骂它们的作者，又没收他们的画具。然而这种禁诫往往是无效的。过了几日，孩子们的袋里又有了那种画具，墙壁窗门上又有那种作品发表了。

大人们的话说得不错，任意涂抹窗门墙壁，诚然是有害于整洁、道德及美感的。但当动手销毁的时候，倘得仔细将这些作品审视一下，而稍加考虑与设法，这种家庭的罪犯一定可以不禁自止，且可由此获得教导的良机。因为你倘仔细审视这种涂抹，便可知道这是儿童的绘画本能的发现，笔笔皆从小小的美术心中流出，

① 丰陈宝、丰一吟、丰元草:《丰子恺文集（2）》（艺术卷二），592～593 页，杭州，浙江文艺出版社、浙江教育出版社，1990。

幅幅皆是小小的感兴所寄托。使你不忍动手毁损，却要考虑培植这美术心与涵养这感兴的方法了。

实际除了出于恶意的破坏心的乱涂之外，孩子们的壁画往往比学校里的美术科的图画成绩更富于艺术的价值。因为这是出于自动的，不勉强，不做作，始终伴着热烈的兴趣而描出。故其画往往情景新奇，大胆活泼。为大人们所见不到，描不出。不过这种画，不幸而触犯家庭的禁条，难得保存。稍上等的人家，琼楼玉宇一般的房栊内，壁上不许着一点污秽，这种画便绝不可见。贫家的屋子内稍稍可以见到。废寺、古庙、路亭的四壁，是村童的美术的用武之地了。曾忆旅行中，入寺庙或路亭中坐憩片时，乘闲观赏壁上龙蛇，探寻其意趣，辨识其笔画，实有无穷的兴味。我常常想，若能专心探访研究这种绘画，一定可以真切地知道一地的儿童生活的实况，真切地理解儿童的心情。

本课回顾

美术是运用一定的物质材料，塑造可视的平面或立体的视觉形象，以反映自然和社会生活，表达思想和情感的一种艺术。美术的范围较为广泛，一般包括绘画、雕塑、工艺美术、建筑等。至今关于美术起源的学说主要有模仿说、表现说、游戏说、巫术说、劳动说等。各种理论学说都从某一个侧面揭示了人类原始美术的起源，但都存在一定的片面性与局限性。事实上，人类原始美术的发生动因是错综复杂的，巫术、劳动、情感、想象、本能等相互联系，相互制约，共同推动了人类美术的发生和发展。

真正的儿童美术是儿童自己创作的，从自己的视角反映自己的生活，用自身独特的方式表达情感、感受、想法与观点的艺术。儿童美术与成人美术有着本质上的差异。从创作主体来看，儿童美术的创作主体是儿童，成人美术的创作主体是成人。儿童美术与成人美术之间，身心是否成熟是一个重要的分水岭。除了身心发展水平导致感知、情感、智力等差异之外，儿童美术与成人美术在美术知识与技能、社会文化内涵的深刻程度等方面也存在差异。

第二课　儿童美术的本质与特点

儿童美术更多的是儿童生命的真实体验与情感的直接流露，是儿童认识世界与把握世界的一种方式，是儿童独特个性的一种体现，是儿童沟通交流的一个媒介。儿童美术不同于成人美术，它具有主体性、游戏性、生成性、互动性等特点。

一、儿童美术的本质

（一）儿童美术是儿童生命的真实体验与情感的直接流露

难点讲解

扫一扫，收听“儿童美术的本质”的专家精讲。

儿童美术源于儿童的生活，是儿童经验、观念、情感、需求的体现。而且，儿童美术去除社会的、人为的刻意装饰，摆脱历史的、环境的制约，更多的是儿童生命的真实体验与情感的直接流露。与语言文字相比，儿童更擅长用美术来记录生活与经验，表达情感和需要。儿童虽然是“蹩脚的写实主义者”，但着实是“优秀的表现主义者”，所有儿童美术都被认为是“表现主义”的。儿童美术能够满足儿童交流与宣泄感情的需要，因此儿童普遍喜欢美术。

有这么一个案例[1]：缇娜（四岁半女孩）不希望增加家庭成员。缇娜自主选择她的家庭作为画的主题。她首先画她自己，妈妈紧挨在一旁，房子在左边，“公主的宫殿”在右边，右后方的边缘站着爸爸，7 个月大的妹妹没在画面上。Z 女士建议缇娜把妹妹画上去，这样家庭才完整，小妹妹毕竟是家里的一分子。Z 女士提议，把妹妹放在缇娜和她之间！结果缇娜很生气地说：“画上有花和我们，没有妹妹的位置，而且我也不愿意这样！”Z 女士使尽浑身解数，劝说缇娜在其他位置把妹妹加上去，每次缇娜都很生气地喊“不”，接着摔上门带着她的画躲进她的儿童房里。半小时后，她又回来了，怒气已经消散，妹妹也画上了，画在了房子里面。

① ［德］罗泽·弗莱克·班格尔特：《孩子的画告诉我们什么——儿童画与儿童心理解读》，80 页，北京，北京师范大学出版社，2010。

图 1-9　妈妈、妹妹和缇娜

作品《妈妈、妹妹和缇娜》(图 1-9)[①]来源于缇娜的生活。妹妹出生前，缇娜是家庭的“唯一”，不必与妹妹共享父母的关注和爱。自从妹妹出生后，整个家庭关注的重心悄然转向了缇娜的妹妹。作品强烈地表达了缇娜想和妈妈更亲近的愿望。通过美术，缇娜不仅表达了恢复以前家庭状态（只有妈妈、爸爸和缇娜）的需要，而且流露出由于妹妹占据家庭首要位置而感到的失望之情，宣泄了对妹妹的不满情绪。

（二）儿童美术是儿童认识世界与把握世界的一种方式

艺术是人类认识和理解世界的一种方式，按照不同于其他学科的方式创造意义、分享意义。从艺术的认识属性看，艺术以特有的方式把握世界，不同于理论的（哲学的、科学的）方式、宗教的方式和实践——精神的方式。[②]美术作为艺术的一个门类，必然具有艺术的方式来把握世界的特性。艺术的方式主要是以整体的、直觉的、主观的方式认识世界与把握世界。对儿童来说，也许他们不能像成人那样客观地、理性地认识和把握世界，但却擅长用整体的、直觉的、主观的方式认识和把握世界。在某种程度上可以说，儿童更倾向于用艺术的方式认识和把握世界。

艺术的方式具有整体性。儿童是一个整体性的存在，他们对世界的认识是通过一种“一体化的感受”，既看又听，又有身体动作等。不管是在艺术欣赏还是在艺术创作过程中，儿童都是通过多感官（如视觉、听觉、动觉等）共同参与，运用语言、表情、身体动作等多种方式来感受和表现艺术的。儿童的艺术学习是一种整体行为，儿童是以整体的方式通过充分调动各种心理能力，并且运用多种感官来欣赏和创作艺术的。

艺术的方式具有直觉性。直觉是一种超感性的感觉，是一种不需要经过推理

① [德]罗泽・弗莱克・班格尔特:《孩子的画告诉我们什么——儿童画与儿童心理解读》，81 页，北京，北京师范大学出版社，2010。

② 边霞:《幼儿园美术教育与活动设计》，2 页，北京，高等教育出版社，2009。

就可以达到对现实把握的特殊认识。儿童拥有一种被里德称之为“天真之眼”的品质，意思是眼睛还没有受到归纳或理智的思想所影响时，眼睛就能接受矛盾的相关关系，浮现于心中而不受观察所支配的心象能自给自足。[①]他们很少受外界的影响或受文化的制约，能够通过美术更真实地表达自己对世界的直觉感受与独特理解。相反，一般成人在认识和把握世界时往往较为冷静、理性，所以做很多事情时必须经过深思熟虑。

艺术的方式具有主观性。与成人相比，儿童更倾向于主观地表现事物，事物在其心里是什么样子就将它创作成什么样子。孩子更关心的是自己的内心需要。他画出来的内容与实际事物并不相符，他只是按照自己的生活经历和自己头脑中的印象来绘画。[②]例如，太阳本不是黑色的，可是孩子却画了黑色的太阳。其实，“黑色的太阳”是孩子内心世界的一种体现，是孩子主观情感的一种表达。

在一次教学检查中，老师教孩子画太阳，很多孩子都按照老师教的完成绘画，可是有一位孩子画的太阳是黑色的，当着众多人的面，老师不好发火，只是轻声质问孩子：“你看到哪里的太阳是黑色的？”孩子低头不语。老师走开后，刘园长走过去，轻轻问孩子：“你能告诉我为什么你要画黑色的太阳呢？”孩子抬头看看她，过了几秒，问道：“你是老师还是园长？”“我是园长，可以告诉我吗？”“因为我的爸爸死了，我觉得天都是黑色的。”顿时，刘园长眼里充满了泪水，她把孩子抱在怀里，轻柔地抚摸他的头，告诉孩子说：“老师知道了，我们一起来努力，让你的天空充满颜色，好吗？”……[③]

（三）儿童美术是儿童独特个性的一种体现

每个儿童都有自己的个性，个性主要通过气质、性格、能力、兴趣、需要等体现出来。在儿童开始说话之前，他们对形状、颜色、声音等的反应就已形成了他们独特的个性以及其与外部世界相互作用的方式。这种对感官刺激物的审美反应是儿童自我表现的开端，为儿童提供了个性化学习的基础。

儿童的表现与创作可以反映儿童的个性，他们在运用线条、色彩、造型、构图等美术语言时，会带有自己的特色。此外，儿童的生活经验、文化背景等因素

---

① ［英］赫伯·里德：《通过艺术的教育》，212页，长沙，湖南美术出版社，1993。

② ［德］罗泽·弗莱克·班格尔特：《孩子的画告诉我们什么——儿童画与儿童心理解读》，24～25页，北京，北京师范大学出版社，2010。

③ 太平洋亲子网 http：//yuer.pcbaby.com.cn/xuelingqian/huli/0806/280036_all.html，2008-06-05。

也会为其创造力的发挥创造相应的条件。儿童独特的生活经验与生活环境，无疑为儿童的想象与创造积累了丰富的表象，使得其表现与创作更具独特性。总而言之，每个儿童的表现与创作都是独特而又与众不同的。儿童的生活经验、文化背景等都是不同的，与之相应的是儿童表达自己经验的艺术也是不同的。

而且，美术活动比其他学科活动更为自由，能给予儿童更多自主选择、自由表现的机会。因此，儿童美术能够更好地体现每个儿童与众不同的独特个性。“儿童在美术中比在其他学科领域中能更大程度地调整自己的行为。发给他们材料，他们就根据个人兴趣和能力，并以个人速度进行创作。外界要求，如集体程度的指导在美术中比在其他学科中的影响要小。教师不必顾忌作业布置得可能太难或太限制，因为每个儿童会以自己的语言和个人的方式完成美术作业。他们能通过观察和实践自己提炼概念。因此，美术活动是真正的自主活动！……尽管儿童美术有许多普遍的特点，其中一些又是非常典型的，但也存在许多使每个儿童保持个性的独特的品质。当儿童看着自己和朋友的作品时，他们在感觉到儿童美术的一些普遍和明显的特征时，也强烈地感受到儿童美术中的一些独特的个性品质。”①

（四）儿童美术是儿童沟通交流的一个媒介

由于身心发展水平的局限，儿童不擅长用言语表达自己的思想、情感与他人进行交流。然而，他们却擅长用美术来与他人进行交流，因此，在某种意义上可以说，美术是儿童与他人沟通交流的一个媒介。“历史地看，美术能用于向人们传达价值、信仰、神话和文化传统。这种传播在文盲较多的社会里尤为重要。同样，在尚不识字的儿童中间，美术也具有向他们传递信息和从中获得有关他们自己信息的功能。美术符号与视觉现实有着非常明显和直接的关系，因而它比语言符号更有力量。它们不像语言字母那么专横和抽象，而且实际上书写字母符号也是来源于具有直观性的象形文字……儿童起初不能在文字和演说中，而只能在绘画中非常灵便、复杂和强烈地描写他们自己真正的经验和奇异的想象。”②因此，对儿童来说，美术是一种清晰的表达与交流方式，特别是在早期，美术是一种比语言更强有力的表达与交流方式。例如，不善言谈的苏珊，就凭借美术与教师进行交流。

---

① ［美］伊莱恩·皮尔·科汉、鲁斯·斯特劳斯·盖纳：《美术，另一种学习的语言》，28页，长沙，湖南美术出版社，1992。

② ［美］伊莱恩·皮尔·科汉、鲁斯·斯特劳斯·盖纳：《美术，另一种学习的语言》，29页，长沙，湖南美术出版社，1992。

苏珊是个沉默寡言的孩子。一天，来到幼儿园后的儿童都兴奋地议论着前一夜的暴风雨。由于这么多人急于发言，儿童们要互相听到对方说些什么是不可能的。那么声音较高的人的话听起来也语无伦次，因为他们想一口气说出那么多信息。于是，我建议每个人都将昨夜的经历和感受画出来。连没有表示丝毫兴奋的苏珊也以合作的态度进行这一活动，而且，她的画还有着丰富的细节。

"我看见有人带着一把破伞"，我评论。

"那是我父亲，风把雨伞弄破了"，苏珊附和。

"那是个拿着大钥匙的人吗？"我问。

苏珊笑着说："我妈妈跑去关汽车的窗子。"

"还有一束光在空中闪耀。"我观察到。

"是的，"苏珊继续说，"它使我感到害怕，看，我穿着睡衣。"①

在上述案例中，苏珊是一个沉默寡言的孩子，没有很好地用语言表达自己对昨夜暴风雨的感受。但是，通过美术，她却将其昨夜的经历和感受一览无遗地展现在大家面前。可贵的是，不怎么开口说话，不喜欢与他人交谈的她，凭借绘画与老师进行了一次较为深入的交流。

通过美术，成人读懂了儿童隐藏在美术中的感受，发现了儿童的担忧、嫉妒、伤心、害怕、孤独等情绪以及渴望关注与爱的愿望。通过美术，成人与儿童进行了有效的沟通与交流，从而改善了彼此之间的关系。"在多种艺术形式中，视觉艺术大概算是最重要的非语言表达方式。对那些刚开始发展语言技能的儿童来说，用视觉艺术的形式来传达思想和感情可以极大地拓宽他们的交流渠道。"②

二、儿童美术的特点

（一）主体性

儿童美术凸显主体性，它是儿童创造的，而非是成人创造的为了儿童的美术。儿童美术的主体性，意味着儿童是儿童美术的创作者，他们以自己的思想、情感来统领整个美术创作的过程。运用透明画、多视点等方式实现从三维空间向二维

---

① ［美］伊莱恩·皮尔·科汉、鲁斯·斯特劳斯·盖纳：《美术，另一种学习的语言》，29~30页，长沙，湖南美术出版社，1992。

② ［美］爱泼斯坦、特里米斯：《我是儿童艺术家：学前儿童视觉艺术的发展》，5页，北京，教育科学出版社，2012。

平面的转变，运用夸张、变形、拟人等手法表现自己的所知所想的是儿童画，这尤其是儿童早期绘画的重要特征。

> **想一想**
>
> 儿童美术的主体性意味着什么？儿童美术与儿童歌曲、儿童文学、儿童舞蹈等其他儿童艺术形式相比有何不同？

与儿童歌曲、儿童文学、儿童舞蹈等其他儿童艺术形式相比，儿童美术有着本质上的差异。儿童文学、儿童歌曲、儿童舞蹈往往是成人以儿童为行为主体与接受客体而创作的，更多的是为儿童而创作，而非儿童创作的艺术。与之相反，在儿童美术中，儿童不仅是接受主体，而且是创作主体。当然，并非只要是儿童创作的作品就一定是真正的儿童美术。[①]下面有两幅关于长颈鹿题材的作品。

图 1–10　长颈鹿

图 1–11　长颈鹿好高

如图所示，同样是关于长颈鹿的题材，在图 1–10《长颈鹿》中，不管是作品的主体长颈鹿，还是小草、蘑菇、白云、树叶、太阳等，都是一些简单的符号。在作品中，我们难以看到孩子的想法和情感，也难以看到孩子的个性及创造性。这样的作品看起来是非常规整的，事物大小比例合适，涂色比较均匀，线条比较流畅。但是，作品却缺乏儿童美术所具有的表现力和灵动性。图 1–11《长颈鹿好高》中，作者用夸张的手法描绘长颈鹿，长颈鹿的脖子长得可以直入云天，甚至在天空中打个转儿，还有足够的长度可以伸得更高。我们能够感受到孩子对长颈鹿脖子的关注，也能感受到孩子在作画时的大胆自由，好像处于玩游戏的状态。

① 黄卫:《对儿童美术灵性的思考》，载《早期教育》，2011（9）。

（二）游戏性

游戏是儿童的天性，可以说游戏统整了儿童的各种活动。在日常生活中，只要是儿童自主选择的活动，他们往往以游戏的态度和精神来对待，包括艺术表现、科学探索，甚至吃饭、睡觉等生活活动。儿童普遍喜欢美术，在美术创作过程中儿童往往处于一种轻松自由的状态，表现得愉快而忘我。对儿童而言，他们的艺术往往是游戏，游戏往往是艺术。儿童的美术也是如此。

如果儿童的艺术活动没有了游戏性，那可以说这是被异化了的儿童艺术，并不是真正的儿童艺术。对儿童来讲，艺术就是一种游戏，只有儿童从中获得欢乐和愉快的体验时，艺术才能真正成为儿童的需要，并且被儿童所接纳。游戏不仅是艺术教育的手段，而且是构成艺术的必要成分，如同艺术是游戏的必要成分一样。[①]例如，在美术活动“秋天的画报”（图 1–12、图 1–13）中，教师引导幼儿将自己捡到的树叶、树枝、果实等自然物蘸色印画，体验“玩色”的快乐。不得不说，孩子们是在利用各种自然物进行艺术创作，同时也是在和颜料做游戏。孩子们的艺术创作过程是自由的、愉悦的、充满欢声笑语的。所以，这既是一个美术活动，又是一个游戏活动。

图 1–12　“秋天的画报”活动场景（1）

图 1–13　“秋天的画报”活动场景（2）

① 曹中平:《儿童游戏论》，5 页，银川，宁夏人民出版社，1999。

（三）生成性

构思对于成人的艺术创作而言是非常重要的，一般成人在进行艺术创作之前会有非常缜密的构思。郑板桥曾用“眼中之竹”“胸中之竹”与“手中之竹”三个概念，对应艺术创作的三个阶段——观察、构思与实现。“眼中之竹”对应于艺术创作阶段之一的观察。“眼中之竹”是主体与客体相遇而产生的最初印象，但它并不是作为客观事物的“竹”，因为已经包含了主体情感的参与，是主体主动体验的结果。“胸中之竹”对应于艺术创作阶段之二的构思。“胸中之竹”是主体构思过程中形成的完整形象，是主体将自己的思想、情感融入客体，甚至将精神、情操等寄寓于客体,在此基础上对“眼中之竹”进行修改与补充而形成的艺术意象。“手中之竹”对应于艺术创作阶段之三的实现。“手中之竹”是主体通过特定的手段将胸中之意抒发出来的审美意象的物化。

上述的艺术创作三阶段对于成人的艺术创作也许是适用的，但是儿童的艺术创作可能并非如此。儿童的艺术表现与创作与成人有着很大的差异，他们不会像成人那样在创作之前进行艺术构思，不会对整个作品效果做到“胸有成竹”。很小的孩子在进行艺术表现与创作时,往往没有明确的目的,其创作与表现具有自发性、即兴性、生成性等。当然，随着年龄的增长，儿童的目的性会增强，而且教师也会对儿童的艺术构思提出要求，但是尽管创作与表现之前有初步构思，儿童的艺术表现与创作过程不是一成不变地遵循其先前的构思，而是一个不断建构和生成的过程。换言之，儿童在艺术表现与创作中的构思并不像成人那样经过深思熟虑，包括色彩、构图、主题等因素，他们在艺术创作与表现过程中常常受到时间、场景、情绪等因素的影响，因而处于一种动态变化着的状态。

班格尔特曾提到这样一个案例。在我观察 3 岁半的女儿画一个盛开的花儿一样的图形时，我非常高兴。总算可以看懂她在画什么啦！可是，她却以谴责的语气教导我说：“这不是花！这是甲虫，嗯，是一只刺猬，看起来也像是一串葡萄挂在圣诞树上！”我从这次错误中学会了许多！我开始明白,在孩子们刚开始画画时，不断地问他们“你画了什么？这个是什么？这个会变成什么样子？”等问题是多余的，因为这个时期的孩子们正在经历一种过程性的思维，他们的想法是多变的。他们的画源于“对心目中图形的想象”，尤其是幼儿园阶段的孩子，他们正在经历一种动态的、神奇的思维过程。[①]儿童的艺术创作具有直觉性，他们不会对自己正在做的事情进行太多思考。但是，他们可以通过美术表达自己的想法，澄清自己的观点。儿童美术的形成事先没有确定的主题，而是自发地从一种想象转换到另一种想象。

（四）互动性

儿童在美术创作过程中，常常与同伴或者成人进行互动。在美术活动中，尤其是自发的美术活动或区域活动中，儿童往往能够自主选择创作材料和创作对象，并主动与周围的同伴或成人进行交流。在与周围的人相互作用的过程中，儿童获得了灵感，学会解决问题。下面是艾萨克（Isaac）和兰（Lan）在美术室创作时的表现。[②]

早上来到美术室后，艾萨克和兰都想画画。他们穿上工作服，互相看了看对方，又看了看画架上的大白纸。

“我们一起在白纸上画画，好不好，艾萨克？”兰充满期待地邀请伙伴。

“嗯，当然要一起画！”艾萨克笑着答道。

于是，他们打开颜料瓶的盖子，把要用的画刷放到一起，停下来。

“画龙卷风怎么样？”兰提议。

“嗯，就画龙卷风。要画个大个儿的！”艾萨克表示同意。

接着，他们便开始画画，在纸上画满各种颜色的旋涡。与此同时，他们的身体靠在一起，胳膊也互相上下摆动。

“我们在一起就是两个艺术家，对吧，兰？”艾萨克说。

“对，我们在一起就是艺术家！”兰回答。

在上述案例中，艾萨克和兰从进入美术室开始，就开始了同伴之间的交流。孩子们非常友好地决定一起画画，然后互相商量，最终决定画个大个儿的龙卷风。在画画过程中，孩子们的身体相互倚靠进行着非言语的互动。最后，等他们画完了，两个孩子欣赏着自己的作品，充满了成就感和自豪感，说出“我们在一起就是两个艺术家”，喜悦之情溢于言表。

---

① ［德］罗泽·弗莱克·班格尔特：《孩子的画告诉我们什么——儿童画与儿童心理解读》，43 页，北京，北京师范大学出版社，2010。

② ［美］安·佩洛：《艺术语言：以探究为基础的幼儿园美术活动》，15 页，北京，教育科学出版社，2011。

在儿童美术创作的过程中，他们不仅与同伴进行互动，而且与成人进行互动，这些社会性的相互作用都是儿童美术创作的“支架”。在下述案例中，杰西（Jessie）主动与米歇尔（Michelle）老师进行交流，用言语将自己的想法表达出来，说清自己的观点。

在小组活动时间，4 岁的杰西用手团了一个椭圆形的红蓝交织的面团，并且小心翼翼地不使两种颜色混合得太多。她选择了一个心形的饼干切割工具，对米歇尔老师说：“让我们为死去的人们做一些饼干吧。”

米歇尔重复了杰西的话：“你是打算为死去的人们做饼干吗？”杰西说：“是的，我做好这些饼干后，他们就能够将这些饼干放在嘴里。那么，他们就会再活过来。”杰西用工具切下饼干，并且将相同颜色和厚薄的面团填到洞里重新给面团塑形，再切下更多的饼干。她轻轻地从桌子上拿起这些心形饼干，放在饼干盒上，这样她就可以“随后烘烤它们”。①

幼教故事

妮科尔（Nicole）在地上捉蚂蚁，并把它们放在桶里，打算晚上给它们建个家。我想请她站在蚂蚁的立场上看待这种生活的巨大变化——从自由宽敞的土地进入到狭窄的红色塑料桶。

我问妮科尔：“你认为蚂蚁从哪里来？我看你一直紧挨着地面上的裂缝，蚂蚁是从那里来的吗？”

妮科尔点点头，说道：“蚂蚁在洞里谈话呢。如果它们听见外面大吵大闹，它们就不会出来。所以我们必须安静！如果看见我们，它们会害怕，不出来。我趁一只蚂蚁不注意，一下捉住了它！我比它快一点——所以捉住它了。”

“啊！”我说，“蚂蚁洞里有什么？”

妮科尔耸耸肩说：“不知道，也许是它们家里人吧？”

---

① ［美］爱泼斯坦、特里米斯：《我是儿童艺术家：学前儿童视觉艺术的发展》，13～14 页，北京，教育科学出版社，2012。

我给妮科尔拿了画板和铅笔，对她说："洞里有什么？能把你的想法画出来吗？"

妮科尔点点头，开始画。她一边画一边想蚂蚁的生活："它们是一个家庭，相互聊天，还给孩子喂吃的。"

"蚂蚁的家在洞里。"我又说了一遍，"家里有孩子，给孩子喂吃的。洞里还有别的吗？"

妮科尔又在画板上翻开一张新纸，继续画："在家里，有食物、一张桌子、一张床和一把椅子。"

我看看妮科尔的画，对她说："我明白了，蚂蚁的家在洞里，洞里还有家具。"

妮科尔研究了一会儿自己的画，然后看塑料桶："这里有15只蚂蚁，不止一个家庭，是很多家庭。它们都住在洞里，共用一个屋子。有些蚂蚁没那么快出来，因为它们在商量，出来看看外面都有什么，想找到桶里的家人。"

针对妮科尔的想法，我问她："洞里的蚂蚁想在桶里找到自己的家人，桶里的这些蚂蚁会怎样呢？"

妮科尔回答说："它们想从桶里出去，回到自己的家！我打算把它们送回家。"

妮科尔把桶挪到靠近裂缝的地方，然后把桶放倒："蚂蚁，回家吧！我努力帮助它们，让它们回家吧！"①

本课回顾

儿童美术不同于成人美术，它更多的是儿童生命的真实体验与情感的直接流露，是儿童认识世界与把握世界的一种方式，是儿童独特个性的一种体现，是儿童沟通交流的一个媒介。儿童美术有其独特之处，具有主体性、游戏性、生成性、

---

①［美］安·佩洛:《艺术语言：以探究为基础的幼儿园美术活动》，159～160页，北京，教育科学出版社，2011。

互动性等特点。首先，儿童美术凸显主体性，它是儿童创造的，而非成人创造的为了儿童的美术。儿童美术的主体性，意味着儿童是儿童美术的创作者，他们以自己的思想、情感来统领整个美术创作的过程。其次，儿童美术具有游戏性。如果儿童的美术活动没有了游戏性，那可以说这是被异化了的儿童美术，并不是真正的儿童美术。再次，儿童美术具有生成性。儿童在进行艺术表现与创作时，往往没有明确的目的，其创作与表现是一个不断建构和生成的过程。最后，儿童美术具有互动性。儿童在美术创作过程中，常常与同伴或者成人进行互动，从而获得灵感，学会解决问题。

第三课　学前儿童美术作品

学前儿童美术作品是学前儿童在经历美术创作过程后自然而然产生的结果。学前儿童美术作品不仅具有艺术性，而且具有其独特的外在形式与内在品质。

一、学前儿童美术作品的独特性

19 世纪下半叶兴起的现代艺术开始关注儿童美术作品及其艺术价值。很多现代派艺术家，如毕加索、米罗、克利、马蒂斯、夏加尔等，特别推崇儿童艺术，不仅借鉴儿童美术的外在形式，而且追求儿童美术的内在品质。毕加索曾说：“我曾经能像拉斐尔那样作画，但要学会像儿童那样去作画，还要花我一辈子时间才行。”[①]到了 20 世纪初，很多学者都认同儿童艺术的观念，因为儿童美术“所具有的即兴的、直觉的和原始的抽象表现成分，传达着一种特殊的美感，被认为表现了艺术的本质”，儿童美术“所呈现的那种纯真活泼的生命律动形态，被认为是艺术创作的本原”[②]。儿童美术伴随着儿童的成长，反映儿童的天性，表现儿童的思维，是儿童用来表达思想与感情的视觉语

想一想

为什么许多现代派艺术家特别推崇儿童美术，并向儿童美术学习？

① ［美］加德纳：《艺术涂抹》，7 页，北京，中国商业出版社，1994。

② 边霞：《幼儿园美术教育与活动设计》，19 页，北京，高等教育出版社，2009。

言。“由于儿童幼稚、单纯，心灵纯洁无瑕，所以他们的画不受任何限制，也不受真实的约束，没有任何清规戒律，形成儿童画所特有的稚拙、梦幻甚至荒诞的特点。”①

的确，学前儿童的美术作品不仅具有艺术性，而且有其独特的视觉样式与审美效果。一般来说，儿童有感而发，进行自由创作时，他们的作品往往下笔肯定、线条稚拙、用色大胆、形象夸张，注意对自己感兴趣的细节进行描绘，且富有一定的个性与创造性。②学前儿童在美术创作中往往会运用夸张、拟人的画法及多种视点等方式反映自然与社会生活，表达自己的思想与情感。

（一）夸张

儿童在美术中试图表达的内容，源于儿童的生活，源于儿童的经验，因此，儿童的创作会有意地捕捉对其而言有趣的东西。儿童常常会不自觉地将自己认为最重要、自己最关心或者印象最深刻的事物或事情表现得很突出、很详细，忽略事物或事情的整体形象及自己觉得不太重要的部分。例如，儿童描绘“摘花”，将摘花的手画得奇大无比；儿童描绘“吃西瓜”，将吃西瓜的人的嘴巴画得很大，牙齿画得无比尖锐等。因为在这些情况下，儿童关注的是摘花、吃西瓜的动作以及摘花的手、吃西瓜的牙齿等，根本就不会考虑比例大小。因此，儿童的创作反映了他们的经验范围与体验程度。

（二）拟人

在儿童看来，万事万物，不管是有生命的还是无生命的，均是像人一般有生命的存在。儿童将人的各种特点赋予事物，使它们都带上了人格化的色彩。因此，儿童被称为“泛灵论者”。儿童从自己的角度看待事物、思考问题，并将自己的感觉、情感、想象、理解等投射到万事万物身上，认为它们同人一样有人格、有思想、有感情。因而，在日常生活中，我们经常可以看到，儿童总是自然而然地同动植物、日月星辰、桌椅板凳、布娃娃等进行对话。

在儿童的艺术表现与创作中，我们同样可以看到儿童“泛灵心理”的体现。例如，儿童画的“太阳公公”“花娃娃”“大树爷爷”等总是有眼睛、有嘴巴的。在某种程度上可以说，儿童的表现与创作是他与自己所创造的艺术形象进行对话的过程。

---

① 杨景芝：《中国当代儿童绘画解析与教程》，56页，北京，科学普及出版社，1996。

② 边霞：《幼儿园美术教育与活动设计》，18～20页，北京，高等教育出版社，2009。

儿童常常可以自然而然地进出对象，时而“进入”对象，与对象进行对话，产生情感共鸣；时而“走出”对象，视对象为独立于自我的欣赏形象。儿童在艺术表现与创作中常常处于一种忘我的境界，并且情不自禁地融入其中，像艺术家一样创作，沉浸于艺术想象与创造所带来的审美体验之中。

（三）组合

儿童善于在其内心世界中展开精彩的物物对话，他们常常将一些成人认为风马牛不相及的事物组合在一起。在美术表现与创作中，儿童往往喜欢把自己熟悉的各种符号和形象组合在一起，创造出独特的艺术形象。例如，儿童有时候会将动物的头和人的身子组合在一起，赋予它们人格色彩，简直可以和埃及的“狮身人面像”相媲美。

（四）透视画法

在日常生活中，对于相互遮挡的事物，在美术创作中成人往往会如实地表现出来，看不见的就不呈现在画面上。而儿童则用透视画法巧妙表现内部的东西，也就是将我们在日常生活中看不见的物体在画面上呈现出来。例如，儿童画的狗妈妈，除了把狗妈妈的肚子画得圆鼓鼓的，还会把它肚子里的小狗狗也画出来。

（五）多种视点

儿童对于事物有一种笼统的、主观的理解。儿童经常是在一个画面中运用多种视点去表现事物，将日常生活中的三维物体在二维画面中表现出来。例如，儿童在画马的时候，马的身体画的是侧面，马的头部画的是正面，采用多个视点表现马这一动物形象。儿童大胆地在一个画面中表现了事物的各个面，表现了儿童自己对事物的独特理解。

二、学前儿童美术作品赏析

在图 1–14《教堂一样大的猫》中，儿童将重要的事物放大，而将不怎么重要的事物缩小，因此，一只玫瑰色的猫可以和教堂一般高，一样大。在图 1–15《小花狗》中，为了表达对“小花狗”的喜爱，儿童可以把小花狗画得很大，占据整个画面，而小花狗底下和周围的小朋友则显得很渺小。

在图 1–16《苹果娃娃》中，乍一看，你可能不知道儿童画的是什么，原来她将苹果拟人化了，画的是一群可爱的苹果娃娃。在图 1–17《猫咪妈妈》中，猫妈妈肚子里有一只可以被看见的小猫咪。而且，在猫妈妈的周围有许多欢欣鼓舞的

图 1–14　教堂一样大的猫[①]

图 1–15　小花狗

图 1–16　苹果娃娃

图 1–17　猫咪妈妈

小老鼠，猫与老鼠的敌对在这里完全被消解了，显得无比和谐融洽。

图 1–18 是儿童创作的《螃蟹钢琴》，将螃蟹的身体与钢琴的键盘组合在一起，这种奇妙的组合赋予了钢琴浓厚的生命气息。

图 1–18　螃蟹钢琴[②]

① ［德］罗泽·弗莱克·班格尔特：《孩子的画告诉我们什么——儿童画与儿童心理解读》，28 页，北京，北京师范大学出版社，2010。

② 钱慧：《儿童绘画：徜徉在“变形”与“正形”之间——表现主义美学的解读视角》，南京，第二届全国学前教育学博士生学术论坛，2010。

延伸阅读

米罗和他的画[①]

米罗是一位著名的西班牙画家和雕塑家，也是超现实主义美术的代表人物。米罗被誉为是美术史上“载诗载梦的画家”，他以儿童般的天真眼光看世界，以象征性的形状和纯净的色彩创造出很多富有幽默感的画面。他是一位自由抒情的大画家，是一位把儿童艺术、原始艺术、民间艺术糅为一体的绘画大师。其造型风格清新自由，充满欢愉，作品以简洁单纯、幽默自然并富有想象力为其主要特色，极富装饰趣味，令人赏心悦目。他以巧妙的线、形组合构成画面，制作了许多大型壁画。1982 年当米罗 90 高龄时，他还应邀为在西班牙举行的世界杯足球赛设计了徽章和招贴。

米罗的原作在我国北京、上海、杭州都展出过。他的作品体现了米罗幻想、幽默的空想世界。他丰富的想象力得到了全世界的承认。

本课回顾

学前儿童美术作品是学前儿童在经历美术创作过程后自然而然产生的结果，不仅具有艺术性，而且有其独特的视觉样式与审美效果。学前儿童在美术创作中往往会运用夸张、拟人、透视画法、多种视点等方式反映自然与社会生活，表达自己的思想与情感。在欣赏或评价学前儿童美术作品时，我们不能以成人的标准或从成人的视角来看待，而应从儿童的视角来感受。

思考与练习

1. 尝试比较水墨画与油画的不同。
2. 阐述巫术说的基本观点，并分析其优点与不足。
3. 在你看来，儿童美术的本质是什么？儿童美术具有哪些特点？
4. 请联系实例谈谈学前儿童美术作品的独特性。

---

① 边霞：《幼儿园生态式艺术教育理论与实践》，224 页，长春，北方妇女儿童出版社，2004。

拓展训练

图 1–19　风景①

图 1–20　诗人　米罗

训练一：

你觉得图 1–19《风景》是真正的儿童美术吗，为什么？儿童创作的美术作品一定就是真正的儿童美术吗？

训练二：

图 1–20 是现代派艺术家米罗的作品《诗人》，尝试分析《诗人》中所借鉴的儿童美术形式与品质。

总结与反思

扫一扫，跟随本书作者一起回顾本单元内容，想一想有哪些收获，还存在哪些困惑。

① 黄卫：《对儿童美术灵性的思考》，载《早期教育》，2011（9）。

参考文献

1. 边霞:《幼儿园美术教育与活动设计》，北京，高等教育出版社，2009。

2. 边霞:《幼儿园生态式艺术教育理论与实践》，长春，北方妇女儿童出版社，2004。

3. 曹中平:《儿童游戏论》，银川，宁夏人民出版社，1999.

4. 丰陈宝、丰一吟、丰元草:《丰子恺文集（2)》艺术卷（二），杭州，浙江文艺出版社、浙江教育出版社，1990。

5. 杨景芝:《中国当代儿童绘画解析与教程》，北京，科学普及出版社，1996。

6. 朱狄:《艺术的起源》，武汉，武汉大学出版社，2007。

7. 黄卫:《对儿童美术灵性的思考》，载《早期教育》，2011（9)。

8. 尹少淳:《关于儿童美术的几个问题》，载《美术》，2007（6)。

9.［古希腊］柏拉图:《理想国》，郭斌和等译，北京，商务印书馆，1995。

10.［德］罗泽·弗莱克·班格尔特:《孩子的画告诉我们什么——儿童画与儿童心理解读》，程巍等译，北京，北京师范大学出版社，2010。

11.［俄］列夫·托尔斯泰:《艺术论》，丰陈宝译，北京，人民文学出版社，1958。

12.［俄］普列汉诺夫:《论艺术——没有地址的信》，曹葆华译，北京，生活·读书·新知三联书店，1964。

13.［美］伊莱恩·皮尔·科汉、鲁斯·斯特劳斯·盖纳:《美术，另一种学习的语言》，尹少淳译，长沙，湖南美术出版社，1992。

14.［美］爱泼斯坦、特里米斯:《我是儿童艺术家：学前儿童视觉艺术的发展》，冯婉桢等译，北京，教育科学出版社，2012。

15.［美］安·佩洛:《艺术语言：以探究为基础的幼儿园美术活动》，于开莲译，北京，教育科学出版社，2011。

16.［美］加德纳:《艺术涂抹》，兰金仁译，北京，中国商业出版社，1994。

17.［意］达·芬奇:《芬奇论绘画》，戴勉译，北京，人民美术出版社，1979。

18.［英］赫伯·里德《通过艺术的教育》，吕廷和译，长沙，湖南美术出版社，1993。

第二单元

了解学前儿童的美术语言

学习目标

1. 了解经典的儿童美术发展阶段理论，知道学前儿童美术能力发展的阶段。

2. 掌握学前儿童美术能力发展各阶段的特征及指导要点，并能在教学实践中尊重儿童美术发展的一般规律和个性化特点。

3. 能够运用所学的儿童美术发展阶段理论，为幼儿园各年龄班选择合适的美术教育内容，学会分析儿童美术的成长与发展特点。

情境导入

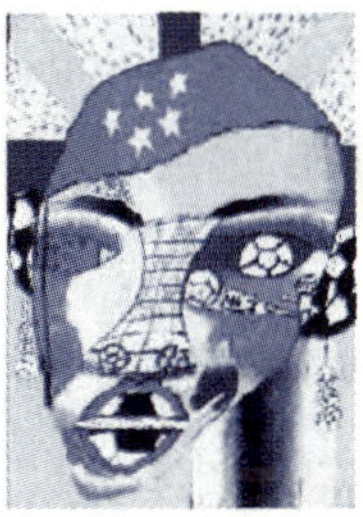

图 2–1　球迷

图 2–2　骑自行车

图 2–1 和图 2–2 均为儿童创作的美术作品，图 2–1 的主题是“球迷”，图 2–2 的主题是“骑自行车”，从作品所表达的情感以及作品中的造型、色彩、线条等形式语言的特点，能否可以看出，这是哪个年龄段的儿童画？作品反映出儿童绘画的哪些特点？

第一课　学前儿童美术创作能力的发展

学前儿童美术活动可以分为美术创作和美术欣赏两大部分，其中美术创作活动包括绘画和手工。学前儿童美术创作能力的发展具有一定的发展规律和特点，绘画能力和手工能力是学前儿童美术创作能力的主要组成部分。

一、学前儿童美术创作能力的发展阶段理论

国内外学者关于学前儿童美术创作能力发展方面的研究主要集中在绘画能力的发展上，因此，本节课主要介绍儿童绘画能力发展方面的理论。

（一）柯思修泰纳

柯思修泰纳是德国的儿童画研究者，他用了 7 年的时间，对 30 多万张儿童画进行了分析研究。1905 年，在他所著的《儿童绘画能力的发展》一书中，把儿童绘画的发展分为 5 个阶段。

1. 实验前期——2～4 岁，儿童在此时期只会画人物或事物的局部，整幅画面无系统、无秩序。

2. 图式期——开始能画出形状，但所画的东西仅为一种象征性的图式，如用圆表现人物的脸。

3. 线与形、色期——能分辨线的长短和形式。

4. 平面画期——能如实地描绘所见之物，但不能表现事物的远近和明暗。

5. 立体画期——能辨别高、深、宽三个维度，能画出远近和明暗的变化。

（二）白特

1922 年，在白特的《心理与学业测验》一书中所划分的儿童画发展阶段被里德看作最系统的儿童画进化的发生学理论纲要。白特将儿童绘画划分为 7 个发展阶段。

1. 错画期——2～3 岁，3 岁时为巅峰。分为无目的的画、有目的的画、模仿的画和部位错画 4 个阶段。

2. 线画期——4 岁，视觉控制已达一定程度，常画蝌蚪人。

3. 图形的象征阶段——5～6 岁，人物已画得相当正确，但仍是概略的象征性

图形。

4. 图形的写实阶段——7～8岁，儿童画他所知道的而不是视觉所见到的，图式趋于细节。

5. 视觉写实阶段——9～10岁，根据自然状况绘画，先画平面，后画立体。

6. 抑制阶段——11～14岁，兴趣由绘画转移到以语言为媒介进行表现，若继续绘画，已偏爱传统的样式。

7. 艺术复现阶段——青少年早期，绘画成了真正的艺术活动。

白特认为，对于大多数人，只能达到抑制阶段，而永远达不到艺术复现阶段。

（三）吕凯

1927年，法国儿童画研究者吕凯在他的著作《儿童的研究》中把儿童绘画发展分成4个阶段。

1. 偶然的写实阶段——又称涂鸦期。是一种“错画”“乱笔画”“搔笔画”的线条，没有其他的意义。有时，自己画的像什么，就说画的是什么。或者说要画什么，都用线条表现。

2. 不完全的写实阶段——这时儿童想画一些像实物的东西，但由于技术的欠缺，注意力不集中和缺乏综合能力，所以不能很好构成。这个时期是象征的表现，其最终意图是趋向写实。

3. 知的写实阶段——儿童常画自己所知的，而不是画自己所看的。从儿童的视点移动和X光透视样画法等体现出的画面的形态上，可以看出儿童在这一时期是画他所知道的。

4. 视的写实阶段——这时儿童能按照所看的形状、远近、明暗变化写实，达到成人的表现阶段。

（四）罗恩菲尔德

美国的美术教育学者罗恩菲尔德在1952年出版的《创造与心智的成长》一书中，将儿童画的发展划分为6个阶段。

1. 涂鸦期——2～4岁，从无目的地乱画到有目的地涂鸦。

2. 前图式期——4～7岁，开始对事物进行象征性描述，如用圆圈代表头。

3. 图式期——7～9岁，用固定的图式重复表现视觉对象，强调其特征及主观。

4. 写实萌芽期——9～11岁，脱离固定图式，转向自然描绘。

5. 拟写实期——11～13岁，是从自发的艺术活动过渡到理性活动的阶段，此时已注意到比例、明暗、透视等，试图精确地表现实物。此阶段自我批评能力增强了。

6. 青春危机期——13～17岁，这一阶段儿童绘画表现得更为复杂和细致，他们对艺术审美的敏感性和批判性都有所增强，多数儿童逐渐丧失了对美术的兴趣，少数人能摆脱这一困境，向艺术性绘画发展。儿童的绘画水平能否达到这一水平，关键取决于本人的兴趣或他人的鼓励，多数人的绘画能力发展不到这个阶段。

（五）陈鹤琴

我国儿童心理学家陈鹤琴在其著作《儿童心理之研究》中，根据对其长子陈一鸣的431张绘画作品的分析，将儿童绘画的发展分为4个时期。

1. 涂鸦期——涂鸦期分为波形图、乱丝图和圆形图3个阶段，波形图是一种从左到右的连续弧形线条，而且这些线条总是略微向上的；乱丝图是由于儿童无法表现不同方向的直线和曲线而画出的类似于乱丝似的涂鸦；圆形图是在儿童执笔作画有了相当经验以后出现的，儿童画圈的方向一般是顺时针的。

2. 象征期——儿童的图画由圆形逐渐分化，所画的图画仅仅具有象征的意义。象征期可以分为普遍性的象征阶段、类别性的象征阶段和个别性的象征阶段。在普遍性的象征阶段，儿童所画的图画具有普遍性的象征意味；在类别性的象征阶段，儿童所画的图形开始代表某一类物体；在个别性的象征阶段，儿童的图画已能表现出某个东西的特征。

3. 定型期——儿童的绘画从简单到复杂，从正面到侧面，从呆板到有生气，有了性别和年龄的区别，出现了时间和空间概念，图画中开始出现人的动作，而且有了情节。

4. 写实期——儿童的绘画基本上能反映客观的现实。随着儿童生活范围的扩大和生活经验的丰富，儿童图画的内容较定型期丰富了许多。

（六）黄翼

我国儿童心理学家黄翼在《儿童绘画之心理》一书中，将儿童绘画发展分为4个时期。

1. 涂鸦期——婴儿在未能作画之前，先能涂鸦。这时，儿童所画的是一些无意义的笔画。

2. 象征期或过渡期——这是介于涂鸦和真正的图画之间的一个时期。儿童所画的线形虽然还和涂鸦一样，但儿童开始为自己的作品命名，说自己画的是某一事物，但成人很难辨认出儿童所画的事物。

3. 定型期——定型期是儿童绘画发展过程中的一个主要时期。儿童所画的形象与实物有些相像。他们画的人、动物、房子、树和花都经历了从不分化到分化、从笼统到具体的过程。从儿童所画的人来看，最初画的是蝌蚪人，然后是逐渐完善的正面人和侧面人，最后是能表现具有动态的人。

4. 写实期——10 岁左右儿童的绘画开始趋向写实。一些有天赋和有机会受到良好训练的儿童继续发展，进入写实的、艺术的境界；但多数儿童由于一般的训练难以弥补先天的不足而没有进一步朝着艺术的境界发展。

（七）屠美如

屠美如按照儿童绘画的质量及发展进程，将儿童绘画能力发展大致分为 4 个阶段。

1. 涂鸦期——1.5～4 岁，属于无目的乱画，按发展进程可分为无意识的涂鸦（1 岁半左右）、有控制的涂鸦（2 岁左右）以及命名涂鸦三个阶段。

2. 象征期——4～5 岁，凭主观直觉印象描绘物体的粗略形象，以象征物体外形轮廓，多半不完全、遗漏，表现瞬间的、不明确的感觉与意图。

3. 概念画期——5～8 岁，属于知的写实期，以自我为中心观察现实生活，用画传达各种概念，多半用线条勾出平面的“二次元”轮廓，形象较完整，注意用相应的色彩表达，重在表现自我感觉，“透明画”和“展开式画”比较普遍。

4. 写实期——8～15 岁，进入自然描绘阶段，能够根据实物特征作画，出现“三次元期”的立体性体验。

二、学前儿童绘画能力发展阶段特征

对国内外学者的儿童绘画能力发展阶段理论进行梳理，我们可以看到，虽然各种理论在各时期年龄阶段的划分上存在差异，所描述的特征也略有不同，但在儿童绘画能力发展的过程方面基本上是一致的，且各个阶段的核心特征也是相似的。因此，综合各种理论，我们把学前儿童的绘画能力发展划分为涂鸦期、象征期、图式期 3 个阶段。

（一）涂鸦阶段（1.5～3.5 岁）

一般情况下，儿童的涂鸦从孩子的独立行走开始，但由于环境和个人的差异，儿童涂鸦开始的时间也有所不同。1 岁半左右的儿童，已经能够直立行走，手部的探索变得更为自由，开始喜欢到处涂涂画画。他们开始用能接触到的工具，如粉笔、石头、树枝等在纸上、墙上、地上等涂画点、线。当他们看到自己画出来的点、线等痕迹时，会感到十分兴奋与满足。从画面看来，儿童的涂鸦不讲究造型、色彩和构图，这是他们在感知觉、动作有了一定的发展之后作出的新探索，是一种新的动作练习，属于一种手臂的动作。儿童的涂鸦没有明确的表现意图，他们把涂鸦当作游戏，并享受由涂鸦动作带来的那种有节奏地主动地“动”的运动快感，以及对纸上、墙上出现的各种各样的线条的视觉的满足。这种新的动作得到强化后,将促使幼儿继续探索和练习。随着幼儿的感知与动作的发展和协调程度的提高，以及练习的深入，画出的线条由原先的杂乱逐渐变得有条理。

从开始涂鸦到脱离涂鸦这段时期，儿童的涂鸦画存在着一个有序的发展过程，这一过程从相对简单的、很快可以扩展成为涂鸦模式的一些痕迹开始，最终发展成为非图画的图样。[①]因此，儿童的涂鸦具体划分为 4 个发展阶段。

资格考试要点

学前儿童绘画能力的发展有哪些阶段？各阶段有什么特点？

1. 未分化的涂鸦（1.5～2 岁）

1 岁多的儿童由于动作不够协调，肌肉控制能力较差，只能画出一些随机的点和杂乱的、不规则的线条，如横线、竖线、斜线、弧线等。这些线条长短不一、极不流畅、互相掺杂在一起（图 2–3）。从空间上看，无上下、左右的方向感，常涂抹出纸外；从操作工具上看，这时儿童的手指通常是紧紧地握笔，动作较为僵硬，靠手臂地来回摆动决定线条的方向和长短，而手腕却很少移动。

2. 有控制的涂鸦（2～2.5 岁）

随着练习的增多和小肌肉的发展，这时儿童的动作已经较能受到视觉的控制，即手眼逐渐协调，能画出重复的、上下左右的直线、倾斜线、锯齿线、螺旋线，线条长短不一（图 2–4）。两岁以后的儿童，手腕肌肉、骨骼活动能力增强，腕关节运动较前期灵活，他们能够以不同的方式抓握画笔，涂鸦能控制在整张纸内，并开始注意到涂鸦线与纸面的配合，涂鸦线的周边开始出现轮廓。

---

① ［美］Claire Golomb：《儿童绘画心理学——儿童创造的图画世界》，14 页，北京，中国轻工业出版社，2014。

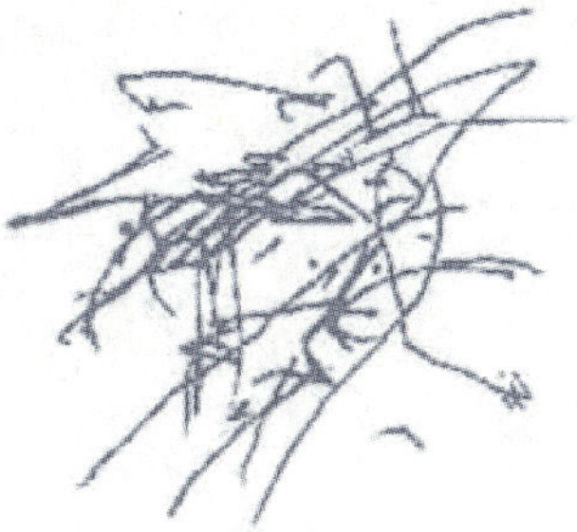

图 2–3　未分化的涂鸦

图 2–4　有控制的涂鸦

3. 圆形涂鸦（2.5～3 岁）

随着肩、肘、手腕等关节逐渐灵活，儿童开始能注视涂鸦时笔的运行方向，可以在纸上重复画圆，如封口及未封口的圆形、复线圆圈、涡形线等（图 2–5、图 2–6）。他们用这些大小不一的“圆形”表示各种事物，这是由于学前儿童对事物的感知具有“简化”的特点，他们自发地将事物进行高度的概括，仅仅关注事物的基本特征。儿童能够画出一个闭合的形状是要求有很高的视觉及行动控制力和目的意向性的。圆形是儿童发现并能画出的第一个形状，可以说，画出圆形对于儿童而言具有里程碑式的意义。虽然，这时手的动作还谈不上与大脑高度协调，但可以说明儿童的绘画已具有了某种目的性，这时儿童的涂鸦有了涂画的意味。

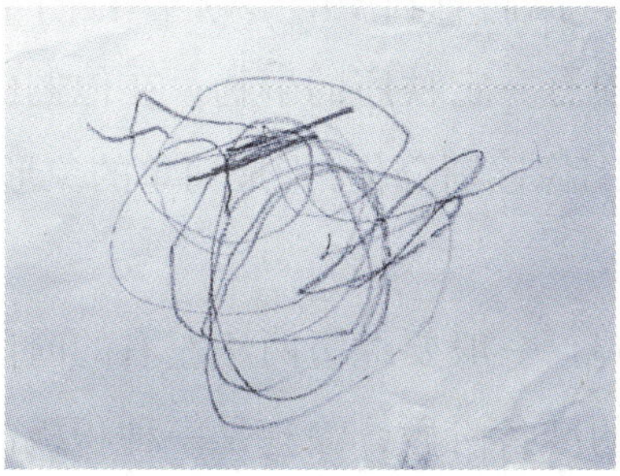

图 2–5　圆形涂鸦一

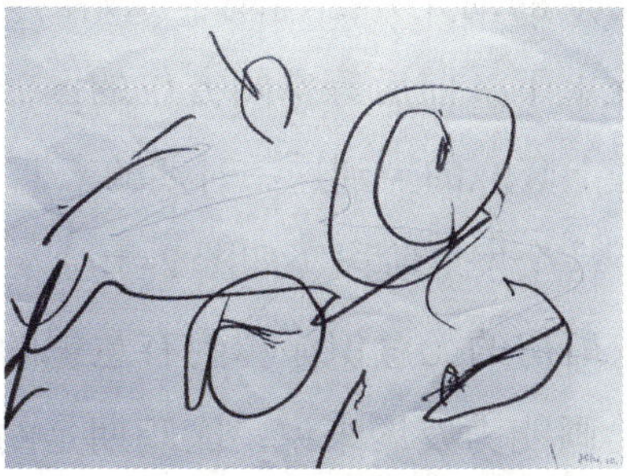

图 2–6　圆形涂鸦二

4. 命名涂鸦（3～3.5 岁）

命名涂鸦期的儿童开始意识到，他们所画的线条与实物或自己的经验之间的联系，但仍未能画出具体的形象，他们开始将自己的生活经验与自己的涂鸦动作联结在一起，有了明显的表达意图，并开始为自己的涂鸦命名。在涂画的过程中，他们边画边自言自语，以说明他们所画的东西。他们会指着这些东西说这是“苹果”、那是“汽车”等，这就是孩子自己对涂画的注解，他们自己很欣赏。这些“东西”常常是一些类似象征符号那样的线条和简单的图形（图 2–7 至图 2–9）。另外，

图 2-7　命名涂鸦三轮车

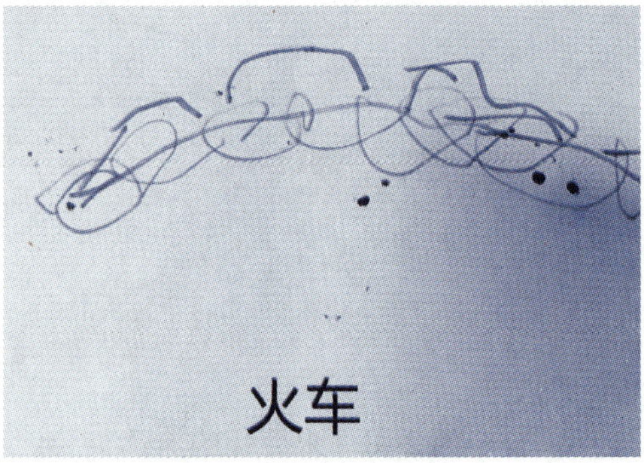

图 2-8　命名涂鸦火车

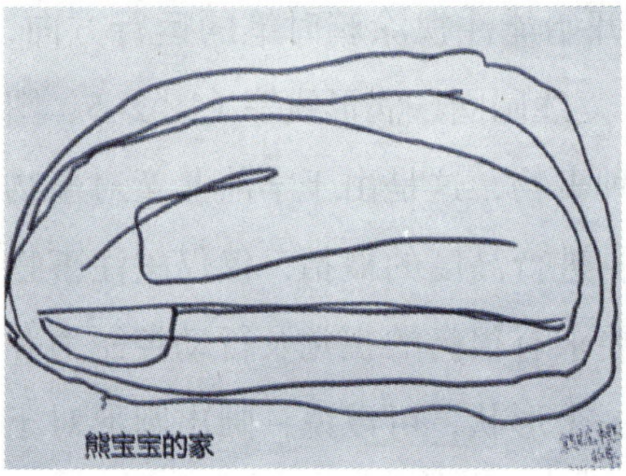

图 2-9　命名涂鸦熊宝宝的家

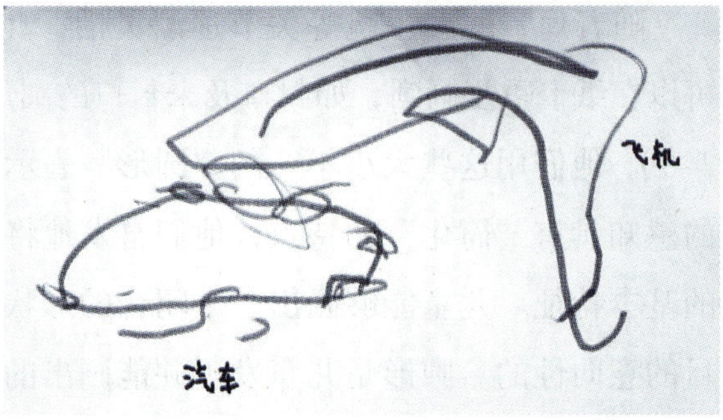

图 2-10　命名涂鸦汽车和飞机

这个时期的幼儿开始出现了原始的零乱构图，他们对画中的形象不作空间安排，画面无上下、前后等空间方位的区分，生活中有一定秩序的事物，在他们的画中都是横七竖八的。到这一时期的末期，画面的图像逐渐分化，形成简单的象形图样，迈向下一个发展阶段（如图 2-10）。

从最初的无意识涂鸦到有意识的命名涂鸦，一般要经历两年左右的时间。从儿童绘画能力发展来说，涂鸦期是幼儿绘画的准备阶段，涂鸦是一种积极的学习活动。它的一个突出特点是幼儿没有明确的绘画构思和目的，以游戏形式随意进行画线活动，或是有意识地模仿成人。在此过程中，儿童的涂鸦是随着动作与手眼脑协调的发展和认识能力的发展而逐渐发展的，同时也源于儿童探索周围世界的欲望。由最初不受控制的动作，逐渐到手眼协调地重复画线，再到有控制地画圆，最后手眼协调控制地画圆。这一过程以及幼儿在此过程中所积累的经验为其绘画能力的进一步发展奠定了基础。正是在这些看似杂乱无章的涂鸦画基础上，才会产生第一张"像样的"儿童画。确切地说，涂鸦是学前儿童喜欢的游戏活动。因此，对涂鸦期的儿童来说，画什么并不重要，重要的是使他们的手不断运动，获得手部“动”的满足感和探索的需要。

在这一阶段，成人首先应鼓励儿童自由涂鸦，以支持和引导为主，不可因孩子画得不像实物而嘲笑或指责，尽量做到孩子作画时不打扰，画完之后倾听孩子的讲述。其次，应为儿童涂鸦创设必要的涂鸦条件。为他们布置一个安全的涂鸦环境，提供适宜的工具和材料，如适合表现的油画棒、蜡笔、水彩笔、粉笔，以及不同尺寸的纸张、小黑板、画板等，并为儿童提供合适的座位，让他们在规定的空间内自由舒服地涂鸦，还应注意营造宽松的精神环境，让儿童在良好的情绪中进行涂鸦，及时给予肯定和鼓励，增强儿童的涂鸦兴趣和自我表现。此外，要对儿童的涂鸦进行指导。例如在涂鸦期的中后期可以多问问“这是什么？”“那是什么？”要耐心听儿童说，必要时进行一些记录，了解儿童的经验与想法，对儿童的联想进行引导，鼓励他们进行想象性的思考，促使他们将涂鸦和所要表现的经验联系起来。

（二）象征阶段（3.5~5 岁）

在 3 岁左右，幼儿绘画能力发展进入象征期。这时，儿童视觉形象的感受力有所提高，逐渐能意识到自己所画的形象与实物之间的关系，开始有目的地创造形体，有了明显的表达意图，他们能用极其简单的图形和线条表达出他们想要表现的事物。虽然幼儿画出的东西与真实的客观事物还相差甚远，但是，这时的幼儿创造了象征符号，并以此表现事物特征。这一阶段的儿童开始能用手腕和手指画画，进行有目的、有意识的绘画活动。他们开始根据自己的观察角度与知识经验来表现物体，由于知觉的不完善并缺乏综合概括能力，他们所画的图画往往强调重要的、有意义部分的表现，所画物体仍缺乏完整性。

从造型上看，这个年龄段的儿童喜欢用几何形状，并且用这些几何形状去表现任何事物。但由于这一时期的儿童能涂画的形状还比较有限，类似的形状在每个儿童的作品中或在同一个儿童的不同作品中可能代表着极不相同的事物。儿童最初画出的表征性的几何形状主要是圆形和卵圆形，这不仅是因为圆形的简洁和完美，使得人的视知觉对它产生了审美偏好，也是因为画圆的动作技能比画其他的几何形状更加容易一些。

这一阶段，儿童所画的图像仅仅是简单几何图形与线条的组合，是一种实物的替代物，只具备了物体的基本部分，多半是粗略的、不完全的，整体性不强，结构也不合理，仅具有象征性的意义，人们往往无法正确辨认。因此，我们认为，

图 2–11　蝌蚪人一

图 2–12　蝌蚪人二

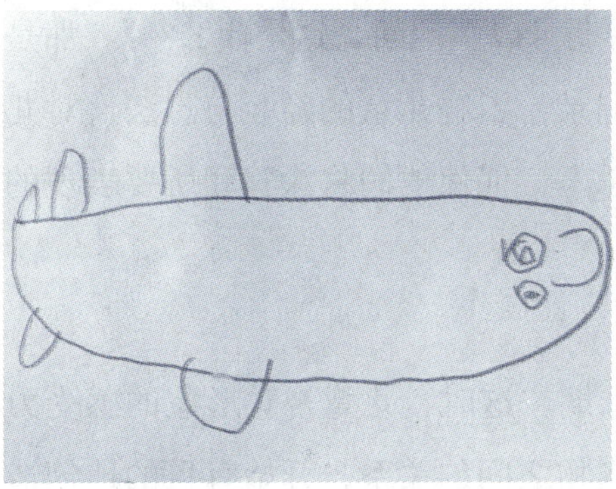

图 2–13　飞机

图 2–14　骆驼

这一时期儿童所画的图像是一种象征的图式，其典型表现就是儿童笔下的“蝌蚪人”（图 2–11、图 2–12）。在象征早期，儿童所画的蝌蚪人，只有卵圆形或圆形的头和单线条表现的手和脚，或加上某些特别注意到的细节，如纽扣、头发、眉毛等。“蝌蚪人”造型是 3~4 岁儿童绘画中常出现的人物造型，是跨文化、跨地域的儿童绘画表现的共同造型，是儿童的视觉感知对人体简化的结果，反映出儿童在此成长阶段对人的概念。在象征早期，儿童所画的房屋、动物、交通工具等也是由几个不完整的部分组成的，缺少相应的细节（图 2–13、图 2–14）。

随着儿童认知水平的提高，图形能够代表的范围会逐渐缩小。在象征后期，儿童画的圆开始分化，出现了椭圆，儿童用不同的圆代表不同的东西，例如，一个孩子在画蔬菜时，用椭圆代表黄瓜或笋，用圆代表西红柿或洋葱。可见，儿童已掌握了较多的基本图形和线的组合，已能不断地构成新的图形，描绘的事物也越来越广泛，所画题材涉及人物、动物、植物、自然景物、交通工具等。随着图形的象征具备了类别性，象征意义更加狭窄了，图形所能表现的事物特征逐渐复杂化。

从色彩上看，这时儿童的辨色能力提高很快。3 岁以前的儿童画画的乐趣在于画画的过程本身，而对颜色还不太关注。4 岁以后，幼儿对颜色开始有了自己的喜好，他们对红色、黄色等波长较长的暖色比较喜爱，而对波长较短的冷色如蓝色、紫色等不太喜爱，70% 的儿童已能掌握 8 种颜色的名称和使用。他们用自己喜爱的颜色来描绘自己喜欢的东西，而把自认为不好看的颜色涂在自己不喜欢或可有可无的事物上。此外，他们已开始试图用色彩来表现自己的情感。画面上的色彩种类也在逐渐增多，通常能达到 3～4 种以上，但从画面整体来看，还缺乏色彩的协调。

象征阶段，儿童的涂色能力逐渐由无序、不均匀向方向一致、均匀涂色发展。在这一阶段初期，涂色不均匀，常涂到轮廓线的外面。图画的颜色与实物的颜色之间并没关系，涂什么颜色完全取决于这些颜色是否引起儿童的兴趣。到了这一阶段的后期，幼儿逐步地能按物体的固有色来着色，如用绿色来涂树叶，用红色来涂太阳，用蓝色来涂天空。涂色能力较以前有了一定的进步，能用方向一致的线条均匀地涂色，并能涂在轮廓线以内。

从构图上看，此时儿童的作品中，往往不止一两个形象，有时有三四个甚至更多的形象，他们似乎是用一种很随机、很偶然的方式，把物体安排在画面上的。他们对每个形象进行罗列，形象之间相互独立，基本上没什么联系，不太注意物体之间的大小关系，没有组成统一的画面，有时看上去还有点儿凌乱松散的感觉，画面未能形成整体意义，但基本上能看出所要反映的主题，或者需要由儿童本人加以解释方能理解其意义。如图 2–15 所示，形象相互独立但表现了“生日派对”的主题。有时他们也会画上一些与主题无关的形象。成人往往无法明白孩子们所画的东西，孩子必须用语言说明才能让人明白他所表现的形象的意义。这时的儿童还不能自发地处理物体之间的遮挡关系，通常他们所画的是“透明”画，即将自己的内心感受或认为客观存在的东西都画出来，如图 2–16，儿童画吃饭的人，

图 2–15　生日派对

图 2–16　吃饭

吃进肚子的饭可以看得到。

这一时期，儿童的绘画能力较之涂鸦期已有明显进步，他们正处于尝试探索阶段，开始运用自己掌握的图形大胆地表现物象，并努力用语言补充自己的表达，思路比较活跃，并且可变性强。

因此，在这一阶段，成人首先应该鼓励儿童按照自己的愿望大胆地绘画，而不是单纯地灌输绘画技巧，更不能以“像不像”“好不好”等标准评价儿童的绘画作品。其次，在日常生活中应有意识地引导儿童多观察，为儿童提供开放的生活与视觉经验，从而加深其印象，强化其视觉能力。最后，适时适度地为儿童提供绘画技能上的指导，特别在儿童掌握了某种技能后，应为他们创造宽松的“用”的机会，让儿童通过游戏化的绘画练习巩固新技能。

（三）图式阶段（5~7岁）

难点讲解

扫一扫，收听“图式阶段”的专家精讲。

这个时期，儿童开始真正地用绘画的方法有目的、有意识地再现周围事物和表现自己的经验，是儿童绘画最充满活力的时期。他们以自我为中心，创造了许多独特的绘画方法，开始以较为固定的样式绘画，形成一种“概念画”。这时，儿童的绘画在造型、色彩、构图等方面较之象征期均有明显发展。

从造型上看，随着儿童视觉感受能力的提高，手运动机能的发展和形象积累的增加，他们喜欢用线条描绘物体形象的轮廓，不再用简单的图形加以组合的方式来表现事物，而能用较为流畅、熟练的线条表现物体的整体形象，试图将部分与部分融合为整体。[①]在这一阶段的早期，儿童在绘画时强调对称和垂直，常常将人画得左右对称，胳膊与身体相互垂直，看上去显得有些呆板（图2–17）。他们将房子上的烟囱画得垂直于房顶，将山坡上的树画得与山坡垂直，而不是垂直于地平面。可见，这时期儿童在表现三维空间方面还有一定困难，所表现的物象多以二维方式体现（图2–18）。

图式期的儿童开始注意用细节表现基本特征，结构合理，各部分之间的关系基本正确。例如，此时的人物画中五官俱全，还有了头发、手指、脚趾等，不过，手指或脚趾的数量不一定准确，还穿上了有花纹装饰的衣服（图2–19）。儿童还通

① 孔起英:《学前儿童美术教育》，65页，南京，南京师范大学出版社，1998。

图 2–17　笑笑和我在玩水

图 2–18　逛公园①

图 2–19　我的自画像②

图 2–20　公共汽车

过不同的细节特征来表现人物的性别、职业、年龄等。又如，儿童在画车子时，除了表现车头、车身、车轮等基本结构以外，还能表现出乘坐车子的人、车身上的广告以及车灯等细节，通过对细节的描绘，使所画物体更为具体、生动（图 2–20）。因此，细节描绘是此阶段儿童绘画中造型的基本特征之一。

从色彩上看，随着认识能力的发展，儿童在色彩的认识上越来越精细，对于色彩的明度、饱和度等方面的辨识能力有了较大的提高；他们能够较为熟练地注意按照物体的固有色来着色，可以说，物体众所周知的属性规定了儿童对颜色的选择。此时，儿童在按物择色的基础上，能用某种颜色统一画面，形成主色调，并能用颜色表现多种功能。如画“过新年”时，儿童大面积地使用红色或黄色，形成暖调，突出渲染过年的热烈气氛。儿童不仅用色彩渲染美感、表达情感，还能用色彩来表达不同的情景。该阶段儿童画的整个画面色调能逐渐达到协调，给人以和谐的美感（图 2–21）。同时，儿童用色彩表达情感的能力也有明显提高，如

① 河南省第三届幼儿艺术教育研讨会参展作品。

② 新星幼儿园的博客 http：//blog.sina.com.cn/s/blog_6be7fd620100lmar.html，2010–09–25。

暖色表现热闹和快乐，冷色表现伤心和神秘；用红色表现生气时候的脸与夏天的炎热；用绿色表现春天的春意；用金黄色表现秋天的丰收；用白色表现冬天的寒冷。如图 2-22，幼儿将正在吵架的爸爸妈妈的脸涂成了暗红色，以表达生气、愤怒的情感。随着幼儿动作的灵活性和准确性的提高，他们在涂色时，不仅能做到均匀涂色，而且能不涂出轮廓线，并学会用两种颜色的相接表现色彩的渐变。

图 2-21　美丽海洋

图 2-22　爸爸妈妈别吵了

从空间上看，画面中的形象比较丰富，开始注意物体之间的大小比例，形象与形象间开始有了一定的联系，但这种联系较为简单，依然常用重叠、透明的方式来表现，所画形象基本上能反映主题。这时的多数儿童还不能自发地表现物体的空间遮挡关系，但已有想表现的趋势，“透明”画依然存在，只是绘画的技艺较之象征期有了很大的进展（图 2-23、图 2-24）。这时，儿童绘画中还有夸张化的特点，即夸大他们感知印象较深的东西，也就是夸大与他们的审美趣味相吻合的部分。如图 2-25 所示，医生在给孩子打针，针非常大，而且流了好多血；再如图 2-26，妈妈骑电动车带着宝宝，妈妈的双臂伸得非常长，头发随风飞扬得高高的，

图 2-23　怀孕的大象妈妈[①]

图 2-24　妊娠中的猫[②]

① 广东美术教育论坛（广东美术教育网）http：//www.aebbs.net/，2015-03-17。

② 第十三届儿童画金奖。

图 2–25　打针

图 2–26　妈妈骑电动车

以表现骑电动车时的情景。

从整个画面上看，构图开始具有层次感，出现了基底线的画法。这时的儿童常常使用排列的原则组织空间，他们在一条基底线上排列形象，即在画纸的底部画出一条长长的线条作为地面的标志，把画面分成“上”和“下”两个不同的区域。随着年龄的增长，画面上分化的形象数量增多，而画面中的基底线由一条变成多条，增加了地平线、天际线等，直至没有基底线。逐渐地，这种并列式构图发展为散点式构图，即把画面上原来并列的物像分解离散开来，分布在画面下面的 2/3 部分，使得画面看上去立体化了（图 2–27）。到这一阶段的后期，部分儿童在绘画中能够表现出多层并列式构图和遮挡式构图，使画面看上去更有深度感。例如，儿童能够恰当地表现藏在树后面的人，身体一部分露在树的外面，合理地表现几座房屋的遮挡关系。此外，由于受到自身认知发展水平的限制，儿童绘画中出现了这一时期特有的构图形式——展开式构图，即把从不同角度观察到的事物在同一个画面上表现出来的绘画现象。[①]如图 2–28 所示，一群人围着餐桌吃饭，好像画者是

图 2–27　基底线的出现

图 2–28　展开式构图

① 孔起英：《幼儿园美术教育》，49 页，北京，人民教育出版社，2004。

从空中鸟瞰一样。

图式期是儿童自主绘画的黄金时期，这一时期是儿童思维最活跃的时期，也是儿童画创作最多的时期。他们可以自由表达，大胆创造和尝试，有明显的写实倾向。成人首先应鼓励儿童根据自己的想象和经验大胆作画。其次，为儿童提供更加丰富多样的作画工具和材料，增强儿童表现的热情，引导儿童创造性地表达。再次，应处理好技能学习与创造力培养之间的关系。最后，正确评价儿童的作品，尽可能以欣赏的态度正面评价幼儿，评价应具体、有针对性，避免泛泛的表扬。例如，可以这样说，“你的画用了这么多红颜色，就像过年一样喜庆”。

三、学前儿童手工能力的发展

手工活动是另一类学前儿童美术创作活动，是学前儿童美术活动的重要组成部分。相对而言，儿童美术教育研究者对学前儿童手工能力的研究比学前儿童绘画能力的研究要少得多。纵观已有的研究，我们发现儿童手工能力的发展经历着与绘画能力发展大致相同的过程。但是，手工属于三维创作，绘画属于二维创作，二者各自有着自身的阶段特征。总结已有的理论，结合自己的研究，我们将学前儿童手工能力的发展划分为三个阶段：无目的活动期、基本形状期和样式化期。

（一）无目的活动期（2~4 岁）

这个时期的儿童由于手部小肌肉的发育不够成熟，认识能力有限，所以，他们的手工活动没有明确的目的，只是一种纯粹的玩耍活动。他们还不理解手工工具和材料的性质，还不能正确地使用这些手工工具和材料，而是满足于手部探索与操作的过程，享受着自主活动的快感，体验着手工工具和材料的特性带来的乐趣。[①]

> **想一想**
>
> 学前儿童绘画能力的发展与手工能力的发展有何关系？

这一时期，儿童在泥工与纸工活动中都还不能有目的地制作出形象。在这一阶段初期，他们拿到油泥或黏土时，只会无目的地用手拍打、抓握、捏、撕、掰，享受着油泥或黏土的触觉感以及形态的变化感。当幼儿拿到纸张时，他们只会撕、揉、搓，将纸撕破、弄碎，从而获得一种满足感。这时，儿童还不会正确使用剪

① 孔起英：《学前儿童美术教育》，82 页，南京，南京师范大学出版社，1998。

刀、胶水等工具，纸和剪刀不能配合，即使剪出，也是奇形怪状的没有规则的纸片。此阶段后期，儿童逐渐学会用手掌把黏土压平、伸展，用指尖挖，运用双手的配合制作出圆球，并开始用圆球代表各种物体，这和绘画活动中儿童在圆形涂鸦阶段用圆代表一切事物是完全一样的。在纸工活动中，儿童已经可以通过手指的配合进行撕纸活动，或是用剪刀随意地剪出纸条或纸片，并能给偶然形成的造型命名。

处于这一阶段的儿童没有明确的手工活动目的，然而，他们在与工具和材料充分接触的过程中，却能获得很多乐趣。因此，成人应为儿童提供手工活动的机会以及安全、适宜的工具材料，鼓励儿童探索各种工具材料，同时积极引导儿童正确地使用工具材料，激发儿童参与手工活动的兴趣。

（二）基本形状期（4~5 岁）

随着儿童身体和认知能力的发展，这一时期的儿童由无目的的动作逐渐呈现出有意图的尝试，开始有了先想再做的基本能力。

在泥塑活动中，儿童进入用手团圆、搓长条的阶段，能运用团、搓、压、捏等技能塑造出物体的基本部分和主要特征（如圆球、长条等）。例如，他们将圆球和长条排列在一个平面上，创作出图画式的浮雕作品（图 2–29）。在儿童的手工作品中，起初出现的是棒状，到本阶段的后期，棒状出现了粗细、长短的变化，他们将多变的长条和其他形状组合表达自己的意图，整体感不太强，尚且不能很好地表现细节。在泥塑活动中，幼儿会使用一些简单的辅助材料。但是，在他们的作品中会出现一些非理性的、夸张的表现，如为了让自己制作的车子能站立，便把四个轮子做得很大，这与儿童绘画中夸张法的表现是一致的。

图 2–29　可爱小人

在剪纸活动中，儿童开始喜欢使用剪刀，也能够运用剪刀剪出直线、弧线等，进而全神贯注地实现自己的意愿。此外，幼儿能用几何形、自然物等进行粘贴，并能用单张纸进行简单折叠。但是，他们制作的作品往往较为粗糙，如折叠不平整，撕剪出的物体不够精美、轮廓不太光滑等（图 2–30）。

图 2–30　纸杯娃娃

在废旧材料制作中，儿童能利用废旧材料经过简单的加工制作出作品来，但由于幼儿还不能熟练地运用各种手工制作技能，因此制作出的东西显得较为粗糙。

在此阶段，成人应鼓励儿童运用各种工具材料大胆地表达自己的意图，适当地教给幼儿手工制作的基本技能，帮助他们实现自己的意图，从而增强幼儿对手工活动的兴趣。

（三）样式化期（5~7 岁）

这一时期，由于学前儿童手部精细肌肉的发育、手眼协调能力的提高、手工制作经验的增加，加上已经掌握了一些手工知识与技能，从而表现欲望更加强烈。他们不仅喜欢用各种工具材料进行制作，且使用的熟练程度也有提高，能够较好地表达自己的意图。

在泥塑活动中，儿童已能灵活运用各种泥塑技能，除掌握团、搓、压、捏、拉等技能制作出各种弯曲的、盘旋的棒状物，还能制作出立方体和圆柱体，并会用棒状物组合的方式制作出一些复杂的物体（图 2–31）。此外，他们能借助辅助工具制作出具有一定特征和细节的物体，如用牙签勾勒出小动物的嘴巴、谷物做小动物的眼睛等，而且还能变化人物或动物的上、下肢，从而塑造出姿态各异的形象，并组成一定的情节，如“我在看电视”“手拿宝剑的士兵”“小熊过桥”等。有时，儿童间还能分工合作，把制作的物体组织成有趣的故事场面或生活场景。

在剪纸活动中，儿童能双手配合着剪曲线，并能剪出自己所希望的形状，还能折叠剪出各种造型的窗花（图 2–32）。手与纸的配合不断得到协调，能自如地运用剪刀自剪自贴，且剪出的图形边线较为光滑、整齐。儿童不仅能用单张纸进行简单的造型活动，还能用两张甚至两张以上的纸折叠成立体的组合物体造型。

在综合运用各种材料的制作活动中，儿童能通过折、剪、粘贴、连接、弯曲

图 2–31　小汽车

图 2–32　窗花

和组装等技能对自然材料和废旧材料进行制作。制作出的物品较之基本形状期更为精细并且富有装饰性。

在这个阶段，儿童的手工技能日趋熟练，可以开展更加丰富的美工活动。成人应为幼儿提供丰富的工具材料，并有意识地引导幼儿主动发现生活中可用的材料，鼓励幼儿运用不同的方法进行创造性的表现，培养幼儿利用平凡的事物创造美的意识和能力。

总之，学前儿童手工能力的发展与绘画能力的发展有着不可分割的内在联系。在美术教育活动中，要有意识地将绘画与手工有机地整合起来，如用黏土、纸等材料制作瓶子，然后在瓶子上作画装饰（图 2–33、图 2–34），这样的整合活动可以更好地发展儿童的思维能力和审美能力。

图 2–33　双耳瓶

图 2–34　彩陶

幼教故事

两岁的杰克逊把一张白纸放到桌上，往一个调色盘里挤了一些颜料，有红色、蓝色、黑色和白色，他还弄来一个长柄刷子。他用刷子蘸上一些蓝色颜料，涂到纸上，接着再蘸些蓝色，再涂到纸上。接下来，杰克逊用刷子在其他颜料中都蘸了一下，直到颜料开始从刷子上滴下来，他用手举着刷子，看着颜料滴到桌子上。他把刷子末端放在纸上，画了一个小圈，然后把纸上的那团颜料涂开。他再次把刷子浸入 3 种颜料中蘸满，然后把它抹到纸上。接着他把调色盘上的所有颜料都混到一起，然后把刷子倾倒在纸上。他用刷子把倒出来的一摊颜料涂遍整张纸，时而从左到右，时而从上到下，时而打着圆圈。

在小组时间，三岁的格里高利在纸的左上角画了一个很大的、形状不规则的红色图形。他拿出另一把刷子，蘸些蓝色颜料，在左下角又画了一个不规则图形。他把这张纸放在一边，伸手去取另一张。在整个小组时间里，格里高利不停地在每张纸上画上两个或三个图形。与此同时，将近五岁的阿尔佩托在整个小组时间里都忙于一幅画。他首先在纸上画了两排红色的圆圈，上边六个、下边五个。他小心翼翼地在每个圆圈中间加了一个黄点。然后他用黑色画线，把上边的圆圈和下边的圆圈连成对，画到上边的第六个圆圈时，他发现下边少了一个。他又画了一个圆圈挤进原有的那五个圆圈中，然后把上边的和下边的用黑线连起来。一丝满足掠过他的脸庞。他停顿一下，好像在研究这幅作品，然后又开始丰富这幅画，在线条和其他图形之间画点，每个新图形都加得仔细小心且井然有序。①

本课回顾

结合国内外关于儿童美术能力发展方面的研究，我们认为，学前儿童绘画的发展经历了涂鸦期、象征期和图式期三个阶段，手工的发展经历了无目的活动期、基本形状期和样式化期三个阶段。学前儿童绘画能力的发展与手工能力发展之间存在一定的对应关系，两者之间有着内在的联系。相对而言，由于手工属于三维空间的创作活动，且操作起来需要较多的技能，加之受学前儿童思维特点及生理特点的限制，学前儿童手工能力较绘画能力发展得稍缓慢一些。

---

① ［美］爱泼斯坦、特里米斯：《我是儿童艺术家：学前儿童视觉艺术的发展》，37～38 页，北京，教育科学出版社，2012。

第二课　学前儿童美术欣赏能力的发展

幼儿喜爱艺术创作，也能够欣赏艺术，他们具备艺术欣赏的能力。因此，美术欣赏是学前儿童美术教育不可缺少的一部分。国内外关于儿童美术方面的研究主要集中在美术创作方面，而美术欣赏方面的研究相对较少。

一、有关儿童美术欣赏能力发展阶段的划分

关于儿童美术欣赏能力发展阶段的划分，国内外比较有代表性的主要有以下几种。

（一）比纳

比纳通过对儿童绘画作品的感知研究，认为儿童对图画的感知可划分为3个阶段。

1. 罗列对象时期（3~6岁）——只是说出画面上的一些物体，不能认识到物体间的联系。

2. 描述对象阶段（7~14岁）——能说出关于人或动物所做事情的简短语句。

3. 解释时期（15岁以后）——能说明图画上所画的东西的意义。

（二）加德纳

加德纳在《儿童对艺术的知觉》一书中，比较全面地探讨了人从出生到20岁审美感知的发展历程。他把人的审美感知发展分成5个阶段。

1. 婴儿的感知（0~2岁）——2岁以内的婴儿，他们的一般感知能力和审美感知能力尚未分化，还不能把艺术品看成是审美对象，而只能把它们看成是生活中的一般客体。

2. 符号的认识（2~7岁）——儿童对一些美术作品表现出明显的偏爱，但还不能知觉艺术作品的形式审美特征。

3. “写实主义”的高峰（7~9岁）——儿童遵循写实原则，用“写实主义”的评价标准来评价艺术作品。

4. “写实主义”高峰的衰退和审美感受性的出现（9~13岁）——儿童开始注意形式技巧及其形式的表现性，逐渐形成对特定的艺术家和艺术品的偏爱倾向。

5. 审美专注的危机期（13~20 岁）——处于无可非议的相对两极化的审美标准中。

（三）丁祖荫

丁祖荫把儿童对图画的感知能力发展划分为 4 个阶段。

1. 认识个别对象时期——儿童只看到各个对象或各个对象的某一方面。

2. 认识空间关系时期——儿童可以看到各个对象之间能够直接感知到的空间联系。

3. 认识因果联系时期——儿童可以认识对象之间不能直接感知到的因果关系。

4. 认识对象总体时期——儿童能从意义上完整地把握对象总体，理解图画主题。

二、学前儿童美术欣赏能力发展阶段特征

根据国内外学者对儿童美术欣赏的研究，结合自己的研究，我们将学前儿童美术欣赏能力的发展划分为两个阶段：本能直觉期和主观的审美感知期。

（一）本能直觉期（0~2 岁）

这一时期儿童对美术的形与色有了一定的审美感知能力，虽然他们对美术作品的反应是纯表面的和本能直觉的，但这些本能的直觉行为已为日后更高层次的美术欣赏活动做好了心理上的准备。加德纳认为，2 岁以内的儿童，其一般感知能力和审美感知能力还没有分化。所以，此阶段的儿童主要通过视、听、动的协调活动进行信息的相互交换，他们对形状、颜色等美术基本要素的视觉偏爱是由其生理机能决定的，是一种本能的快感，还不能形成真正独立的美感反应。

> **资格考试要点**
>
> 学前儿童美术欣赏能力的发展经历了哪几个阶段？各阶段有什么发展特点？

雷吉在和他的父母、姐姐一同参观艺术馆，虽然他才 9 个月大，也不会说话，妈妈用婴儿车推着他从一幅画到另一幅。有时雷吉会看画，更多的时候他在看其他参观者，或者摆弄运动衫上的拉链。他们一家停在了一幅巨大的马蒂斯剪纸画前，那幅剪纸画用明亮的原色调呈现出了抽象舞者的轮廓。看着这幅作品，雷吉咧嘴笑了，开心地笑着并挥舞手臂，用力踢腿。当他们起身要移动到下一幅作品跟前

去时，他不满地呜咽了一声，他不想离开马蒂斯的作品。[①]

在上述案例中，雷吉对作品的注视、笑、挥手、踢腿等一系列动作都表明，婴儿已经能够主动地感知美术作品，并产生生理性的反应，从而获得内心的满足。

1. 对颜色的感知

新生儿出生后不久，就出现了颜色视觉。在前两个月，婴儿偏爱黑白相间的图画，尤其是黑白分界处。斯塔普利斯给婴儿呈现两个亮度相等的，但一个是彩色、另一个是灰色的圆盘，并测量对它的注视时间。结果表明，3 个月大的婴儿注视彩色圆盘的时间差不多是注视灰色圆盘的两倍。我国学者冯晓梅通过实验研究发现，80%的出生 8 分钟到 13 天的新生儿能分辨红和灰，说明出生两周内的新生儿就具有颜色辨别能力。一般认为，婴儿从 4 个月起，开始对颜色有分化性反应，能辨别彩色和非彩色。波长较长的暖色（如红、橙、黄等）比波长较短的冷色（如蓝、绿、紫等），更容易引起婴儿的喜爱，红色物体特别容易引起婴儿兴奋。[②]

2. 对形状的感知

出生 2 天的新生儿就能注视像面孔一样模式的刺激物，而不喜欢看没有图形模式的圆盘。婴儿似乎对人的面孔有特别的兴趣，他们注视人的面孔的时间比注视其他模式的时间更长。在最初的 6 周里，视觉集中现象已经表现得比较明显，他们偏爱清晰复杂的，尤其是黑白对比鲜明的轮廓外形，也就是说此时的婴儿会把视觉集中到物体的外形或轮廓上。大约在第 2 个月，婴儿的视觉偏移渐渐集中到视觉观察的物体的中心区域。

美国心理学家范茨用视觉偏爱的方法研究了婴儿对形状的感知。他给 1～15 周的婴儿看几对模式图，每对模式图在形状和复杂程度上都有不同，分别是：线条图和靶心图、棋盘图和正方形图、交叉十字图和圆形。研究发现，婴儿注视靶心图和线条图的时间最长，而对简单的图形注视时间较短。婴儿最喜欢看靶心图，对棋盘图的注视时间超过正方形图。[③]可见，婴儿天生就偏爱复杂的图形。班克等人进一步研究发现，引起婴儿视觉注视的是图像的明暗交替模式或轮廓。婴儿在图像识别中，对明暗交替的差异特别敏感。他们采用了多种黑白相间的格子或条

---

① ［美］爱泼斯坦、特里米斯：《我是儿童艺术家：学前儿童视觉艺术的发展》，33 页，北京，教育科学出版社，2012。

② 边霞：《幼儿园美术教育与活动设计》，42 页，北京，高等教育出版社，2009。

③ 孔起英：《学前儿童美术教育》，41 页，南京，南京师范大学出版社，1998。

纹图像进行测试，发现婴儿偏爱明暗对比鲜明或颜色对比鲜明的图像，而不喜欢空白无条纹、无明度对比和单色的图像。

3. 对深度的感知

美国的心理学家吉布森和沃尔克通过视觉悬崖实验研究发现，5 个月以后的婴儿不仅已经具有深度知觉，而且就平面与立体物体而言，他们偏爱立体的而非平面的物体。

这一阶段，成人应根据儿童的身心发展特点，给予儿童适当的视觉刺激，为他们创设一些有利于观察的视觉焦点以使儿童产生视觉运动。例如，婴儿房以暖色系的块面背景为主，装饰一些图案清晰、色彩鲜明的图片；在婴儿的摇篮或房间的天花板上悬挂色彩鲜明的玩具、饰物，如彩球、风铃等；还可以用色彩鲜明的玩具或图片与婴儿一起玩视觉追踪的游戏，如新生儿时期，首先为婴儿提供黑白卡，第三个月提供彩色卡，引起幼儿的视觉运动。另外，成人及婴儿自身的衣服也是婴儿重要的视觉对象，成人对此也应该做适当的选择。

（二）主观的审美感知期（2~7 岁）

随着儿童认识能力的发展，他们对美术作品的感知，不再仅仅是一种生理的、直觉的反应。在美术欣赏的感知和理解方面，表现出以下特点。

1. 对作品内容的感知先于对作品形式的感知

幼儿不仅喜欢看美术作品，而且喜欢与人分享自己的观察体验。2 岁以前的儿童还不能具体说出自己的感受，但随着年龄的增长，儿童开始表达自己的欣赏体验。我们发现，他们首先感知到的是美术作品的内容，很少有意识地注意到作品的形式审美特征。这说明儿童还没有完全形成一种真正意义上的审美态度，他们对美术作品内容的感知和欣赏只限于画面上画了些什么。

难点讲解

扫一扫，收听“主观的审美感知期”的专家精讲。

丁祖荫、潘杰认为，学前儿童对图画的认识大部分处于认识个别对象阶段和认识空间联系阶段。例如，幼儿在欣赏法国画家米勒的《拾穗者》时，会说：“画中有三个人在田地里捡稻穗。”在欣赏柯罗的《蒙特芳丹的回忆》时，幼儿首先关注到了画面中占据约 2/3 面积的大树，说“这棵树好大，长得很茂盛”。在欣赏蒙德里安的抽象作品《百老汇爵士乐》时，幼儿会说“我看到许多小格子，好像小汽车在马路上跑”，也有幼儿说“我看到有房子和旗子”。可见，无论是写实的作品，还是抽象的作品，幼儿对作品内容的关注总是多于形式。

同时，我们从幼儿对美术作品的描述中可以看出，幼儿对作品内容的把握还处于浅层次的感知和理解中，尚不能深入感知、理解作品内容所蕴含的意义或反映的精神。不过，此阶段的幼儿已能感受到作品的情感表现性。例如，我们给幼儿欣赏修拉的作品《大碗岛的星期天下午》时，他们感觉很开心、很舒服。

2. 初步感知作品的某些形式审美特征

两岁以后的幼儿视觉感受能力逐渐增强，对美的事物的关注更加主动。在成人的引导下，他们已经能够逐步感知和理解作品的造型、设色、构图、情感表现等形式的审美特征。

在线条与形状的感知方面，幼儿常常将线条与形状和具体的形象联系起来。例如，幼儿在欣赏凡·高的《星月夜》时，看到那棵棕色的树时，有的幼儿说“像火焰一样往天空冲”，看到天空的云彩时，有的幼儿说“感觉像海浪在翻滚呢”；在欣赏米罗的作品《哈里昆的狂欢》时，画面中较多使用的是一些弯弯曲曲的线条，被幼儿形象地称为“电话线”，有的幼儿说“这种线条感觉很神奇，好像很有魔力”。这表明，幼儿能感受到美术作品中线条和形状所表达的内涵与情感。

在色彩的感知方面，这一阶段幼儿对色彩视觉效果的感受性很强，而对色彩情感效果和象征效果的感受性相对较弱。“与暗色调的写实主义作品相比，儿童对有图案、色彩明亮的抽象作品的反应更积极。”①在欣赏美术作品时，幼儿很容易被画面的色彩所吸引，色彩鲜艳的作品往往为幼儿所喜爱，如凡·高的作品《夕阳与播种者》、马蒂斯的作品《忧愁的国王》等。

在空间构图感知方面，随着幼儿对空间认知的能力不断发展，大多数幼儿已经具备了感知美术作品空间深度的能力。这种能力随着年龄增长而不断发展，但在很大程度上仍然受到内容的影响。例如，在欣赏《蒙特芳丹的回忆》和《大碗岛的星期天下午》时，多数幼儿已经能感受到作品的构图，能理解“近大远小”。

在情感表现性的感知方面，当幼儿被有意识的引导感知时，大多数幼儿能很好地感知到作品的情感表现性。4岁、5岁、6岁幼儿的平均分数分别达到7.3、8.1、8.8分（总分为9分）。他们通常从作品的内容、自己的情感偏好、想象因素和作品形

① ［美］爱泼斯坦、特里米斯：《我是儿童艺术家：学前儿童视觉艺术的发展》，48页，北京，教育科学出版社，2012。

式方面的特征这四个方面来解释作品的情感表现性。[①]

在作品的风格感知方面，幼儿对绘画风格的注意是比较有限的，大部分幼儿较难理解作品的风格特点，即使偶有关注，也往往受作品内容的影响。研究表明，幼儿喜欢夸张和拟人风格的美术作品。也有研究表明，已经欣赏过马蒂斯、凡·高、毕加索、米罗、康定斯基等艺术家的作品后，在别的场合，当儿童再次面对这些艺术家的作品时，他们仍然能识别出艺术家各自不同的风格。他们会说“这是马蒂斯画的”“那是康定斯基画的”“米罗的画是夸张变形的”。例如，将美国漫画家斯坦伯格的作品《护照》给欣赏过凡·高作品的10名大班幼儿看，就有两位认为这幅画“有点像凡·高的画”。因为这幅画里的线条像凡·高的那样也是在转转转（儿童边说边用手指画着圆圈），可见儿童已能从作品中线条的力的方向方面来感知其风格。[②]

（三）学前儿童对美术作品的审美偏爱特点

审美偏爱是个体审美心理活动的选择性和指向性。它表现为个体对某种审美客体或形态、风格、题材的艺术品优先注意或优先审视的心理倾向。[③]每一位在社会中生活的正常人都有自己的审美偏爱，学前儿童也会有自己的审美偏爱。

我国学者张奇对幼儿的审美偏爱进行了实验研究，结果发现在作品的题材方面，幼儿偏爱表现动物的美术作品，其次是表现交通工具和植物的美术作品，同时在作品的形式方面，幼儿喜欢色彩丰富和鲜艳程度高的美术作品；在作品的风格方面，他们喜欢夸张和拟人风格的美术作品，同时，幼儿的审美偏爱也表现出一定的稳定性。[④]也有研究表明，学前儿童有时会偏爱美术作品中的局部性特征和细节，而不从画面整体来感知作品。可以说，学前儿童的审美偏爱是非艺术鉴赏水平上的审美偏爱，是一种缺乏审美态度和审美标准的感性审美偏爱，是审美偏爱的初级形式。

就整个学前阶段而言，在学前初期，儿童能对美术作品的感官特征做出初步回应，包括色彩、形状和运动，他们更喜欢明亮的、对比鲜明的色彩，以及相对简洁的美术作品。在学前中期阶段，儿童开始注意到创作题材，他们更喜欢感知

① 孔起英：《幼儿园美术教育》，29～30页，北京，人民教育出版社，2004。

② 孔起英：《幼儿园美术教育》，30～31页，北京，人民教育出版社，2004。

③ 叶朗：《现代美学体系》，357页，北京，北京大学出版社，1988。

④ 张奇：《儿童审美心理发展与教育》，148～149页，北京，北京师范大学出版社，2000。

描绘熟悉的物体，不管作品是抽象的还是写实的，以及描绘有限数量物体的作品，而且物体彼此之间要有高对比度。在学前晚期，儿童开始注意到个人的艺术风格，他们开始对艺术作品描述的方式更感兴趣。[①]作品的内容是否客观地、真实地再现了现实世界，作品的色彩是否丰富、鲜艳，是儿童判断作品好坏的两个最主要的标准。在对美术作品的偏爱方面，儿童喜欢的是再现性作品和能够识别出作品中所描绘对象的非再现性作品。

学前儿童美术欣赏的发展，经历了一个从笼统到分化，从没有标准到具有一定审美标准的逐步发展过程。儿童美术欣赏发展的特点和规律，为我们有针对性地选择美术教育内容提供了重要依据。

想一想

学前儿童绘画、手工和欣赏能力的发展表现出哪些共同的特点？

本课回顾

学前儿童美术欣赏能力的发展经历了本能直觉期和主观的审美感知期两个阶段。本能直觉期对应于儿童思维发展的感知运动阶段，即0～2岁，这时儿童对美术作品的感知，还是一种生理上的反应，还没有真正独立的美感反应。到了主观的审美感知阶段，在成人的引导下，儿童开始感知到作品的色彩、线条、形状等形式审美特征。同时，学前儿童已经具备自己的审美偏爱，他们喜欢的是再现性作品和能够识别出作品中所描绘对象的非再现性作品。学前儿童的审美偏爱是非艺术鉴赏水平上的审美偏爱，是一种缺乏审美态度和审美标准的感性审美偏爱，属审美偏爱的初级形式。

思考与练习

1. 学前儿童绘画能力发展的各个阶段各有什么特点？在实际的美术教育教学中，应如何进行有效的引导？

2. 学前儿童手工能力发展经历了哪几个阶段？各个阶段有什么特点？

3. 学前儿童美术欣赏能力的发展有什么特点？

---

① ［美］爱泼斯坦、特里米斯：《我是儿童艺术家：学前儿童视觉艺术的发展》，47～49页，北京，教育科学出版社，2012。

4. 试比较学前儿童手工能力的发展与绘画能力的发展，并说明两者之间的联系。

拓展训练

训练一：

收集不同发展阶段的学前儿童绘画作品，尝试对其进行解读和分析。

训练二：

观察自己的生活环境，将可以用作幼儿手工活动材料的物品名称记录下来，建立自己的资料库。

训练三：

选择适合幼儿欣赏的美术作品与幼儿进行个别交流，记录幼儿对作品的感受，并进行分析，进一步加深自己对幼儿美术欣赏特点的理解。

总结与反思

扫一扫，跟随本书作者一起回顾本单元内容，想一想有哪些收获，还存在哪些困惑。

参考文献

1. 教育部基础教育司：《幼儿园教育指导纲要（试行）》，南京，江苏教育出版社，2001。

2. 孔起英：《幼儿园美术教育》，北京，人民教育出版社，2004。

3. 屠美如：《儿童美术欣赏教育研究》，北京，教育科学出版社，2001。

4. 叶朗：《现代美学体系》，北京，北京大学出版社，1988。

5. 张奇：《儿童审美心理发展与教育》，北京，北京师范大学出版社，2000。

6. 丁秀玲：《早期儿童色彩审美感受和审美表现行为研究》，南京师范大学硕士学位论文，1993。

7. 王芸美：《学前儿童对美术作品的审美感知能力的发展和培养》，南京师范大学硕士学位论文，1993。

8. ［美］Claire Golomb 著：《儿童绘画心理学——儿童创造的图画世界》，李甦译，北京，中国轻工业出版社，2014。

9. ［美］爱泼斯坦、特里米斯:《我是儿童艺术家: 学前儿童视觉艺术的发展》，北京，教育科学出版社，2012。

10. 边霞：《学前儿童美术欣赏教育内容的选择与活动的组织》，载《学前教育研究》，2000（6）。

11. 朱晓红：《浅谈学前儿童对美术作品的审美偏爱》，载《内蒙古师范大学学报（教育科学版）》，2003（8）。

第三单元

把握学前儿童美术教育的基本问题

学习目标

1. 掌握学前儿童美术教育的基本理论。
2. 领会幼儿园美术教育不同的取向与定位。
3. 了解美术教育的价值及学前儿童美术教育的特有价值。
4. 运用所学的学前儿童美术教育基本理论，学会理性分析幼儿园教育现况。

情境导入

根据教育过程中的立足点和偏重点不同，在儿童美术教育中呈现出一些不同的教育取向。其中最常见也最具代表性的是儿童发展取向和美术学科取向。在你看来，儿童发展取向与美术学科取向的儿童美术教育有何不同？学前儿童美术教育是应该遵循儿童发展取向还是美术学科取向呢？请详细阐述你的理由。学习完本单元，你就可以找到答案了。

第一课　学前儿童美术教育的取向

美术教育的价值，是对美术教育功能的评定，是对作为客体的美术教育的用途或积极作用的看法和评价。“价值这个普遍的概念是从人们对待满足他们需要的外界物的关系中产生的。”[①]那么，什么是学前儿童美术教育的价值取向呢？

简单地说，便是人们对这种人类社会所特有的实践活动和社会现象——学前儿童美术教育功能的肯定、选择、凸显与强调。人们期望学前儿童美术教育发挥什么样的功效，希望受教育者向什么方向发展，无不受其价值取向影响。所以，儿童美术教育的价值取向及教育价值观，是儿童美术教育思想的核心，是儿童美术教育工作的出发点和落脚点。要掌握学前儿童美术教育的取向，我们必须先了解一些学前儿童美术教育的基本理论。

一、学前儿童美术教育的有关理论

（一）罗恩菲尔德的美术教育思想

难点讲解

扫一扫，收听“罗恩菲尔德的美术教育思想”的专家精讲。

罗恩菲尔德出生于奥地利，后移居美国，创建了宾夕法尼亚大学艺术教育系，是著名的美术教育家，被称为“美术教育之父”。其思想受到法国教育家卢梭的自然主义教育观和美国教育家杜威的进步主义教育观影响。在吸取了当时各类美术教育理论与实践的精华后，他形成了一套截然不同于传统美术教育的完整教育观，成为进步美术教育运动的核心领导人物，对20世纪五六十年代的西方儿童美术教育有着重要的影响。罗恩菲尔德认为，“艺术教育对我们的教育系统和社会的主要贡献，在于强调个人和自我创造的潜能，尤其在于艺术能和谐地统整成长过程中的一切，造就出身心健全的人”[②]。所以，他强调美术教育的重要性，主张通过美术教育促进儿童的完全发展。其代表作《创造活动的本质》和《创造与心智的成长》系统阐述了他对儿童美术发展所做的详尽研究。

在《创造与心智的成长》一书中，罗恩菲尔德将儿童的美术发展划分为以下六个阶段：涂鸦期（2~4岁）、前图式期（4~7岁）、图式期（7~9岁）、写实萌芽期（9~11岁）、拟写实期（11~13岁）与青春危机期（13~17岁）。根据罗恩菲尔德的儿童美术发展理论，他认为虽然每个孩子的成长速率各有差异，但在美术

① 《马克思恩格斯全集》第19卷，406页，北京，人民出版社，1953。

② ［美］罗恩菲尔德：《创造与心智的成长》，10页，长沙，湖南美术出版社，1993。

的发展上遵循六个阶段，每个儿童都必须经过上一阶段，才能进入下一阶段的发展。在每个不同的发展阶段中，儿童呈现出特有的感情、智能、身体动作、知觉、社会性、美感、创造性等方面的成长与发展特征。美术教育应该按照儿童美术发展的阶段及年龄特征，为他们提供自由表现的机会与适当的材料，引起并维持儿童创作的热情，让他们无拘束地进行自我表达与创造。教师在儿童美术学习过程中不应过多干涉，特别是不要去教儿童如何绘画，也无须过多关注儿童美术创作的结果，而应该将注意集中在儿童美术创作的过程之中。

罗恩菲尔德将儿童的美术学习模式划分为视觉模式和触觉模式两类，视觉模式类的儿童获取经验的主要媒介是看，其绘画作品更偏向于写实；触觉模式类的儿童获取经验更倾向于亲身参与，他们用身体和情感对主观经验进行阐述，因此其绘画作品更加具有主观性。传统美术教育更强调视觉经验而忽视主观体验与情感，这对于触觉模式的儿童来说就是不公平的，并且在美术学习的过程中还会受到忽视和挫折。所以，教师在美术教育之前应先了解儿童属于哪种类型再因材施教，这样才能培养所有儿童对美术的持久兴趣，促进所有儿童的发展。

罗恩菲尔德认为美术是一种工具，能发展儿童创造性地工作的能力。美术还是游戏的一种形式，在美术活动中，儿童的需求得到了真正的满足，这种满足有助于其成为有协调性和幸福感的人，而不是知识与情感不平衡的人。他反对在美术教育中让儿童通过临摹去学画，认为这样不仅不会提升儿童的美术能力，反而会有害于儿童美术的发展。

罗恩菲尔德的美术教育思想被归为工具论，在当时盛行以传授“正确”的绘画技能为主的课堂教学中，他的理论起到了一定的冲击作用。但是，工具论也并非是全无缺陷的，它过分强调在美术教育中顺从儿童的自然发展、自由表现，过分强调过程而不是成果，致使美术教育只开花，不结果。

（二）艾斯纳的美术教育思想

艾斯纳是当代美国儿童美术教育家，斯坦福大学艺术与教育系教授，担任过美国国立艺术教育协会会长。他受教育家布鲁纳结构课程思想的影响，强调美术教育最主要的价值在于对个人经验的独特贡献。他认为美术有三大功能：“美术为人类提供视觉感；美术是调动我们感性的手段，提供训练人类潜能的题材；美术能使其他事物变得生动。”[①]艾斯纳在其著作《儿童的知觉与视觉的发展》中，系统阐述了美术教育的功能、目的、内容、方法及评价体系等，对现今的美术教育产生了重要的影响。

艾斯纳将美术教育的功能概括为以下 7 种：能发展人的审美感觉；能培养人的感受性或感觉力；有助于人发现事物的特殊性；能帮助人们批评社会，并以隐喻的方式传达某种价值观；能将人们带入梦幻使心灵深处的思想和感情得以暴露；能使我们注意经验中的琐碎方面，从中发现新的价值；以极强的情感力量培养人与人的亲善关系，开启难以言传的层面，扩大人类的意识。

艾斯纳秉持以科目为中心，主张严谨的美术教育课程体系，即“以学科为基础的美术教育”，简称 DBAE（Discipline-Based Art Education）。他与工具论者持不同观点，认为儿童的美术能力是通过在老师设计的周密系统课程中学习而获得的，而不是自然发展得来的。教师应通过美学、美术史、美术批评和美术创作等方面的课程组合对儿童进行系统完整而又连续的教育，从而帮助他们了解美术在社会文化发展中的重要功能，发展他们对视觉对象的审美判断能力，使他们创造出具有强烈表现力、具有美感的美术作品。所以，艾斯纳也被称为本质论的代表人物。

为了兼顾课程的完整、系统性和学生对美术的兴趣，艾斯纳创造性地提出了指导性目标和表现性目标两个重要概念。他认为，指导性目标主要是为了发展儿童美术表达中所必需的技能，所以，为达成指导性目标，应伴随有足量的练习。表现性目标是为了鼓励儿童合理使用指导性目标获得的技能去抒发自己的情感，而表达美术的创造性。艾斯纳并没有犯绝对主义的错误，在学科中心论和学生中心论中，他找到了一个良好的平衡点，这也是他比其他美术教育理论家高明的地方。

在具体的教学上，艾斯纳认为，最为重要的是建立良好的师生关系。这种关系应该是温暖、信任、开放和互相支持的，使得教师在教学活动中处于十分有利的位置。同时，教师本身也应具备较强的专业技能，将言教与身教相统一，这样才能使美术教育不至于走向空洞、短效和无趣。

（三）西泽克的美术教育思想

西泽克，奥地利儿童美术教育家。他是杜威儿童中心论的忠实拥护者，也是

---

① ［美］艾斯纳：《儿童的知觉与视觉的发展》，12 页，长沙，湖南美术出版社，1994。

难点讲解

扫一扫，收听“西泽克的美术教育思想”的专家精讲。

在美术教育史上第一个“发现了儿童绘画”并给儿童绘画以崇高地位的人，被誉为“儿童美术教育的先驱者”。

西泽克认为，儿童天生就具有无与伦比的绘画和创造能力，他们不应在花园里发育，而应在旷野里成长。同时，通过长期认真观察，他发现儿童的绘画和成人的绘画有着很大的区别，儿童不但画他们看到的，还将这些东西按照自己的独特理解去创造性地表达。正是基于这种对儿童的认识、尊重与信任，他在对儿童进行美术教育时并不是直接去教儿童怎么画，而是让儿童自己去观察，去创造。

值得注意的是，西泽克让儿童自由发展并不是放任自流的发展。他认为，儿童自然成长会遵循一定的规律和法则，教师必须要熟知这些规律和法则，并按照这些法则去激发儿童的创作热情，鼓励儿童以自己的方式来表达。真正的好老师应该时刻在帮助儿童发展却又使儿童意识不到老师的存在。同时，他也表示让儿童掌握最低限度的“正确技术”是必要的，但他所说的“正确技术”仅指在制作、绘画上必需的工具使用方法，而非我们今天所说的造型、色彩、构图等方面的知识与技能。

在课程设置上，西泽克将以往儿童美术教育过分看重技能训练的功利立场转变为重视发展儿童的艺术创造性和表现性。在西泽克之前，儿童美术教育都是以像不像作为评价标准，以获得娴熟的绘画技能为目的。西泽克开创了一个尊重、自由、温暖的儿童绘画新时代，他让儿童以自己的方式去绘画和创作，因为儿童是用不同于成人的眼光在看待世界的。儿童是画其想画的，而不是画其所看见的，这一现今被美术教育界广泛接受的观点最早也是从西泽克的研究中得出的。

在西泽克的儿童美术教室中，他将其关于美术教育指导的主张一一实践。教师在指导儿童绘画时几乎不指定题材，也不教具体画法，而是在提供丰富的材料后，将指导重点放在激发儿童的创作欲望和创设宽松的心理氛围上。所以，孩子们的作品用色大胆、造型生动、特色鲜明、富有生趣，真正展现了儿童无拘无束的想象力所带来的魅力。西泽克的儿童美术教育主张对当时各国的美术教育都产生了深远的影响，开创了儿童美术教育的新局面。

（四）阿恩海姆的美术教育思想

阿恩海姆出生于德国，后移居美国，任哈佛大学视觉与环境研究系艺术心理学教授，钟情于格式塔心理学（又称“完形心理学”），并将儿童美术的发展与格式塔心理学相联系，开创了儿童美术知觉理论。在其代表作《艺术与视知觉》与《视觉思维——审美直觉心理学》中，阿恩海姆通过解释视觉的简化倾向和组织本能来说明“完形”的性质，通过揭示视知觉的理性本质来弥合艺术与科学、感知与思维、感性与理性之间的缝隙，通过格式塔学说来探讨艺术活动与视知觉之间的关联。

阿恩海姆对于美术的研究主要集中在眼睛所看到的视知觉和大脑所处理的视思维是如何关联的。他认为，绘画并不是真实事物的复制，而是原事物的等同物，画面只会包含真实事物的部分性质而非全部。以格式塔心理学为依据，他认为，感知能力是从整体到局部的，儿童时期最多见的简化图形并不是因为儿童没有掌握足够的绘画技巧或没有积累足够的视觉经验，而是他们的感知能力还没有完全分化。在观察儿童的绘画时，我们发现，对于圆形的掌握相较于方形或三角形明显要更早些，而更早掌握圆形并不是因为儿童最先看到圆形或圆形最好画，而是“当儿童画处于圆形式样为主的阶段时，他还根本不能分辨形状。因此对这些儿童来说，圆圈并不代表圆形性，而是代表事物的更为普遍的性质——事物性”①。

儿童在绘画时，并不像一般人认为的那样是看到什么画什么，而是对原物作了量的改造，所以儿童的绘画形象看上去都极为简约。这种简约看似简单，但对儿童来说却是十分艰巨的，因为他们要把所观察到的三维事物转化为二维。格式塔心理学研究发现，不同的“完形”给人们的感觉是不同的，有些让人愉快，比如富有规则、简单明了、和谐统一的完形；有些则让人产生力求改造的冲动。这类将视觉刺激物的不愉悦特质加以改造的冲动，在儿童的绘画中表现得最为明显，这种现象也归结于在儿童知觉中占优势的简化性。因而，儿童画很难具有三维性，在画面中较规则的圆形和椭圆形也成为了表达形象的主要要素。

阿恩海姆的儿童美术知觉理论让我们从视觉与知觉的角度认识了儿童的美术作品。但是，他认为“完形”心理是天赋的，而不是后天习得的。所以，他并不强调教育教学在儿童美术能力发展中所起的作用，这在儿童美术能力的持续发展

---

① ［美］阿恩海姆：《艺术与视知觉》，240 页，北京，中国社会科学出版社，1984。

上无疑是缺乏后劲的。

（五）加德纳的美术教育思想

加德纳是美国哈佛大学教育研究院的心理学家，他领导了“零点计划”，研究通过艺术教育实施智商与情商的培养。在研究中，加德纳除了提出了多元智能理论，还将艺术的发展与发展心理学中儿童的发展相结合，著述了《艺术与人的发展》《智能的结构》《艺术涂抹》等多部著作，对儿童美术教育亦有显著贡献。

加德纳认为，每个儿童都可以被看作艺术过程的参与者，当个体参与艺术时，便创作和知觉出那些能从各个层次去影响他人的符号对象。儿童智能的发展是他们身上的知觉系统、制作系统和感受系统不断发展并交互作用的结果。儿童的知觉系统受到完形知觉的支配能做出日益精确的符号识别，制作系统能把各种符号单位由独立、零散的结合成整体、统一的；感受系统关乎儿童早期是否能形成健全的信任和安全感，调节着生物体各种状态的波动。在儿童最初使用符号的阶段，他们仅仅是将此作为一般含义的对象进行处理。随后，待儿童越来越能理解各类不同的符号系统含义以及相互之间的关系后，他们的自我意识便提升了。当形式感与平衡感这类早期制作与知觉特征被转移到符号运用领域之后，儿童美术作品中的审美特质便越发明显和清晰。同时，儿童也逐渐开始理解不同审美对象的要素特质。

加德纳认为，皮亚杰的认知发展理论对人的培养目标和弗洛伊德的精神分析理论对人的培养目标都是不完善的，一个过分强调认知，一个则将情感与本能放在首位，两者都有失偏颇。如果将艺术作为一个切入点，将两者结合起来，不失为一种良好的方式。他说：“尽管我们并没有完全解决精神分析观和认知发展观之间的争议，但我们也许表明了，皮亚杰关于阶段连续的看法和精神分析学家的渐成说和谐地结合起来。我认为由于我们专注于艺术，所以便促进了这种调和的形成。”①因此，加德纳的儿童美术教育研究也被称为儿童美术认知理论。

（六）陈鹤琴的美术教育思想

陈鹤琴是我国当代著名的教育家，他将一生奉献给了幼儿教育。他对儿童美术教育颇有研究，提出了比较系统的儿童美术教育理论体系。

陈鹤琴将美术教育作为促进儿童身心和谐、全面发展的重要活动。他认为，

---

① ［美］加德纳：《艺术与人的发展》，225～226页，北京，光明日报出版社，1988。

儿童美术教育的价值主要体现在四个方面：第一，绘画可以表现儿童的美感；第二，绘画可以发展儿童的思想；第三，绘画可以增进儿童的知识；第四，绘画可以联系儿童的目力与手力。

难点讲解

扫一扫，收听“陈鹤琴的美术教育思想”的专家精讲。

陈鹤琴认为，要想科学实施美术教育，就必须要依据儿童的心理特点来开展。“若不知道儿童的心理而施行教育，那这种教育必定是没有良好结果的。儿童心理学是幼稚教育的基础。未施教之前，我们应当知道儿童的心理，他怎样学的，用什么方法学起来最经济、最有效力。比如图画，我们应当怎么样教他，他才能学得好？”[1]陈鹤琴在研究儿童美术心理上除了借鉴国外儿童心理学理论来进行系统分析总结外，还通过自己的观察和实验，研究中国儿童的美术心理。

1925 年出版的《儿童心理之研究》是中国第一部研究儿童心理的专著，808 天的观察日记中包含了大量与美术相关的研究成果，奠定了中国儿童心理学和儿童美术心理的第一块基石。在这本著作中，陈鹤琴用一章专门讨论儿童对于色彩的选择和美感的问题。他认为：“若我们知道儿童对于各种颜色的兴趣，我们就可以利用这种心理来实行适当的儿童教育。”[2]

1926 年，陈鹤琴发表了《一个儿童的人形画之研究》，探讨了儿童绘画的发展过程。1951 年，陈鹤琴在《谈谈儿童绘画》一文中指出，儿童的绘画动机不是由于天赋的冲动引起的，而是儿童在受到了外界事物的刺激后，在脑中留下了一个深刻的印象，但儿童的词汇量很小，很难用言语去表达他所见、所听、所想的，所以就通过图画来抒发他的思想感情。

1956 年，陈鹤琴将其对长子陈一鸣十多年观察、实验和思考的结晶化作了《从一个儿童的图画发展过程看儿童心理之发展》一文，文中系统深入地分析了儿童绘画发展过程中所呈现的特点：儿童的绘画发展可以划分为涂鸦期、象征期、定型期和写实期四个时期，每个时期还可以具体划分为不同的发展环节。儿童最先学会的是线条，其次是圆，然后才会画点。儿童的绘画作品容易反映那些对他而

---

① 北京市教育科学研究所编：《陈鹤琴教育文集》（下卷），25 页，北京，北京出版社，1985。

② 北京市教育科学研究所编：《陈鹤琴教育文集》（下卷），363 页，北京，北京出版社，1985。

言印象最为深刻的客观现实。儿童绘画技能的增进是落后于感知认识的发展的。儿童绘画是随着他的身心发展而不断发展的，儿童的绘画技能与他的生活经验和教育活动密切相关。

在开展儿童美术教育的方法上，陈鹤琴认为，可以通过游戏、户外活动、与其他教学活动融合、美的环境等途径去进行美术教育。这些具体的方法和他的活教育思想紧密相连，而这一切，也都在无声地回荡着陈鹤琴一生的心愿——一切为了孩子。

二、学前儿童美术教育的不同取向

根据教育过程中的立足点和偏重点不同，在儿童美术教育中呈现了一些不同的教育取向。其中最常见，也最具代表性的是儿童发展取向和美术学科取向。目前，很多美术教育工作者不再固守于某一种儿童美术教育取向，而是将两者结合起来，以开放的态度，吸取两类取向的精华。

（一）儿童发展取向的儿童美术教育

儿童发展取向又被称作教育取向，它强调的是“通过美术的教育”（图 3-1），而不是“为了美术的教育”。它力图使儿童通过美术学习，发展审美能力、创造性和多种智能，促进儿童健全人格的形成。

卢梭的自然主义教育思想和杜威的进步主义教育观是儿童发展取向的理论基础。卢梭强调美术教育的智育功能，他认为美术教育首要的作用在于使儿童形成正确的视觉和敏捷的手法，以帮助他们更好地认识和把握周围的一切。杜威则将美术教育上升到关乎个人幸福和人类发展的大局上来看待。到了 20 世纪四五十年代，以美国美术教育家罗恩菲尔德和英国美术教育家里德为代表的工具论将儿童发展取向的美术教育推向高潮。

图 3-1　通过美术的教育

对于“工具论”所代表的儿童发展取向，艾斯纳曾作过如下归纳。第一，发展娱乐和兴趣，充实人的业余生活；第二，艺术治疗；第三，培养创造力，促进创造性思维的发展；第四，以美术帮助学生形成观念，发展学生的学科思考能力；第五，从生理学考虑，可以协调发展儿童的肌肉。且不论其是从何出发点对“工具论”做出的总结，我们亦能从中收获一二。

儿童发展取向的美术教育的确有其赖以生存的强大基础，因为几乎没有人会反对美术教育的美育功能。将美术渗透于儿童教育的每个部分，使儿童按照自己的发展规律自然成长，最终发展为和谐的、完美的人，这便是“工具论”所追求的最终理想。

（二）美术学科取向的儿童美术教育

美术学科取向的儿童美术教育所秉持的观点和本质论的观点颇为相似。本质论形成于20世纪60年代以后，它将儿童美术教育的着重点放在美术本身上，旨在传递和发展人类美术文化和传授具体的美术知识与技能。当美术教育的研究人员将关注点由儿童的创造力发展和对美的兴趣转移到学科体系的完整性和技能技巧的传授上，学科取向的儿童美术教育就开始发展了。

学科取向的儿童美术教育思想渊源主要来自美国教育家布鲁纳的“以了解科目基本结构为主旨”的教育思想。在历史上，美国教育家艾斯纳和古力为代表的“本质论”最能体现这一取向。它“强调科目中心，主张以严谨的美术课程，实现美术的自身价值”[①]。艾斯纳以学科为基础的美术教育体系中既包含美学、美术创作，也包含美术批评和美术史等。艾斯纳曾说：“任何一项将艺术首先作为其他目的服务工具的教育计划都会冲淡美术的意义，美术不应屈尊服务于其他目的。”

他在《美术教育中七则神话的检讨》一文中，进一步阐述了其本质论的思想。第一，儿童不能独立地运用材料并将材料作为表现媒介，教师不能一味强调幼儿的“自由表现”，而应让幼儿掌握将内在观念和感觉外化的技巧。第二，美术教育不应以创造力为主要目的，而应在考虑美术学科特殊性的基础上，考虑诸多因素。第三，反对只重过程，忽视结果的倾向，倡导关注作品和美术活动的结果。第四，强调通过美术教育，让儿童学会如何分析和综合视觉信息。第五，反对没有评价的美术教育，强调通过评价提高儿童的美术能力。第六，主张通过学习提高儿童的欣赏力和鉴赏力。第七，主张美术教育应以良好的课程设计为基础。

学科取向的儿童美术教育核心是“为了美术的教育”，而不是“通过美术的教

① ［英］里德：《通过艺术的教育》，2页，长沙，湖南美术出版社，1993。

育”。儿童的美术能力从来不是自然发展的结果，而是由教育推动的。只有在严谨的课程体系下，才能使儿童了解美术文化，娴熟掌握更多美术技能，学会客观评价美术作品，从而有效提高学生的艺术修养。学科取向的儿童美术教育关注儿童美术学习的成效和收获。

（三）美术学科和儿童发展相统一的儿童美术教育取向

美术学科取向和儿童发展取向，是当代国际美术教育领域内最具影响力的两大流派。作为儿童美术教育工作者，我们应该看到，这两种取向都存在失之偏颇的一面。

美术学科取向强调系统性、科学性和完整性，虽有助于儿童能系统深入地学习美术知识和技能。但对于学前儿童来说，虽有可能，但并非必要。在学前阶段，儿童发展取向以儿童为中心，关注儿童的兴趣、创造性的定位，无疑更加合适。对于学前阶段的美术教育而言，培养健全的人格与健康的心智是其核心目标，保护儿童的艺术天性和创作欲望是其基本任务。虽然每位儿童生来就有着强大的艺术潜能，但他们暂时还没有接受系统艺术训练和技法强化的能力。这也就决定了学前阶段的美术教育不是为了培养“画家”，也不是为了培养“画家”做准备，而“只能是以审美为核心的艺术启蒙教育”。[①]

想一想

幼儿美术教育的价值取向发展有着怎样的历程？我们在幼儿园工作中如何借鉴吸收不同价值取向的长处？

当然，儿童发展取向所提倡的自由、自然发展容易让儿童陷入没有控制、没有指导的自发状态，这种状态有碍于儿童的美术水平朝着更高层次发展。随着儿童年龄的增长，原先无意识的涂画越来越呈现意义性，以前简单的情感表现手法和创作技能也逐渐不能满足儿童日益增长的美术表达需求。这时，美术学科取向的优势便体现了出来。通过系统地、有规律地学习，儿童可以将自己丰富的情感、无尽的创作欲望和不断丰富的表现手法相结合，将早期培养的对艺术的兴趣有效转化为自信，从而进一步促进和完善人格的形成。只是在进行技能技巧训练的时

---

① 楼必生、屠美如：《学前儿童艺术综合教育研究》，13 页，北京，北京师范大学出版社，1997。

候切不可走向极端；否则，美术教育就会成为压抑儿童艺术潜能的一把枷锁。

所以，不论是儿童发展取向，还是美术学科取向，在儿童美术教育中都有其值得借鉴的一面。我们既不能只依照其一去开展教育，也不能简单地将两者进行合并；而应该根据儿童的身心发展规律、审美能力的发展特点、美术学科的体系结构，具体情况具体分析，要根据儿童发展现状贯彻两类取向所长，让儿童既有自由成长的空间，又有独立的思想。

三、我国学前儿童美术教育的定位及发展

中国古代的美术教育是从先秦礼乐文化时期开始的。从那时起，便有了以精神性为主旨的美术教育——“艺”和以实用性为主旨的美术教育——“技”。中国的传统文化一贯重视人文科学而轻视自然科学，所以中国传统的美术教育也是重“艺”而轻“技”的。

中国传统美术教育产生的第一次重要偏移是在清朝。随着外来文化的不断传入，经世致用的科学知识不断普及，中国人意识到了“技”的重要性。相伴“技”的美术教育也受到了前所未有的重视。这种现象集中体现在清政府颁布的我国近代第一个正式施行的学制——“癸卯学制”中。“癸卯学制”中的《奏定蒙养院章程及家庭教育法章程》明确规定，蒙养院的课程内容应有游戏、歌谣、谈话、手技四项。手技包含了美术教育中的技能教育。

民国初期，以王国维、蔡元培为代表的一批融汇中西的中国教育家，开始反思实用主义价值取向的美育弊端。蔡元培把德国思想家席勒所推崇的古希腊对完善人格的培养与中国传统文化注重人性的和谐理念相结合。在担任教育总长时，他提出“以美育代宗教”，提倡国民教育应将美育与世界观教育结合起来。这股美育思潮使中国近代的儿童美术教育又向“艺”的方向侧重了些。

新中国成立初期，在各方面学习苏联的背景下，学前儿童美术教育也不例外，表现出明显的实用主义教育价值取向。至此，学前儿童美术教育再次偏向“技”的方向，学前儿童美术教育成为了德育与智育的手段。

改革开放以来，国外一些较为先进的儿童美术教育理论和思潮陆续传入中国。儿童美术教育自身独特的审美价值逐渐受到关注，但美术教育的审美价值内涵并没有被充分挖掘，强调“技能”学习的儿童美术教育仍然占据主流地位。伴随着国际交流的日益频繁，中国现代对儿童美术教育的定位已不再照搬国外具体理论，

而是越来越具有批判性和反思性。这一点在《幼儿园教育指导纲要(试行)》和《3–6岁儿童学习与发展指南》中得到了集中体现。儿童美术教育突出以人为本，关注儿童的可持续发展。我国对于儿童美术教育的定位已逐渐由原来在“技”与“艺”之间的徘徊转变为一种审美教育、情感教育、创造教育和全面提高儿童艺术素养的教育。

从古至今，中国学前儿童美术教育在不断反思“艺术精神”与“技能表现”、“个人价值”与“社会价值”的关系，以寻求各种矛盾关系的统一平衡，更希望通过美术教育培养儿童的健全人格，实现人与人、人与自然、人与社会的和谐共处。

本课回顾

儿童发展取向又被称作教育取向，它强调的是“通过美术的教育”，而不是“为了美术的教育”。它力图使儿童通过美术学习，发展审美能力和创造性及多种智能，促进儿童健全人格的形成。美术学科取向的儿童美术教育将儿童美术教育的着重点放在美术本身上，旨在传递和发展人类美术文化和传授具体的美术知识与技能。在对儿童进行美术教育时，我们既不能只依照其一去开展教育，也不能简单地将两者进行合并；而应该根据儿童的身心发展规律、审美能力发展特点、美术学科的体系结构，具体情况具体分析，根据儿童发展现状贯彻两类取向所长，让儿童既有自由成长的空间，又能提高儿童的审美能力。

第二课　学前儿童美术教育的价值

美术教育是人类最重要的文化教育活动之一，它帮助人类传承美术文化，表达内心情感，满足审美需求。它以独特的方式完善人类的身体和灵魂，促进人类社会的文明进步。

学前儿童美术教育既有美术教育的一般价值，又有其自身独特的价值。学前儿童美术教育是根据学前儿童的身心发展规律，有目的有计划地通过美术活动，发展其审美能力和创造能力，并养成其健全人格的一种教育。学前儿童的身心发展有其固有的特点，如在感知上的直觉性和整体性，容易产生通感；在记忆上以具体形象记忆为主；在想象上不受常理约束；在情感上感情丰富，容易外露和移情。因为学前儿童身心发展的特点和美术是相通的，所以美术教育的价值在学前阶段表现得特别突出，主要表现为以下方面。

一、有利于培养学前儿童的审美感知能力，促进其手、眼、脑的协调

（一）培养学前儿童的审美感知能力

美，是人们在生活中不变的追求。什么是美？怎么去辨别美？这就涉及一种重要的能力，即审美能力。审美能力是“一种高度综合的心理能力，是在审美活动过程中认识和体验、感受或创作审美对象或审美意象的一种能力。它是感性与理性、认识与体验、再现与表现、接受与创造、意识与无意识综合统一融会贯通的复杂的心理过程”①。

在审美能力中，审美感知是最初的环节。审美感知能力是审美感觉和审美知觉的统一，是审美感受的基本心理形式。感觉这个词语按心理学分析，是对事物个别特性的反映，如对事物的色彩、线条、声音、质地的感官印象。知觉这个词语则是对事物个别特性组成的完整形象的整体性把握，甚至还包含着对这一完整形象所具有的种种意义和情感表现的把握。审美知觉是在感觉的基础上发展起来的，又是在社会条件的直接作用下形成的。作为审美主体——儿童，他们的生活经验、文化修养及不同条件下的心境都直接影响着感知的内容。儿童只有将已有的经验、情绪、兴趣、意志的目的指向性融入对当下对象的感知中，才能将一般感性印象升华为审美意象。审美知觉不是意识对现实的一种被动复制，而是一种积极建构。

美国心理学家加德纳在“哈佛大学零点项目”中对儿童审美感知进行了长时间深入的研究。他认为，0~2 岁是儿童早期的感知阶段，2 岁以内儿童的一般感知能力和审美感知能力还没有分化，他们暂时只能将审美对象看成是生活中的一般客体，但在这个时期给儿童呈现不同艺术形象有助于儿童一般感知能力的发展。2~7 岁是儿童的符号认知阶段，这个阶段不仅是语言发展的关键期，也是审美感知发展最重要的时期。这个时期的儿童形成了同类事物的表象（这是一般认知发展的特征），而没有形成艺术风格、艺术技法等概念的表象。儿童在“符号认知”阶段对一些美术作品表现出明显的偏爱，这些偏爱不完全是特质的。儿童倾向于

① 杨咏祁等编：《美育辞典》，63 页，南京，江苏美术出版社，1993。

偏爱那些表面上最吸引人的美术作品，一种是具有明亮色彩的美术作品；另一种是表现儿童喜欢的事物的美术作品。加德纳充分地注意到了不同个体在审美感知发展方面的个体差异。他认为研究的结果证明了审美感知发展的两个方面：第一是个体间存在着巨大的差异；第二是所有个体至少拥有达到类似能力的潜力。

要想充分发掘这种潜能，对学前儿童实施科学的美术教育是必需的。幼儿园美术教育应从幼儿的生活经验和审美经验出发，通过引导幼儿对周围环境和艺术作品的感受，激发幼儿的审美体验，并在此基础上逐步培养幼儿的审美感知能力，激发幼儿对美的渴望，让幼儿乐于从大自然、社会生活、艺术作品中感知各种不同的美。此外，儿童还具有多感官性的审美感知，他们除了可以通过视觉、听觉进行审美感知外，还可以通过触觉、嗅觉和味觉等进行感知。除了通过语言表达自己的审美感知外，还常常借助动作、表情等表达自己对审美对象的感受。虽然儿童对审美对象的感知往往带有直觉的成分，但这是儿童最自然、最真实的反应。因此，给予儿童多感官体验的机会，是提高儿童审美感知能力的有效方法。

（二）促进学前儿童手、眼、脑的协调

审美感知能力和儿童的手、眼、脑协调发展密不可分。手的触觉、眼的视觉、脑的知觉都是感知能力的一部分。在美术活动中，儿童总是要借助多种感官去感知审美对象，通过大脑去整合各类信息，并在动手操作工具材料的过程中去表达自己的思想情感。不论是美术欣赏、绘画还是手工，都能够使得儿童将心理操作和实际操作相结合。手、眼、脑并用，在直观感知和亲身体验的过程中促进他们由大肌肉运动过渡到小肌肉运动，再到精细肌肉运动，并发展他们整体的审美感知能力。

二、有助于促进学前儿童审美想象能力的发展，培养其创造能力

（一）促进学前儿童审美想象能力的发展

美术本身就是自由的，它可以不受外界的制约，超脱现实与时空，驰骋于想象中的广袤天地。在儿童美术活动中，儿童可以自由地观察、想象，选择材料进行创作。他们神奇的构思、奇妙的想象、大胆的创造可以化作一幅幅充满艺术气息并且灵动的作品。虽然技法稚拙，画风天真，常常出现一些在成人眼中不合逻辑、不合比例、色彩主观、构图随意的作品，但这才是儿童美术的真正魅力所在。美术教育给予儿童无拘束的自由氛围对他们的审美想象能力的发展有着不可替代的

作用。

对学前儿童来说，自然界大部分的事物在他们眼中都是有生命的。正因为这种独特的思维发展特点，儿童通过审美想象可以很容易地融入情境，达到物我不分的境界。这种和审美对象融为一体的激情和能力，正是儿童审美想象最具活力，也最迷人的部分。这种物我一体的状态是审美想象的最高境界，因此，教师在对儿童的艺术活动进行指导时，要给予儿童适当的引导，帮助儿童更易于、善于融入情境，培养儿童审美想象的能力，激发儿童的创造力，防止儿童徘徊在艺术之外。同时儿童基于自身的经验展开审美想象，并且通过审美想象融入情境，在这个过程中，儿童的审美创造能力伴随着审美想象共同发展。由于儿童很少受思维定式的影响，在儿童创造的那个“世界”里，他们能自由发挥想象力，产生出许多创造性的体验。教师要抓住儿童想象力和创造力发展的有利时机，在艺术的天地里给予儿童更多的时间和空间，让他们自由地发挥想象力和创造力，能充分体会到在艺术世界中自由徜徉的快乐。

（二）培养学前儿童的创造能力

每个儿童都有创造的潜力，他们从涂鸦期的随意而发，到象征期的粗略轮廓，再到图式期的加工变形，无一不显示出他们独一无二的创造能力。不过，儿童的创造力和成人的创造力并不是完全相同的。“成人的创造力更多的是指在社会文化等方面带来的某种质的变革的能力，而儿童的创造力是指创造出对其个人来说是全新的、前所未有的事物的能力。具体地说，学前儿童美术活动中的创造力是指他们利用物质材料及过去的经验并加以重新组合，制作出对其个人来说是新颖的、有价值的美术作品的能力。这种能力不仅在作品中反映出来，还从其制作的过程中显示出来。”①

在学前儿童美术教育中，教师通过让儿童以自己的方式观察各类实物的造型、色彩、构图，并通过大胆的想象，对这些表象信息进行加工创造，以美术的形式表现、外化出来。儿童创作美术作品的过程是一个极具个人色彩的过程，这种创作过程是急需保护的，家长和教师既要能发现儿童的创造能力，又要能对他们的创造行为予以鼓励。

① 孔起英：《学前儿童美术教育》，35页，南京，南京师范大学出版社，1998。

三、有助于满足学前儿童日益增长的审美情感需求，促进其完善人格的形成

（一）满足学前儿童日益增长的审美情感需求

审美情感是主体对客体是否符合自身需要所做出的一种心理反应，它是一种人所固有的高级情感，并依赖于人的感知和精神双重因素。“审美情感是从审美感知过渡到审美想象的必要环节，感知获得的表象由于情感的融入而获得新鲜生命，表象开始活跃地重新组合，进入‘浮想联翩’‘神思飞扬’的特定的审美状态，构成审美意象。这种情感向感知和想象的表象融入，造成主客融合与物我同一，即通常所说的移情。”[①]移情是学前儿童极容易发生的一种现象，但这种现象的发生是有条件的。在美术欣赏活动中提供美的作品，可以让儿童在不知不觉中由一个“局外人”变成“局内人”，真正将自我情感与作品情感相统一，完成审美情感的升华。

儿童的审美情感随着年龄的增长，进而涉及的范围逐步扩大，内容日益丰富，社会性也大大提高。学前儿童已可以对不同对象的同一种情感体验表现出程度上的深浅，在情感的表现形式上逐渐呈现多样化。同时，他们的审美情感也开始逐渐趋于内敛和稳定。年幼儿童面对艺术形象，往往处于激动的审美情感与状态中，对外来的视觉刺激常常表现得非常兴奋，且情感不稳定，经常被外界情景所支配，被外界的情感所感染。随着大脑的发育和语言能力的发展，儿童能够逐渐调节自己的情感，开始具有初步的控制能力，情景性和受感染性逐步降低。这种对于审美情感的控制力，除了生理上的成熟外，美术教育也为其提供了重要的支撑。

苏珊·朗格认为，艺术是一种情感符号，美术是儿童表达自我、抒发情绪和情感的一个重要途径，也是外化儿童情感的有效方式之一。儿童对美术有一种自然的需要。在美术活动中，儿童通过色彩、线条等绘画要素将自己的情感表达出来，在美术这一特殊的非言语交流通道上，获取来自自我和他人的认同，既交流了情感，又发展了审美情感。

随着儿童年龄的增长，儿童在美术活动中会按照自己的想法去组合色彩、线条等，一旦审美情感得到满足，会在心理层面产生一种“高峰”体验。这种“高峰”体验“是一种人性的可能性与现实性，自我与自然、社会合一的剧烈的同一性体验”[②]，它实现了弗洛伊德“快乐原则”和“现实原则”的统一，使儿童获得了审

---

① 顾建华、张占国：《美学与美育词典》，57页，北京，学苑出版社，1999。

② 孔起英：《儿童审美心理研究》，186页，南京，江苏教育出版社，2004。

美愉悦，是儿童从审美活动中获得的最美妙的部分。马斯洛认为，高峰体验虽然看上去是一种神秘莫测、高不可攀的体验，但其实这是全人类共同的感受，任何人都能够在生活中得到这种体验。由于儿童独特的身心发展特点，他们更容易在审美活动中获得“高峰体验”。教师要充分应用儿童的心理特点，在选择艺术活动时安排那些与儿童审美紧密相关的作品，在指导艺术活动时帮助儿童发掘作品的情感因素，丰富儿童的审美情感，使儿童获得更高层次的审美愉悦。

（二）促进学前儿童完善人格的形成

学前儿童善于对画面移情，常常把自己头脑中丰富的审美意象投射到画面的形象中去，让画面中的人物拥有自己的情感、意志和思想；或是把发生在自己身上的事件去类比那些他们身外发生的事件而情不自禁地移情其中。在这种移情的过程中，儿童同样获得了审美愉悦，并乐在其中。同时，在美术创作中，儿童独立、自主、自信的人格也在悄悄成长。老师应该在美术活动中了解每个孩子的性格特点，针对不同儿童的特征，给予不同的引导和评价，促进他们完善人格的形成。现代很多的艺术治疗，正是通过美术对人格的间接影响，把它当作一种有效化解病症的手段。

四、有利于培养学前儿童的审美理解能力，促进其自我意识的发展

（一）培养学前儿童的审美理解能力

审美理解是人在审美中对审美对象的相互联系，以及事物内容和形式上的审美特性及其规律的认识、领略和把握，是审美中由感性上升到理性的思维过程的形式之一，是审美经验中的认识因素。[①]这种理性因素在幼儿期处于萌芽状态，但艺术文本的开放性决定了其审美理解是一个开放的过程，具有无限的多样性。

儿童思维的具体形象性，决定了其审美理解的具体性和形象性。儿童的审美理解是感性直觉与理性认知的统一。它以感性直觉为主，理解因素渗透其中，使感性升华为超感性直觉。正是有了理性自觉参与，想象才不至于漫无限制，而成为符合规律性的自由审美活动。儿童美术活动本身正是这样一种能将感性与理性完美结合的艺术活动，在对作品的欣赏和创作中，既包含儿童的思维、认知等理性的成分，又包含大量的情感、想象等感性的成分。通过儿童美术教育，儿童能

① 顾建华、张占国：《美学与美育词典》，58 页，北京，学苑出版社，1999。

较好地发展他们的审美及理解能力。

（二）促进学前儿童自我意识的发展

> **想一想**
>
> 在幼儿美术教育中我们应该如何处理技能和审美发展的关系？

审美理解能力的发展在一定程度上与儿童的自我意识发展互相促进。自我意识主要包括自我认识、自我体验和自我监控。其中，尤为重要的是儿童是否能够形成对自己与他人相互关系的正确评价。儿童在理解作品的过程中，逐渐由依从性评价发展到独立评价；由片面、表面的评价发展到全面、深刻的评价；由主观的评价发展到客观的评价。这样的一种转变,对其自我意识发展的促进是特别有益的。所以，教师应为儿童提供大量美术作品欣赏的机会，使儿童积累丰富的审美意象。在欣赏美术作品时，可以适当教给儿童一些基本的艺术语言和形式美原理，加深儿童对作品的审美理解。此外，教师要给予儿童充足的时间反复体验，辅以浅显易懂的语言帮助儿童理解美的内涵，提高儿童对审美对象进行形式分析的能力；鼓励儿童自我评价和评价美术作品，从而促进儿童自我意识的发展。

本课回顾

学前儿童美术教育有利于培养学前儿童的审美感知能力，促进其手、眼、脑的协调发展，有助于促进学前儿童审美想象能力的发展，培养其创造能力；有助于满足学前儿童日益增长的审美情感需求，促进其完善人格的形成；有利于培养学前儿童的审美理解能力，促进其自我意识的发展。教师要在幼儿园美术教育中充分发挥美术教育的价值，促进儿童全面、整体、和谐地发展。

思考与练习

1. 尝试比较工具论和本质论。

2. 儿童发展取向和美术学科取向的代表人物分别有哪些？他们分别持怎样的观点？

3. 学前儿童美术教育具有哪些价值？

拓展训练

训练一：

尝试在幼儿园实习过程中分析所在幼儿园的美术教育价值取向。

训练二：

根据《幼儿园教育指导纲要（试行）》与《3—6 岁儿童学习与发展指南》的精神，尝试分析其中所体现的幼儿美术教育价值观。

总结与反思

扫一扫，跟随本书作者一起回顾本单元内容，想一想有哪些收获，还存在哪些困惑。

参考文献

1. 杨咏祁：《美育辞典》，南京，江苏美术出版社，1993。
2. 北京市教育科学研究所编：《陈鹤琴教育文集》，北京，北京出版社，1985。
3. 常锐伦：《美术学科教育学》，北京，首都师范大学出版社，2000。
4. 陈帼眉、冯晓霞、刘桂珍编写：《学前心理学》，北京，北京师范大学出版社，1988。

5. 陈帼眉:《学前心理学》，北京，人民教育出版社，2003。

6. 陈帼眉:《发展心理学》，北京，人民教育出版社，1999。

7. 顾建华、张占国:《美学与美育词典》，北京，学苑出版社，1999。

8. 楼必生、屠美如:《学前儿童艺术综合教育研究》，北京，北京师范大学出版社，1997。

9. 李季湄、冯晓霞主编:《〈3—6岁儿童学习与发展指南〉解读》，北京，人民教育出版社，2013。

10. 孔起英:《学前儿童美术教育》，南京，南京师范大学出版社，1998。

11. 孔起英:《儿童审美心理研究》，南京，江苏教育出版社，2004。

12. 吴荔红:《学前儿童发展心理学》，福州，福建人民出版社，2010。

13. [美]艾斯纳:《儿童的知觉与视觉的发展》，张丹等译，长沙，湖南美术出版社，1994。

14. [美]阿恩海姆:《艺术与视知觉》，滕守尧译，北京，中国社会科学出版社，1984。

15. [美]加德纳:《艺术与人的发展》，兰金仁等译，北京，光明日报出版社，1988。

16. [美]罗恩菲尔德:《创造与心智的成长》，王德育译，长沙，湖南美术出版社，1993。

17. [美]劳拉·E.贝克:《儿童发展》，吴颖等译，南京，江苏教育出版社，2002。

18. [英]里德:《通过艺术的教育》，吕廷和译，长沙，湖南美术出版社，1993。

第四单元

制订幼儿园美术教育目标

学习目标

1. 了解幼儿园美术教育的目标及制订的依据与幼儿园美术教育目标的历史发展。

2. 领会《幼儿园教育指导纲要（试行）》及《3—6岁儿童学习与发展指南》对于艺术领域目标的规定。

3. 掌握幼儿园美术教育的目标取向及幼儿园美术教育活动制订的要求。

4. 运用所学的幼儿园美术教育活动设计原理，学会设计幼儿园美术教育活动目标。

情境导入

幼儿园大班美术活动“花瓶装饰与设计”的目标为：

1. 在欣赏陶瓷花瓶的基础上能根据花瓶造型的基本特征画出自己喜欢的花瓶；

2. 能用吉祥图案装饰花瓶，并均匀涂色。

如果你是教师，上述活动你更为关注的是什么？你会如何设计该活动的目标呢？学习完本单元，你就可以找到答案了。

第一课　幼儿园美术教育目标制订的依据

一般而言，幼儿园美术教育目标的制订需要考虑儿童的特点与美术的性质以及社会的需求。儿童、艺术、社会三者是幼儿园美术教育的基础，这构成了幼儿园美术教育目标制订的主要依据。

一、儿童的特点

幼儿园美术教育首先需要考虑的因素是儿童的特点。在幼儿园美术教育领域中，了解并尊重儿童身心发展的特点以及儿童美术能力发展的特点与规律是非常重要的。儿童的发展（包括儿童美术能力的发展）不仅具有年龄特征，而且同一年龄阶段的不同儿童之间也存在着个体差异，另外，不同文化的儿童还会存在一定的文化差异。因此，幼儿园美术教育必须遵循儿童的年龄特征，同时兼顾儿童的个体差异与文化差异，这样才能更好地促进每一个儿童在原有的水平基础上得到更好的发展。

毋庸置疑，儿童拥有巨大的艺术潜能、丰富的情感、具体形象的思维和直觉。然而，不同的教师对儿童的认识可能会存在差异。如果教师认为儿童是无知的，是消极被动的接受者，没有艺术欣赏和创造的潜能，那么教师就会倾向于强调美术知识技能，采取灌输、告诉等教学方法；反之，如果教师认为儿童有其独特的思想、情感，拥有艺术潜能和审美直觉，是积极主动的探索者，那么教师就会关注到儿童的情感态度，给予儿童感受、体验、探索、交往的空间，采取引导、启发等教学方法。可见，教师对于儿童的认识既影响美术教育目标的制订，也影响其教育教学行为。

苏联心理学家维果茨基的“最近发展区”理论可以为幼儿园美术教育目标的制订提供有益的启示。维果茨基认为儿童的发展有两种水平：一种是儿童在没有他人提醒和帮助的情况下独立活动所能达到的发展水平，即现有发展水平；另一种是儿童在教师提示或同伴帮助的情况下通过努力所能达到的可能发展水平，现有发展水平与可能发展水平之间的差距就是“最近发展区”。因此，幼儿园美术教育活动目标应落在儿童美术能力发展的“最近发展区”之内，为儿童提供适宜的指导和支持，促进儿童美术能力的发展，同时，满足儿童自我表现的需要，使其能够自由自主地表现。与之相应的是在幼儿园美术教育活动中，教师至少应该确定幼儿的两种发展水平：一方面观察和了解幼儿美术能力的现有发展水平，让幼儿自由地表现自我，满足自身的需要；另一方面通过美术教学促进儿童的发展，使其美术能力逐渐达到可能的发展水平。

二、美术的性质

作为一门独立的学科，幼儿园美术教育具有不同于其他学科的特点，具有独特的知识体系和学科结构。因此，美术自身的性质也是幼儿教育工作者需要考虑的一个因素。

美术作为一种艺术，是人类表达思想和情感并与他人交流的一种精神活动，可以满足人类表达情感和人际交流的需要。各艺术门类都蕴含着一定的情感体验，可以使“我们认识到主观现实，情感和情绪……使我们能够真实地把握到生命运动和情感的产生、起伏和消失的全过程”[①]。艺术与情感密不可分，可以说没有情感就没有艺术。因此，在某种程度上幼儿园美术教育就是一种情感教育、生命教育。每一门艺术都有其独特的表现方式，比如，绘画就是“空间的形象”。美术的形象性决定了幼儿园美术教育应该具备一定的形象性，使得教学更生动有趣，儿童更易于感受、体验、表现和创作。美术强调多元、个性、创造，没有标准化的要求和答案。在艺术中，每一种事物都不是从现实中照搬过来的，而是创造出来的，因此艺术自然而然具有了多元性、独特性、创造性。在幼儿园美术教育中，教师应尊重每个儿童的想法和创造，肯定并接纳儿童独特的感受和体验，支持儿童富有个性和创造性的表达。

简言之，美术具有情感性、形象性、多元性、创造性等性质。美术的性质在某种程度上决定了幼儿园美术教育具有不同于其他学科的知识体系与学科结构。因此，幼儿园美术教育应关注儿童的情感体验、个性及创造性的发展，促进幼儿能快乐地成长。

---

① ［美］苏珊·朗格：《情感与形式》，译者前言，北京，中国社会科学出版社，1986。

三、社会的需求

每一个社会都具有一定的价值观，社会的价值观会体现在社会的各个领域（包括教育）。不同的社会与时代会面临不同的问题和困境，因此对于社会成员与人才的培养会有不同的要求。社会的价值观和社会的需求必然在社会人才培养的方向、规格、质量、结构等方面有所反映，并在一定程度上影响着儿童的教育和发展。同样，社会的需求和时代的痕迹在幼儿园美术教育中不可避免地有所体现。例如，改革开放初期，幼儿园美术教育特别强调艺术知识技能传授和思想品德教育，注重儿童智力的发展。20 世纪 80 年代末以来，幼儿园美术教育逐渐注重儿童的审美情趣，关注艺术的本体价值；21 世纪初，幼儿园美术教育日益注重知识技能与情感体验的协同，以及艺术能力与人文素养的统一，凸显儿童的主体地位。因此，社会价值观也是幼儿教育工作者必须考虑的因素之一。

个体的发展与社会的发展水乳交融且密不可分。社会在任何历史时期都有将社会文化传递给未成年人的需要。艺术作为社会文化的核心和精华，是社会文化的瑰宝。因此，传承和发展优秀艺术文化，使儿童在接触与学习艺术文化的过程中自然而然地得到滋润和成长，是幼儿园美术教育的重要任务之一。进入 21 世纪，人们越来越认识到，艺术素养是人类文化素质的一个重要组成部分，已成为生活必备的综合素养之一，因此，幼儿园美术教育应当顺应社会和时代的需求，重视儿童审美与艺术素养的培养，为儿童终身喜爱艺术、学习艺术、享受艺术奠定良好的基础。

幼儿园美术教育作为传递和发展社会文化（主要是艺术文化）的一种途径，必然体现社会发展对美术教育的要求。然而，社会的发展并不能以牺牲个体的发展为前提。虽然说美术学科有其独特的知识体系和学科结构，但是学前儿童的身心发展特点决定了在幼儿园美术教育中不能也不必过分追求艺术知识本身的系统性，而主要在于通过艺术促进儿童整体和谐地发展。当然，凸显儿童的发展也并不否认社会价值观以及美术学科在幼儿园美术教育中的地位。幼儿园美术教育的基础——儿童、艺术、社会三

想一想

美术学科教学特点在某种程度上使得幼儿园美术教育不同于其他学科或领域。美术学科教学具有哪些特点？在幼儿园美术教育中又如何体现呢？

者之间并不是非此即彼的，而是相互交织、相互依存的。幼儿园美术教育目标的制订应充分考虑如上各种因素，不可以偏概全。

本课回顾

儿童的特点，社会的需求，学科的性质是制订幼儿园教育目标的三大依据，幼儿园美术教育目标的制订也不例外。幼儿园美术教育首先需要考虑儿童的发展（包括儿童美术能力的发展），必须遵循儿童的年龄特征，兼顾儿童的个体差异与文化差异。其次，美术学科的性质也是制订幼儿园美术教育目标需要考虑的一个因素。美术具有情感性、形象性、多元性、创造性等性质，正是上述性质决定了幼儿园美术教育的目标在某种程度上不同于其他学科或领域。最后，制订幼儿园美术教育目标还得依据社会的需求。需要指出的是，儿童的特点与美术的性质，以及社会的需求三者并非截然对立，而是相互作用、相互依存的。

第二课　幼儿园美术教育目标的分析

幼儿园美术教育目标的发展可以从幼儿教育法规的变迁略见一斑。因此，我们主要根据幼儿教育法规的记录，追溯了百余年来幼儿园美术教育目标的历史演变，并在此基础上重点对《幼儿园教育指导纲要（试行）》及《3—6岁儿童学习与发展指南》中的幼儿园美术教育目标作细致分析。

一、幼儿园美术教育目标的历史发展

（一）《奏定蒙养院章程及家庭教育法章程》中的“手技”目标

1903年9月，我国第一所公共幼儿教育机构——湖北幼稚园（1904年9月更名为武昌模范小学附设蒙养院，简称武昌蒙养院）在武昌成立了。伴随着公共幼儿教育机构的诞生，我国幼儿园美术教育也从此起步。1904年年初，张之洞、张百熙、荣庆合订的《奏定学堂章程》（即“癸卯学制”）颁布。在《奏定学堂章程》中专门制定的《奏定蒙养院章程及家庭教育法章程》，明确规定了蒙养院的课程目标、内容及教学方法。在课程目标中列出“手技”之条目。

手技授以盛长短大小各木片之匣，使儿童将此木片作房屋门户等各种形状；

又授以小竹签数茎及豆若干，使儿童作各种形状，又使用纸作各种物体之形状，更进则使用黏土作碗壶等形。又使于蒙养院附近之庭院内，播草木花卉之种于地，浸润以水与肥料，使观察其自发生以至开花结实等各形象。诸如此类，要在使引导幼儿手眼，使之习用于有用之处，为心知意兴开发之资。[①]

可见，当时幼儿园美术教育较为宽泛，并以手工为主。“手技”主要授以木工、竹工、纸工、泥工、种植等，以发展幼儿手眼协调的能力与动手操作的能力等。显而易见，当时幼儿园美术教育的目标凸显实用性，主要在于促进幼儿各种技能的发展。这与当时幼儿教育效法日本密切相关，也是“中学为体，西学为用”原则在幼儿园美术教育中的体现。

（二）《教育部颁发幼稚园课程暂行标准》中的“工作”目标

20世纪20年代末（1929年8月），陈鹤琴等老一辈教育家根据教育实践经验，拟定了《教育部颁发幼稚园课程暂行标准》（以下简称《标准》）。《标准》分为三部分，幼稚教育总目标、课程范围与教育方法要点。在课程范围中列出了“工作”的目标。

1. 满足对于工作的自然需要。

2. 培养操作习惯，增进工作技能，并锻炼感觉能力。（1）发育粗大的基本动作，以为后日精细动作发育的基础；（2）使身心上各种动作，常常有表演的机会。

3. 训练关于群体的活动力。例如：（1）自信、自重、坚忍、专心、勤奋、互助、热心服务等的精神；（2）自动的能力；（3）领袖才能和服从领袖的精神；（4）批评能力和接受批评的度量；（5）不浪费时间和材料的习惯；（6）遵守秩序的习惯。

4. 发展智力。（1）锻炼思想；（2）培养发表、创造、建设的能力；（3）发展欣赏能力。

同时，《标准》列出了“工作”的内容大要：沙箱装排、恩物装置、画图、剪贴、泥工、缝纫、木工、织工、园艺九项。为了照顾不同发展水平的儿童，《标准》还列出了“工作”的最低限度：

1. 能独做简单的工作而不求助于人。

2. 能爱惜工具和材料。

3. 能整理工具、材料、作品和安置工具、材料、作品的地方。

---

① 中国学前教育史编写组：《中国学前教育史资料选》，97页，北京，人民教育出版社，1989。

4. 能保持地上的清洁。

5. 能不弄脏身体和衣服。

6. 能用铅笔、毛笔或蜡笔。

7. 能用剪刀。

8. 能选择颜色。

9. 能排列图形。

10. 能种活一两种蔬菜或花卉。[①]

五四运动以后，西方教育理论陆续传入我国。我国幼儿教育由“学日”转而“学美”，开始凸显教育救国及尊重发展儿童个性。“工作”首先要满足幼儿对于工作的自然需要，强调儿童的经验与环境的相互作用；凸显儿童的主体地位，照顾儿童的年龄特征及个体差异；采用单元教学法，注重美术活动与其他活动的关联。除此之外，儿童的感受与欣赏能力、表达与创造能力及良好的学习品质等也受到重视。

（三）《幼儿园暂行教学纲要》中的“图画手工”目标

1952 年 7 月，教育部颁布《幼儿园暂行教学纲要》，指出幼儿园教学内容包括“体育”“语言”“认识环境”“图画手工”“音乐”“计算”六科，并明确规定了各科的目标、教材大纲、教学要点与设备要点。在“图画手工”教学纲要中将幼儿园美术教育目标定为：

1. 培养幼儿初步的艺术兴趣和爱美观念。

2. 培养幼儿学习描制简单的轮廓，反映日常生活中的事物，以发展其想象力和创造力。

3. 培养幼儿运用双手的能力，使其懂得劳动是最崇高的道德，以养成爱劳动、爱护公共财物的习惯。[②]

新中国成立以后，我国学前教育转而学习苏联，采取分科教学模式，重视教师的主导作用，对于儿童的主体性则关注不够。《幼儿园暂行教学纲要》中的幼儿园美术教育目标是从教师角度来表述的，且体现了一种社会本位取向。当时的幼

① 北京市教育科学研究所：《陈鹤琴全集（第二卷）》，214～216 页，南京，江苏教育出版社，1989。

② 孔起英：《学前儿童美术教育》，105 页，南京，南京师范大学出版社，1998。

儿园美术教育目标不仅关注到美术教育的益智功能和辅德功能，还关注到审美功能（如艺术兴趣、爱美观念等）。但是，由于分科教学非常注重学科本身的系统性、逻辑性，因此，在教育活动设计与实施过程中，教师重视美术学科知识，注重传授美术知识技能，但忽视了幼儿的需要、兴趣以及美术学科与其他学科的联系。

（四）《幼儿园教育纲要（试行草案）》中的“美术”目标

改革开放初期，学前儿童艺术教育主要继承新中国成立之后学习苏联而建构的学前儿童艺术教育模式，并且开始运用文献和实践研究恢复和发展当时的学前儿童艺术教育。1981 年 10 月，中华人民共和国教育部颁布《幼儿园教育纲要（试行草案）》（以下简称《纲要》1981）。《纲要》（1981）从我国的教育方针出发，结合学前儿童年龄特点，提出向幼儿进行初步的体、智、德、美全面发展的教育具体任务，将学前教育内容分为“生活卫生习惯、体育活动、思想品德、语言、常识、计算、音乐、美术”等，强调学前教育目标通过“游戏、体育活动、上课、观察、劳动、娱乐及日常生活”等活动来实现，学前教育继续采用分科教学的形式。然而，在学前教育实践中，上课几乎成为主要甚至唯一的组织形式。美术课成为幼儿园美术教育教学的主要组织形式。

《纲要》（1981）规定美育的具体任务是“教给幼儿音乐、舞蹈、美术、文学等粗浅知识和技能，培养幼儿对它们的兴趣，初步发展他们对周围生活、大自然、文学艺术中美的感受力、表现力、创造力等”。而且，它明确提出幼儿园美术教育目标是“在幼儿观察物象的形状、颜色、结构等的基础上，培养他们用绘画和手工（泥工、纸工、自制玩具等）充分表现自己对周围生活的认识和情感，逐步培养幼儿对美术的兴趣以及对大自然、社会生活、美术作品中美的欣赏力，发展幼儿的观察力、创造力，发展手部肌肉动作的协调性、灵活性，初步掌握使用美术工具及材料的技能”。

改革开放初期，经济建设成为我国的主要任务，教育主要服务于科技、经济发展。经济发展对人才的迫切需求使得学前教育特别强调幼儿智力发展。在当时的时代背景与社会背景下，幼儿园美术教育强调发展美术的知识技能，把发展儿童智力放在重要位置，但却忽视了儿童的情感、态度、价值观等各方面的发展，如“初步掌握使用美术工具及材料的技能”“发展幼儿的观察力、创造力”。可见，当时的幼儿园美术教育主要在于满足社会发展的需求，同时凸显美术学科本身的地位，而儿童发展的需求则相对弱化。

改革开放初期的幼儿园美术教育目标主要采用行为目标，关注儿童艺术学习行为变化的结果，如“初步掌握使用美术工具及材料的技能”。幼儿园美术教育目标基本上都是采用结果性目标表述方式，明确说明儿童艺术学习的具体结果，主要应用于知识与技能领域。如《幼儿园大班教材教法》中第一学期第五周课题二“节日的天安门”的教学要求为“学习画古代建筑城楼、翘角的屋顶、拱形门、圆柱子；要求均匀地在较大的面积上涂色”。显而易见，当时的幼儿园美术教育关注艺术知识技能，对于情感、态度、个性等方面把握不够，对于艺术教育的内在审美价值也挖掘不够。由于幼儿园美术教育主要关注艺术知识技能领域，相应地教育目标取向主要是行为目标，并采取结果性目标表述方式。

《纲要》(1981)中幼儿园美术教育的目标较多地使用“培养”“发展”等词汇，主要从教师的角度表述目标,其中隐含的行为主体是教师,主要体现了教师的“教”。虽然幼儿园美术教育也有从幼儿的角度表述目标(如“掌握”)，但基本上是从教师的角度表述目标。从目标表述的角度看，教育目标从教师的角度制订还是从幼儿的角度制订，都体现了儿童观、教育观、知识观、课程观等观念的不同。这一时期幼儿园美术教育目标基本上都是从教师的角度表述，因而在某种程度上反映了教师主导的教育观、理性主义的知识观以及知识形态的课程观，相对忽视了幼儿在艺术活动中的主动性、审美情感与体验，以及幼儿的生活经验及艺术经验等。

(五)《幼儿园工作规程(试行)》与《幼儿园工作规程》中的美育目标

1989年,《幼儿园工作规程(试行)》把美育目标规定为“萌发幼儿初步的感受美和表现美的情趣”；1996年正式颁布的《幼儿园工作规程》把美育目标进一步规范为“培养幼儿初步的感受美和表现美的情趣和能力”；2016年修订《幼儿园工作规程》时，对美育目标的表述保持原意。上述政策法规文件都突出了“初步的”，而且后者规定“情趣”在前，“能力”在后，体现了《规程》对于儿童身心发展特点的尊重以及儿童审美情感的关注。

根据《规程》精神,《幼儿园教育活动——艺术领域》指出艺术领域的教育目标是“萌发幼儿感受美和表现美的情趣”“培养幼儿初步感受美和表现美的能力”，而且进一步明确了艺术教育的核心是审美教育、情感教育。因此，这对于以往强调艺术知识传授与艺术技能训练，忽视幼儿情感、态度、个性等各方面发展的幼儿园美术教育的确是一个进步。艺术领域教育目标具体到每一个美术教育活动中也能体现情感与知识技能的协同，如绘画活动“笔宝宝跳舞”的教育目标是“认识蜡笔（或彩色水笔），尝试用笔在纸上任意涂抹，培养幼儿对绘画的兴趣”。

从上述艺术领域目标以及具体的美术教育活动目标可见，幼儿园美术教育目标遵循《规程》的基本精神，开始关注艺术领域不同于其他领域的独特价值，也即艺术教育的内在价值或本体价值。艺术领域不再是智育、德育的附庸，而是有其独立存在的必要性。而且，儿童的主体地位逐渐得到体现。因此，儿童艺术教育的审美价值逐渐得到重视，并在儿童艺术教育理论与实践中体现出来。

二、《幼儿园教育指导纲要（试行）》与《3—6 岁儿童学习与发展指南》中艺术领域目标的解读

（一）《幼儿园教育指导纲要（试行）》中艺术领域目标的解读

进入 21 世纪，教育部于 2001 年 7 月颁发了《幼儿园教育指导纲要（试行）》（以下简称《纲要》2001），《纲要》（2001）对幼儿教育的艺术领域提出了明确的教育目标、内容与要求及指导要点。

1. 能初步感受并喜爱环境、生活和艺术中的美。

2. 喜欢参加艺术活动，并能大胆地表现自己的情感和体验。

3. 能用自己喜欢的方式进行艺术表现活动。

《纲要》（2001）对于儿童艺术教育目标的规定影响了 21 世纪初艺术领域教材编写的指导思想和具体过程，确立了儿童各年龄阶段目标、艺术教育活动目标等。

从目标反映的价值取向看，儿童艺术教育目标注重儿童的情感、态度、个性等各方面整体和谐发展，彰显“以儿童为本”的价值取向。儿童艺术教育的目标是幼儿教育目标在艺术领域的具体化，因此，幼儿教育目标在一定程度上制约着儿童艺术教育目标。《纲要》（2001）总则部分明确指出，幼儿教育是学校教育与终身教育的奠基阶段，应为幼儿一生的发展打好基础；满足儿童发展的需要，使其在快乐的童年生活中获得有益于身心发展的经验；尊重幼儿的人格和权利……促进每个幼儿富有个性地发展。具体到艺术领域，我们也可以看到“以儿童为本”这一基本精神的凸显，如“能用自己喜欢的方式进行艺术表现活动”，字里行间无不体现出尊重儿童的理念。儿童是艺术学习的主人，重视儿童的艺术兴趣、审美情感和体验，以及个性化的感受和表现等理念。

从目标的表现形式看，儿童艺术教育目标逐渐打破单一的行为目标取向，能

够兼顾生成性目标和表现性目标，能够关注儿童艺术学习的过程以及儿童的个性化表现。《纲要》（2001）主要采取的是表现性目标，表现性目标关注的是儿童在参与活动后各不相同的反应，不规定儿童在学习后会发生的明确行为，而是儿童围绕它展开的各种个性化表现。它强调的是儿童的个性化感受和表现，追求儿童行为反应的开放性、独特性及多元化。同时，艺术教育活动目标也涉及生成性目标，它关注的是儿童学习行为发展变化的过程，而不是事先规定的目标，强调教师根据教育教学的进展提出相应的目标。随着儿童艺术教育目标取向的变化，其目标的表述方式也发生了改变，在采用结果性目标表述方式的同时，开始采用体验性或表现性目标表述方式。结果性目标表述方式明确说明儿童学习的具体结果，主要应用于知识与技能领域。体验性或表现性目标表述方式“使用体验性的、过程性的词汇来描述儿童通过学习后的心理感受、情感体验或态度的变化”[①]，并不指向具体行为结果。

从目标表述的角度看，儿童艺术教育的目标表述较多地使用“感受”“喜爱”“喜欢”“表现”等词汇，是从幼儿的角度来表述目标的，其中隐含的行为主体是幼儿，主要体现了幼儿的“学”以及幼儿在艺术教育活动中的主动性。不一样的表述方式体现了不一样的教育观念及价值取向。《纲要》（2001）与《纲要》（1981）以截然不同的表述方式体现了进入21世纪以来儿童教育观念及价值取向，儿童艺术教育观念及价值取向的转变。《纲要》（2001）对于艺术领域的目标表述在一定程度上反映了儿童是学习的主体观和可持续发展观以及终身教育观，还有建构主义知识观、经验形态的课程观等。

《纲要》（2001）对于艺术领域的规定，引领着我国21世纪的儿童艺术课程改革，在极大程度上促进了儿童艺术教育的发展。《纲要》（2001）主要体现了以儿童的发展为本，注重教育内容整合及艺术欣赏与创造并重等特点。

1. 以儿童的发展为本

《纲要》（2001）在教育内容中没有单独列出具体的知识与技能，而是在对教师提出艺术领域应追求什么、该做什么、怎样做的同时，艺术领域的教育内容就自然负载其中。当然，没有列出具体的知识技能，并不意味着知识技能不重要。

---

① 王春燕：《中国学前课程百年发展、变革的历史与思考》，104页，南京师范大学博士学位论文，2003。

没有知识和技能支撑的活动是不存在的，《纲要》(2001)这样表述并不是无视知识或技能的重要性，也不意味着不需要列出具体要点来供教师把握，而只是其知识观与幼教长期以来的习惯理解不同，突出了“教”一定要通过作用于幼儿的活动来对其产生影响，让“学”一定要成为幼儿通过活动的主动构建而已。[①]另外，这种表述在一定程度上体现了试图避免儿童艺术教育长期以来偏重知识技能，而相对忽视情感体验的倾向。

2. 注重教育内容整合

《纲要》(2001)是我国第一个以“领域”来表述的幼儿教育法规，体现了明显的综合性。《纲要》(2001)指出：“幼儿园的教育内容是全面的、启蒙性的，可以相对划分为健康、语言、社会、科学、艺术等五个领域，也可作其他不同的划分。各领域的内容相互渗透，从不同的角度促进幼儿情感、态度、能力、知识、技能等方面的发展。”《纲要》(2001)体现了明显的综合倾向，更多地着眼于儿童发展的角度而非学科角度考虑教育内容的安排。在艺术领域里没有规定具体的科目，没有分科要求，不仅可以实现艺术领域内各艺术门类的综合，也可以实现艺术领域与其他领域间的综合，还可以是不同领域的内容都围绕一个核心整合在一起的超领域综合，这有利于儿童整体和谐发展。

3. 艺术欣赏与创造并重

对于儿童来说，最重要的并不是掌握艺术学科知识技能，而是产生浓厚的艺术兴趣，大胆地进行艺术欣赏与创造。《纲要》(2001)用到“喜爱”“喜欢”“感受”等词汇，可见对幼儿艺术兴趣、艺术欣赏与艺术创造的重视，体现了兴趣、欣赏与创造并重的特点。

资格考试要点

《幼儿园教育指导纲要(试行)》对于艺术领域目标是怎么表述的？你如何理解呢？

(二)《3–6岁儿童学习与发展指南》中的艺术领域目标解读

2012年9月，教育部颁布《3–6岁儿童学习与发展指南》(以下简称《指南》)。《指南》明确指出，“每个幼儿心里都有一颗美的种子”。可见，《指南》艺术领域是以承认并尊重儿童与生俱来的艺术欣赏与创造潜能及艺术直觉能力为前提的。《指南》关于艺术领域的规定，在某种程度上可反映幼儿在该领域的学习和

① 李季湄:《对〈幼儿园教育指导纲要〉中的几个基本观点的理解》,载《学前教育研究》,2001(6)。

发展状况，从侧面体现了儿童艺术教育的目标和追求。《指南》将艺术领域分为“感受与欣赏”和“表现与创造”两个子领域，每个子领域各包含两个目标，每个目标下面又包含若干指标和相应的教育建议，其中目标和指标相互补充又相互联系，可从不同的角度反映幼儿的学习和发展状况。《指南》对于艺术领域目标的规定如下。

子领域一　感受与欣赏

目标1　喜欢自然界与生活中美的事物

3~4岁	4~5岁	5~6岁
1. 喜欢观看花草树木、日月星空等大自然中美的事物。 2. 容易被自然界中的鸟鸣、风声、雨声等声音所吸引。	1. 在欣赏自然界和生活环境中美的事物时，关注其色彩、形态等特征。 2. 喜欢倾听各种好听的声音，感知声音的高低、长短、强弱等变化。	1. 乐于收集美的物品或向别人介绍所发现的美的事物。 2. 乐于模仿自然界和生活环境中有特点的声音，并产生相应的联想。

目标2　喜欢欣赏多种多样的艺术形式和作品

3~4岁	4~5岁	5~6岁
1. 喜欢听音乐或观看舞蹈、戏剧等表演。 2. 乐于观看绘画、泥塑或其他艺术形式的作品。	1. 能够专心地观看自己喜欢的文艺演出或艺术品，有模仿和参与的愿望。 2. 欣赏艺术作品时会产生相应的联想和情绪反应。	1. 艺术欣赏时常常用表情、动作、语言等方式表达自己的理解。 2. 愿意和别人分享、交流自己喜爱的艺术作品和美感体验。

子领域二　表现与创造

目标1　喜欢进行艺术活动并大胆表现

3~4岁	4~5岁	5~6岁
1. 经常自哼自唱或模仿有趣的动作、表情和声调。 2. 经常涂涂画画、粘粘贴贴，并乐在其中。	1. 经常唱唱跳跳，愿意参加歌唱、律动、舞蹈、表演等活动。 2. 经常用绘画、捏泥、手工制作等多种方式表现自己的所见所想。	1. 积极参与艺术活动，有自己比较喜欢的活动形式。 2. 能用多种工具、材料或不同的表现手法表达自己的感受和想象。 3. 艺术活动中能与他人相互配合，也能独立表现。

目标2 具有初步的艺术表现与创造能力

3~4岁	4~5岁	5~6岁
1. 能模仿学唱短小歌曲。 2. 能跟随熟悉的音乐做身体动作。 3. 能用声音、动作、姿态模拟自然界的事物和生活情景。 4. 能用简单的线条和色彩大体画出自己想画的人或事物。	1. 能用自然的、音量适中的声音基本准确地唱歌。 2. 能通过即兴哼唱、即兴表演或给熟悉的歌曲编词来表达自己的心情。 3. 能用拍手、踏脚等身体动作或可敲击的物品敲打节拍和基本节奏。 4. 能运用绘画、手工制作等表现自己观察到或想象的事物。	1. 基本能用准确的节奏和音调唱歌。 2. 能用简单的舞蹈动作表现自己的情绪或自然界的情景。 3. 能自编自演故事，并为表演选择和搭配简单的服饰、道具或布景。 4. 能用自己制作的美术作品布置环境、美化生活。

《指南》艺术领域目标中有三个关键词，即艺术兴趣、艺术感受与艺术表现。艺术兴趣是幼儿积极主动参与艺术活动的一种心理倾向，表现为幼儿对艺术发自内心的喜爱，及其在艺术实践活动中产生的愉悦之情。在《指南》中，艺术领域共有四条目标，其中三条目标使用了“喜欢”一词。可见，《指南》中的艺术领域非常强调儿童艺术兴趣的激发与养成，因为艺术兴趣是儿童艺术学习与发展的内在动力，是艺术感受与艺术表现的前提。艺术感受是幼儿被自然界与生活中美的事物或艺术作品所吸引，并调动感知、想象、情感等共同参与的一种艺术能力。艺术感受与欣赏是幼儿艺术表现与创作的基础。艺术表现是幼儿运用各种艺术形式、工具与材料将自身内在的审美体验、情感、思想等表达出来的过程与能力。幼儿艺术表现与创作是艺术感受与欣赏的自然表达。总的来说，《指南》主要体现了下述特点。

1. 以儿童的发展为本

如同《纲要》(2001)对于艺术领域目标的表述一样，《指南》也是从幼儿的角度来表述的，如“喜欢欣赏多种多样的艺术形式和作品”，凸显了以儿童的发展为本的价值取向。《指南》中亦没有明确列出具体的知识技能，而是在目标与指标中将教育内容自然而然地负载其中，而且非常注重艺术与生活的联系，关注幼儿的情感、体验、探索、发现等，重视幼儿感受与欣赏能力、表现与创造能力的培养。《指南》明确指出“幼儿艺术领域学习的关键在于充分创造条件和机会，在大自然和社会文化生活中萌发幼儿对美的感受和体验，丰富其想象力和创造力，引导幼儿学会用心灵去感受和发现美，用自己的方式去表现和创造美”。

2. 照顾儿童年龄特点

儿童的发展具有明显的年龄特点，因而《指南》对不同年龄的儿童提出了不同层次的目标。在幼儿学习与发展的目标部分，《指南》分别对3～4岁、4～5岁、5～6岁三个年龄段末期的幼儿艺术学习与发展的典型行为进行了相应的描述，有助于成人建立对该年龄段幼儿艺术学习与发展的合理期望。例如，在“感受与欣赏”的子领域中，目标1“喜欢自然界与生活中美的事物”，对3～4岁幼儿，只要求喜欢观看大自然中美的事物；对4～5岁幼儿，要求在欣赏美的事物时关注其色彩、形态等特征；而对5～6岁幼儿，则要求乐于收集或向别人介绍美的事物。

3. 艺术感受与表现并重

《指南》将艺术领域分为“感受与欣赏”“表现与创造”两个子领域。这种划分方法既没有按照学科角度划分为音乐与美术，也没有按照学科具体内容细分为绘画、手工、欣赏、歌唱、随乐运动、打击乐器演奏等，而是依据学前儿童身心发展的整体性及当今幼儿艺术教育发展的整合趋势，按照学习活动方式将艺术领域分为感受与欣赏、表现与创造两个子领域。这种划分方法有助于成人树立科学的艺术教育观念，采取适宜的教育行为促进儿童艺术能力与人文素养的整合发展。

想一想

《幼儿园教育指导纲要(试行)》与《3—6岁儿童学习与发展指南》都没有列出具体的艺术知识技能。艺术知识技能不再重要了吗？艺术教育是否还有必要教给幼儿艺术知识技能？

《纲要》(2001)主要从提高幼儿园艺术教育质量的角度，指明了教师应教什么、怎样教、“教”的重点是什么等。《指南》则从幼儿艺术学习与发展的角度，明确地反映了幼儿应知道什么、能做什么、“学”的重点是什么及需发展到什么水平等。《纲要》(2001)与《指南》功能互补，共同促进幼儿园艺术教育“教”与“学”质量的提高。《纲要》(2001)所体现的理念和精神为《指南》的实施提供了保证，《指南》较强的操作性为《纲要》(2001)理念向实践的转化拓宽了路径。基于《纲要》(2001)与《指南》所规定的艺术教育基本方向，我们可制订如下幼儿园美术教育的目标。

1. 喜欢欣赏多种多样的美术形式和作品，初步感受艺术的基本特征，关注并发现自然环境和生活中的美。

2. 喜欢参加美术活动，积极投入美术欣赏、创作与评价活动，并能大胆地表达自己的情感和体验。

3. 喜欢探索各种不同的美术工具和材料，并能用自己喜欢的方式自由自在地进行美术活动。

幼儿园美术教育的目标是各年龄阶段目标及具体的美术教育活动目标的依据和追求。它体现了艺术能力与人文素养并重，知识技能与情感体验并重，欣赏与创造并重的艺术教育理念，并指出了实现目标的方式或途径，为制订具体的美术教育活动目标奠定了基础。

本课回顾

我国幼儿园美术教育目标在不同的历史时期表现出不同之处。根据幼儿教育法规的记录，我们追溯了百余年来幼儿园美术教育目标的历史演变，具体见下表。

表 4-1 我国幼儿园美术教育目标的历史演变

法　规	颁布时间	学科 / 领域	特　点
《奏定蒙养院章程及家庭教育法章程》	1904 年	手技	注重实用与技能
《教育部颁发幼稚园课程暂行标准》	1929 年	工作	凸显教育救国及尊重与发展儿童个性
《幼儿园暂行教学纲要》	1952 年	图画手工	重视美术学科知识，注重传授美术知识技能
《幼儿园教育纲要（试行草案）》	1981 年	美术	强调美术知识技能，注重发展儿童智力
《幼儿园工作规程（试行）》	1989 年	美育	开始关注儿童身心发展的特点及儿童审美情感
《幼儿园工作规程》	1996 年	美育	开始关注儿童身心发展的特点及儿童审美情感
《幼儿园教育指导纲要（试行）》	2001 年	艺术	以儿童的发展为本，注重教育内容整合，艺术欣赏与创造并重
《3—6 岁儿童学习与发展指南》	2012 年	艺术	以儿童的发展为本，照顾儿童年龄特点，艺术感受与表现并重

第三课　幼儿园美术教育活动目标的制订

在制订幼儿园美术教育活动目标时有行为目标、生成性目标及表现性目标三种取向。基于对幼儿园美术教育活动目标取向的分析，我们提出了幼儿园美术教育活动目标的制订应遵循的具体要求。

一、幼儿园美术教育活动的目标取向

难点讲解

扫一扫，收听“幼儿园美术教育活动的目标取向”的专家精讲。

任何课程与教学目标总是带有一定的价值取向，是一定的教育价值观在课程与教学领域的体现。由于对幼儿发展的特点、社会对教育的需求以及知识的性质和价值的认识差异，在制订幼儿园美术教育活动目标时，同样存在着不同的目标取向。

（一）行为目标

行为目标是在设计与实施幼儿园美术教育活动时，以具体的、可操作的行为的形式陈述美术活动的目标，行为目标指明艺术课程与教学过程结束后儿童身上所发生的行为变化，并开始关注儿童艺术学习行为变化的结果。行为目标具有目标的精确性、具体性与可操作性等特点。泰勒在1949年出版的《课程与教学的基本原理》一书中提到，应当用一种最有助于选择学习经验与指导教学过程的方式来陈述目标，这样既指明要使儿童养成的行为，又能指明行为在其生活领域应用的内容。

1962年，梅杰在其著作《准备教学目标》中指出，教学目标必须包含三个组成部分：一是教学过程结束后儿童外显的行为，即儿童能做什么。在表述目标时应使用行为动词，如“画出”“剪出”“捏出”“折出”等，这样便于观察行为是否达成以及何时达成。二是儿童产生这种行为的条件，即儿童的行为是在什么情况下产生的，如“画出”“剪出”“捏出”“折出”等是在同伴帮助下或教师指导下完成的，还是儿童独立完成的。三是行为表现的准则或标准，也就是衡量儿童艺术学习结果的行为的最低要求，可使儿童行为目标具有可测量的特点，如“画出古代建筑城楼、翘角的屋顶、拱形门、圆柱子”“用目测的方法和对称折叠的方法剪出简单的图形（圆形、三角形、长方形）”“画出小鸡的外形特征”等。

可见，行为目标具有精确性、具体性与可操作性等特点。因此，当教师用“行为目标”的形式陈述幼儿园美术教学内容时，也使教学任务更加清晰，有利于掌控教学过程。此外，行为目标便于教师开展评价工作，因为行为目标是以可观察的具体行为的形式呈现的，所以教师易于判断目标是否达成。“行为目标”基本上都是采用结果性目标表述方式，明确说明儿童艺术学习的具体结果，有利于儿童掌握美术知识与技能。

然而，“行为目标”取向在本质上是受“技术理性”支配的，它体现了“唯科学主义”的教育价值观，以对行为的有效控制为核心。[①]在课程与教学领域，行为目标指对课程开发、教学设计与实施及儿童的学习进行有效控制。但是，儿童的行为尤其是艺术行为具有不可预知性，儿童不会原封不动地按照教师事先设定的目标或要求发展。因此，控制本位的行为目标在某种程度上不利于儿童个性及创造性的发挥。另外，行为目标强调儿童艺术学习的结果，却未能关注到儿童艺术学习的过程；重视儿童外显的行为变化，却忽视了儿童内在的情感、态度等各方面的变化。儿童的情感、态度、价值观、审美情趣等是难以用外显的行为来预先确定的，因此，在幼儿园美术教育活动中，不是所有的教学内容都可用外显的行为加以表述。

（二）生成性目标

生成性目标是在幼儿园美术教育情境中随着教育过程的进行而自然生成的课程与教学目标，它不是事先规定的目标，关注的是儿童艺术学习行为发展变化的过程，强调教师根据教育教学的进展提出相应的目标。如果行为目标是在幼儿园美术教育过程之前或教育情境之外预先设定的目标，那么生成性目标则是教师与儿童在具体的美术教育情境中共同解决问题，彼此经验得到增长的产物。可以说，“生成性目标”最根本的特点就是过程性与生成性。在幼儿园美术教育活动中，儿童的艺术感觉和审美体验，儿童的想象力与创造力，儿童的个性和独立人格等能力与品质的培养是一个长期的过程，因而无法用行为目标来表述，倒可以尝试用生成性目标来表述。如“在游戏情境中体验自由创作的快乐”“在大胆表现小蝌蚪

① 张华:《课程与教学论》, 159 页，上海，上海教育出版社，2001。

的过程中感受美术活动的乐趣”等。

“生成性目标”取向本质上是对“实践理性”的追求，它强调学生、教师与教育情境的交互作用，正是在这种交互作用中，不断产生出课程与教学的目标。[①]在制订幼儿园美术教育活动目标时，教师一般是根据具体的教学内容和幼儿发展的特点等来事先拟定目标，然而在美术教学活动中“教”与“学”的情况异常复杂，教学本质上是一个师幼互动、共同成长的演进过程，因而需要预设目标与生成性目标相互补充。教师应该发挥教学机智，把握各种富有价值的教育契机，促进儿童个性及创造性的发展。生成性目标不仅有利于满足幼儿的需要和兴趣，促进幼儿主体性的发挥，而且能够将教师从忠实执行预设目标的禁锢中解放出来，使其真正成为教学活动的主体。生成性目标取向克服了行为目标取向的局限，将过程与结果、手段与目的内在地统一起来，因而幼儿园美术教育活动目标不是课程开发者与教师外在强加的目标，而是儿童在教育过程之中，在与美术教育情境的交互作用中生成的自己的目标。

然而，幼儿园美术教育活动的目标采取生成性目标的形式，在当前的教学实践中还存在一定的困难。因为生成性目标对教师提出了更高的要求，它不仅需要教师熟悉儿童美术能力发展的特点和规律及美术学科的特点等，还需要教师能够根据幼儿园美术教育活动的进程灵活生成和调整目标。

（三）表现性目标

表现性目标是每一个儿童在与具体教育情境的“际遇”中产生的个性化表现。表现性目标关注的是儿童在参与活动后各不相同的反应，不规定儿童在学习后会发生的明确行为，而是儿童围绕它展开的各种个性化表现。它强调的是儿童的个性化感受与表现，追求儿童行为反应的开放性、独特性及多元化。在幼儿园美术教育活动中，教师一般不会期望儿童产生预期的行为，而是希望儿童能富有个性和创造性地运用美术材料，大胆地表达自己的情感和体验。而且，在美术欣赏和美术创作等方面不存在唯一的答案，每一个儿童表达的意义和创造的意义都是具有合理性的。因而，艾斯纳提出表现性目标，是以此来补充行为目标，并非是取代行为目标的。

艾斯纳认为，课程计划中存在两种不同的教育目标，即指导性目标与表现性

① 张华:《课程与教学论》，176页，上海，上海教育出版社，2001。

目标。指导性目标用于描述儿童在结束了一门课程后应会做什么；表现性目标则用于描述一种情境，在此情境中儿童应能以个人表现方式运用以前学得的技能。指导性目标旨在发展表现所必需的某些技能，一旦拥有这些技能，儿童便可用于表现性活动之中，它有助于儿童获得系统的技能，使得表现成为可能；表现性目标则鼓励儿童运用这种技能拓展或探究其观点、意象及感情。所以，如果教师希望儿童富有想象力地运用技能与观点，希望儿童能建立某种完全属于自己的观点，那么表现性目标极为适合。[①]

可见，表现性目标旨在培养儿童的个性和创造性，它不规定儿童在艺术学习活动结束后可以达成的行为，而是描述儿童将在其中活动的情境及将要处理的问题与将要从事的任务等教育过程中的"际遇"，且并不指定儿童从这种"际遇"中学到什么。因此，表现性目标是非规定性的，在于唤起儿童和教师深入探索和讨论特别有趣或重要的问题。表现性目标强调儿童围绕某一主题，运用原有的知识经验去扩展和加深原有的理解，从而使得这种理解带有儿童自身独特的个性。所以，表现性目标期待的不是儿童反应的单一性或一致性，而是反应的多样性与个体性。例如，"欣赏凡·高的作品《星月夜》（图 4–1），感受其色彩、线条及笔触的旋转感""感受各种造型、色彩的陀螺状旋转产生的不同视觉效果"等。

图 4–1　星月夜　凡·高

> **想一想**
>
> 生成性目标和表现性目标是否否定行为目标存在的合理性，说说你的理由。

在幼儿园美术教育活动中，教师应该努力为儿童创设情境，使得每一个儿童都可以在此情境中获得带有自己个性特点的意义。总而言之，表现性目标本质上是对"解放理性"的追求，它重视儿童的个性和创造性，尊重儿童的个性差异，充分体

① ［美］艾略特 · W. 艾斯纳：《儿童的知觉与视觉的发展》，150～166 页，长沙，湖南美术出版社，1994。

现了儿童的主体地位。

表现性目标并不是完全否定行为目标取向的合理性，但认为行为目标只适合于表述儿童发展中那些较低的层次。它强调儿童艺术行为结果的多样性与开放性，这不仅可以补充行为目标的不足之处，而且与美术学科自身的属性是息息相关的，因而在幼儿园美术教育活动中具有重要的价值。然而，表现性目标比较模糊，不是所有的教师都能很好地把握和运用。

由此看来，行为目标、生成性目标、表现性目标三种目标取向都有其存在的价值，且各有其不足之处。生成性目标和表现性目标并不否定行为目标存在的合理性，而是基于更高的价值追求对行为目标的超越。行为目标有利于儿童获得基本知识和技能；生成性目标有利于满足儿童的需要和兴趣，培养解决问题的能力；表现性目标有利于儿童个性和创造性的发挥，培养儿童的创新能力。因此，教师在制订幼儿园美术教育活动目标时，应该注意各种目标取向的互补，要扬长避短，从而更加有效地达成幼儿园美术教育活动的目标。

二、幼儿园美术教育活动目标制订的要求

（一）尽量从幼儿角度表述目标

实践指导

扫码学习幼儿园美术教育活动目标撰写的具体方法。

幼儿园美术教育活动目标可以从不同的角度表述，到目前为止常用的表述方式有两种，即从教师角度表述与从幼儿角度表述。需要指出的是，幼儿园美术教育活动目标制订的角度一定要统一，即一个活动中的目标内容都是从教师角度出发或从幼儿角度出发。

从教师角度表述目标，明确地指明教师应该做的工作与努力达到的教育效果。从教师角度表述目标时，常用“激发”“培养”“发展”“陶冶”“鼓励”“引导”“帮助”等词汇，如，“引导幼儿学习团圆的技能，发展手部肌肉动作”，“激发幼儿对撕纸活动的兴趣”等。然而，从教师角度表述目标在某种程度上使得教师过于注重“教什么”与“怎么教”，却忽视了幼儿的“学”，因此一般提倡尽量从幼儿角度表述目标。

从幼儿角度表述目标，明确地指出幼儿通过学习后应该获得什么及达到什么发展程度，常用“欣赏”“尝试”“感受”“喜爱”“表现”“喜欢”等词汇，如“欣赏小书签不同的材料、图案及造型的美，感受小书签的丰富多彩”，“尝试运用喜

欢的材料设计制作小书签”等。从幼儿角度表述目标可以促使教师注重幼儿“学什么”与“怎么学”，关注幼儿的学习方式和学习效果，体现了幼儿在艺术教育活动中的主动性。不一样的表述角度其中隐含的行为主体不同，从教师角度表述目标其中隐含的行为主体是教师，更关注的是教师的“教”；从幼儿角度表述目标其中隐含的行为主体则是幼儿,更关注的是幼儿的“学”。因此，不一样的表述角度体现了不一样的教育观念及价值取向，出于对幼儿主体地位的重视，在撰写幼儿园美术教育活动目标时应尽量从幼儿的角度表述，这样也可以提醒教师关注幼儿的美术学习。

> **互动平台**
>
> 幼儿园大班活动《小小园丁》的目标为：
>
> 1. 欣赏、观察蘸染作品，产生对蘸染纸花创作的兴趣。
>
> 2. 探索“折”“撕”“蘸”“染”等技能，促进幼儿小肌肉群的发展。
>
> 3. 与教师合作制作墙饰，体验参与美术活动与创造的乐趣。
>
> 你觉得上述活动目标存在哪些问题，如何合理地改进?

（二）适当兼顾各种目标取向

在制订幼儿园美术教育活动目标时，主要存在着行为目标、生成性目标和表现性目标三种目标取向。三种目标取向各有优势和不足，因此，教师应兼顾各种目标取向，充分发挥它们的互补作用。

幼儿园美术教育活动目标应打破单一的行为目标取向，兼顾生成性目标和表现性目标，更多地关注儿童艺术学习的过程以及儿童的个性化表现。随着幼儿园美术教育目标取向的变化，其目标表述方式也应发生相应的改变。在采用结果性目标表述方式的同时，注意采用体验性或表现性目标表述方式。结果性目标表述方式明确说明儿童学习的具体结果，主要应用于知识与技能领域。体验性或表现性目标表述方式描述儿童通过学习活动而产生的心理感受与情感体验或态度的变化，并不指向具体的行为结果。例如，《幼儿园体验·探究·交往课程》教师指导手册（大班上册）中“梦”的活动目标为“欣赏《梦》（图 4–2）与《哭泣的女子》（图 4–3）两幅不同主题的作品，感受画面的色彩、线条等各种元素所表达的不同感受；尝试用绘画的手法表达自己的感觉”。

图 4–2　梦　毕加索

图 4–3　哭泣的女子　毕加索

又如，小班美术教育活动“有趣的格子王国”的活动目标为：（1）初步欣赏蒙德里安的作品《红黄蓝的构成》（图 4–4），感受直线与红、黄、蓝三色块搭配的美。（2）尝试用油画棒连直线，并在空格处用棉签进行水粉填色。（3）体验在游戏情境中创作的快乐。上述活动目标兼顾了各种目标取向，其中第一条目标为表现性目标；第二条目标为行为目标；最后一条为生成性目标。当然，这并不是说在每一个幼儿园美术教育活动中一定要包含三种目标取向，教师可以根据幼儿的实际情况以及活动内容等因素灵活选用。

图 4–4　红黄蓝的构成　蒙德里安

（三）应该着眼于幼儿的发展

教师在制订幼儿园美术教育活动目标时应该着眼于幼儿的发展，将幼儿原有的发展水平与活动目标联系起来，使活动目标既立足于幼儿原有的知识经验，适应幼儿的已有发展水平，又能拓展并提升原有的知识经验，促使幼儿达到新的发展水平。如大班美术教育活动“春天的线”的活动目标为：（1）欣赏吴冠中《春如线》系列作品，感受作品中线的变化与活力，以及点与线巧妙结合的独特表现手法，体验作品所传达出的早春意境。（2）探索用蜡笔或颜料等适宜的材料，运用点线结合的手法，创作表现早春的美景的作品。（3）乐意尝试新材料，体验游戏作画的乐趣。上述活动目标的制订立足于幼儿原有的知识经验，在活动前期教师尝试开展一些活动为幼儿参与活动作了经验上的铺垫，这个活动的经验准备如下：结合散步等活动，教师引导幼儿在周围的自然环境中寻找和观察各种春天的线（如迎春花枝、柳条、爬墙虎、风筝等）；鼓励幼儿利用周末，和爸爸妈妈去大自然踏青，用相机记录大自然早春里的各种美妙的线，并将相关照片带到班级进行交流；幼儿已掌握了挤压式颜料罐的使用技巧，部分幼儿有过水墨画的经验。当然，活动目标不仅仅是满足幼儿原有的发展水平，而是在于通过活动扩展和深化幼儿原有的知识经验，促进幼儿在原有美术水平基础上得到更好的发展。

同时，教师在制订幼儿园美术教育活动目标时还要关注不仅要促进幼儿美术能力的发展，还要促进幼儿的情感、态度、个性、社会性等各方面整体和谐发展。例如，亲子园中的美术教育活动“我有一个幸福的家”的活动目标为：（1）知道自己家里的主要成员，并乐意向大家介绍他们。（2）尝试和父母合作，在父母制作的小房子上做装饰，巩固涂色、撕贴等技能。（3）感受家的幸福，体验亲子制作的乐趣。在制订上述活动目标时，教师不仅考虑到幼儿的涂色、撕贴等美术技能的发展，而且关注到儿童情感、社会性等方面的发展。

（四）目标内容要有系统性

幼儿园美术教育活动目标的系统性主要体现在两个方面。

一是从横向看，幼儿园美术教育活动目标应尽量包含认知目标、情感目标和技能目标等。在制订具体的幼儿园美术教育活动目标时，教师应综合考虑上述各方面的目标，不能厚此薄彼。例如，大班美术教育活动“我的好妈妈”的活动目标如下：（1）通过观察照片中的脸型和发型，了解脸型、发型的特征。（2）用线条表现妈妈的脸型和发型，并通过绘画的方式表达自己对妈妈的爱。上述活动目标中第一条为认知目标，第二条包含情感目标和技能目标，因此是比较全面的。

二是从纵向看，具体的幼儿园美术教育活动目标在方向上应与幼儿园美术教育总目标及各年龄阶段目标，还有单元目标等保持一致。具体的幼儿园美术教育活动目标是从上一级目标中逐步分化出来的，因此，教师在制订幼儿园美术教育活动目标时，要根据幼儿发展的年龄特点与美术学科的特点等循序渐进地提出适宜的目标。需要说明的是，并不是每一个幼儿园美术教育活动目标的内容都要具有系统性。在结构性程度较低的美术教育活动中，活动目标可以相对不确定、不系统，这样可为活动过程中的各种生成留下更多的空间。

本课回顾

在制订幼儿园美术教育活动目标时，存在行为目标、生成性目标及表现性目标三种取向。上述三种目标取向各有优劣，但可以相互补充。生成性目标和表现性目标并不否定行为目标存在的合理性，而是基于更高的价值追求对行为目标的超越。因此，教师在制订幼儿园美术教育活动目标时，应该注意各种目标取向的互补，并扬长避短，从而更加有效地完成幼儿园美术教育活动的目标。同时，幼儿园美术教育活动目标制订应该遵循下述基本要求：尽量从幼儿角度表述目标，适当兼顾各种目标取向，应该着眼于幼儿的发展及目标内容要有系统性等。

思考与练习

1. 在制订幼儿园美术教育活动目标时，主要需要考虑哪些因素？

2. 从教师角度表述目标和从幼儿角度表述目标有何不同，为什么应尽量从幼儿角度表述目标？

3. 尝试分析《幼儿园教育指导纲要（试行）》与《3—6岁儿童学习与发展指南》的联系与区别。

拓展训练

训练一：

根据儿童的特点及幼儿园美术教育活动目标制订的基本要求，尝试为小、中、大班不同年龄段幼儿各撰写一份幼儿园美术教育活动目标。

训练二：

根据《幼儿园教育指导纲要（试行）》与《3—6岁儿童学习与发展指南》的精神，尝试撰写一份幼儿园综合艺术教育活动目标。

总结与反思

扫一扫，跟随本书作者一起回顾本单元内容，想一想有哪些收获，还存在哪些困惑。

参考文献

1. 北京市教育科学研究所编:《陈鹤琴全集(第二卷)》,南京,江苏教育出版社,1989。

2. 孔起英:《学前儿童美术教育》,南京,南京师范大学出版社,1998。

3. 张华:《课程与教学论》,上海,上海教育出版社,2001。

4. 中国学前教育史编写组编:《中国学前教育史资料选》,北京,人民教育出版社,1989。

5. 王春燕:《中国学前课程百年发展、变革的历史与思考》,南京师范大学博士学位论文,2003。

6. 李季湄:《对〈幼儿园教育指导纲要〉中的几个基本观点的理解》,载《学前教育研究》,2001(6)。

7. [美]艾略特·W. 艾斯纳:《儿童的知觉与视觉的发展》,孙宏等译,长沙,湖南美术出版社,1994。

8. [美]苏珊·朗格:《情感与形式》,刘大基等译,北京,中国社会科学出版社,1986。

第五单元

选择幼儿园美术教育内容

学习目标

1. 了解选择幼儿园美术教育内容的基本原则。

2. 掌握幼儿园美术教育内容的范畴与选择的方法。

3. 能够运用幼儿园美术教育活动设计原理，有效地选择幼儿园各年龄班的美术教育内容。

情境导入

《3—6岁儿童学习与发展指南》(以下简称《指南》)颁布已经有七年了，经过不断地学习，老师们对于《指南》里面幼儿园五大领域的目标规定，可谓烂熟于心。新学期马上就要开始了，各班老师都开始制订学期工作计划，云云老师在设计小班第一个月美术教育的活动内容时，严格按照《指南》里面艺术领域的目标规定。例如，她根据“能用简单的线条和色彩大体画出自己想画的人或事物”这一目标，选择了“各种各样的陀螺”“美丽的菊花”“我的爸爸”“小小手”等活动内容。在你看来，这样选择美术教育的内容是否合理？在选择美术教育内容时，应考虑哪些因素？

第一课　幼儿园美术教育的主要内容

幼儿园美术教育内容是教育者为学前儿童选择的美术学习经验，是美术形式、美术内容及其运用的总和。幼儿园美术教育活动内容，是达成幼儿园美术教育目标的重要因素，是实现幼儿园美术教育任务的关键。幼儿园美术教育活动内容一般包括绘画、手工和欣赏等方面，它们是各自独立又相互联系的。

一、幼儿园绘画教育活动的主要内容

幼儿园绘画教育活动是在教师的引导下，幼儿学习使用笔、纸、颜料等绘画工具和材料，运用线条、形状、色彩、构图等艺术形式语言，创造出可视的、有空间感的艺术形象，以发展幼儿审美创造能力的教育活动。幼儿园绘画教育活动的内容主要有以下三个方面。

（一）绘画工具和材料的使用方法

绘画工具和材料是幼儿在绘画过程中进行艺术表达的重要媒介和手段。认识各种绘画工具和材料，了解其性质特点，并能灵活掌握各种绘画工具和材料的使用方法，这是幼儿进行绘画创作活动的基本条件。

资格考试要点

什么是幼儿园绘画教育活动？其主要内容有哪些？

1. 各种绘画工具和材料的基本性质和特点

学前儿童绘画活动中经常使用的绘画工具和材料主要有蜡笔、油画棒、水彩笔、记号笔、水粉颜料、丙烯颜料、水粉笔、毛笔，以及铅画纸、宣纸、卡纸、刮画纸、手工纸等。对于这些绘画工具和材料的了解与认识是学前儿童进行美术创作的前提。

蜡笔：蜡笔是一种比较安全的、适合儿童早期涂鸦绘画的工具。它含有油脂，使用起来不易折断，颜色之间不易污染，具有色彩较淡、线条较粗、无渗透性、附着力强等特点，不适宜在过于光滑的纸板上作画，也无法通过色彩的叠加求得复合色。

油画棒：油画棒也叫油彩粉笔，是一种棒形画材，具有油性足、质地较软、涂色面积大、铺展性良好等特点，加之其色彩鲜艳丰富、可以重叠遮盖，无须调色或混色的准备工作，因而使用起来非常方便，可以随时满足幼儿绘画的欲望。

炫彩棒：炫彩棒也叫水溶彩棒，是一种新型的绘画用品。炫彩棒一般有一个塑料外壳，多采用旋转的方式伸缩笔芯。相比蜡笔和油画棒，用炫彩棒绘画时不仅阻力小，较为顺滑，涂层更佳，有水溶性效果，而且上色容易，不易掉渣，能轻易做出油画和水彩效果，并且十分容易清洗，特别适合学前儿童使用。

水彩笔：水彩笔的优点是水分足，色彩丰富鲜艳，缺点是水分不均匀、色彩间过渡不自然，两色较难调和。因此，一般适合幼儿填充各种轮廓而丰富画面，有时也可用作记号笔。

记号笔：记号笔分为油性记号笔和水性记号笔。水性记号笔可以在光滑的物体表面或白板上写字，用抹布就能擦掉，油性记号笔写的就擦除不掉。记号笔在幼儿园常被用作勾线笔使用。儿童可以根据自己的需要选择粗细不同的线条来勾勒轮廓线。

水粉颜料：水粉颜料是不透明水溶性颜料，由粉质的材料组成，具有色彩厚重、覆盖性强等特点，可用于较厚的着色，大面积上色时也不会出现不均匀的现象，且色彩鲜明，容易引起幼儿创作的兴趣。

丙烯颜料：根据稀释程度的不同，可以画出淡如水彩或浓如油画般的效果。干燥后耐水性较强，可大胆地做色彩重叠。很少出现色彩不均匀的现象，使用起来较为方便，但干燥较快，容易损伤画笔以及调色板等工具，因此使用后要及时清洗画具。

图画纸：图画纸是供幼儿创作水彩画、铅笔画、蜡笔画、油画棒画、彩笔画等的绘图用纸。纸质洁白厚实，纸面具有不规则的纹痕，耐摩擦，并有较好的耐水性能，使在画水彩画时，不致有扩散现象。

彩砂纸：彩砂纸是一种采用特殊细水砂，经过专业设计配比和独特工序加工而成的纸品。它质地柔韧细腻，不易折断，成稿后不易损坏，摩擦力强，有利于油画棒颜色附着于画面上，即使反复涂色，画面也不易灰暗。丰富的色彩变化，特别适合用油画棒画出油画般的画面效果。

水粉纸：水粉纸就是专门用来画水粉画的一种纸，纸质较厚，吸水性强，纸面有压痕且表面粗糙。水粉纸相对较厚，因为在创作水粉画时，颜料有时会很厚实，就要求纸可以完全承载，而且水粉纸是有点状纹路的，这样可以“挂住”颜色。

刮画纸：刮画纸一般有底和面两层，覆盖层是以黑色为主的多种色系，底色则分不同的单色、迷彩色等，多为金银镭射、彩虹镭射、单色和迷彩色。通过牙签、竹笔等物体在画纸上勾勒线条可以形成一幅作品。刮画有效地结合了版画等多种绘画的特点，创作出用竹笔在纸上刮画的方法，颠覆了以往用笔在纸上绘画的传统。

2. 各种绘画工具和材料的使用方法

从绘画工具和材料看，幼儿可学习的绘画有彩笔画、水粉画、水墨画、印画、纸版画、吹画、喷洒画、吸附画等形式。下面具体介绍每种绘画方式中绘画工具和材料的使用方法。

线描画：线描画是单纯用线画成的画，是幼儿绘画中最基本的也是最容易表现的一种形式，用线画物体不受光线、色彩的限制，能使儿童更自如地认知世界。幼儿线描画使用的工具比较简单，选用不同的工具材料会产生不同的艺术效果。线描画常用的硬笔有签字笔、记号笔、彩色铅笔、蜡笔等。幼儿线描画常用的纸有新闻纸、复印纸、高丽纸、宣纸、图画纸或各种色纸。线描画主要是让幼儿用线条勾画出物体的基本形体和主要特征。

彩笔画：彩笔画是儿童使用各种彩笔在卡纸、铅画纸或墙上完成的绘画。彩笔画常用的工具有蜡笔、油画棒、彩色铅笔、彩色墨水笔、彩色粉笔等。因各种彩笔材质的不同，绘画效果也不同。在彩笔画的学习中，主要是让儿童学习握笔、勾线、均匀地涂色等。

水粉画：水粉画是用水粉笔蘸调配好的水粉颜料在水粉纸上完成的绘画。水粉颜料容易调和，儿童可以调出很多种变幻丰富的色彩，但涂抹颜料时厚度的差异也会对绘画效果产生影响。厚涂能像油画一样具有遮盖力和附着性，薄涂又似水彩那样流畅和滋润。学前儿童要学习调色、涂色、洗笔等基本方法，以及直接用笔蘸色去涂、抹、勾、点，大胆地进行艺术创作。

图 5–1　水墨画

水墨画：水墨画是用毛笔蘸墨水在宣纸上完成的绘画（图 5–1）。儿童水墨画的工具主要有笔、墨、纸、砚、国画颜料、画毡等。在水墨画的学习中，学前儿童要学习最基本的执笔、蘸水、调墨、用笔等方法，画出中锋、侧锋等线条，控制墨、色、水的比例以形成浓淡墨色等。

印画：印画主要包括印章画、拓印画、刮印画、合印画等。

印章画是用刻好的土豆、萝卜、藕等物体的切面以及积木、笔套、牙膏盖、螺丝帽或纸团、布团、棉绳、手、脚等蘸上颜料压印、拍印在纸上。幼儿要学习压印、拍印等，还可以在印画的基础上用笔进行添画。

拓印画是将一张薄纸平铺在硬币、树叶、钥匙等具有明显凹凸纹理的物体上，然后用彩色铅笔在纸上反复涂抹，或用纸团、布团（纱布内包棉花或海绵）、泡沫块等拓印工具蘸颜料后在纸上拍印，直至拓印出原物体清晰的纹路（图 5–2）。在拓印画中，幼儿要学习均匀地拓印。

刮印画一般用蜡笔或油画棒中明快的亮色（如黄色、粉色）做底色，暗色（如黑色）做上面一层的颜色。除了亮色和暗色两种颜色，也可用较强烈的颜色（如红色、橙色）做中间色。然后用竹签、刻刀、大头针等工具在画面上刮出有层次的肌理和形态。在刮印画中，幼儿要学习细致地涂色、配色、刮色等。

合印画是将纸对折后打开，用画笔蘸颜料在紧靠折痕的一个面上画出物体形象（也可画对称物体的一半），然后趁颜料未干时，将另一半纸张覆盖在上面，压平后打开就会出现对称的整体画面。在合印画中，幼儿要学习画、对印，在合印的基础上进行添画。

纸版画：纸版画是先在一张厚纸上画出物体形象及物体的各个部分，然后把所画形体剪下，贴在另一张纸上，重叠加高后，构成凹凸不平的版面，再用油墨筒在版面上滚上油墨，然后用一张宣纸或绵纸覆盖在上面，用力按压、磨平后，揭起宣纸或绵纸，即成一张纸版画（图 5–3）。在纸版画中，幼儿要学习画画、粘贴、重叠以及滚油墨的技巧等。

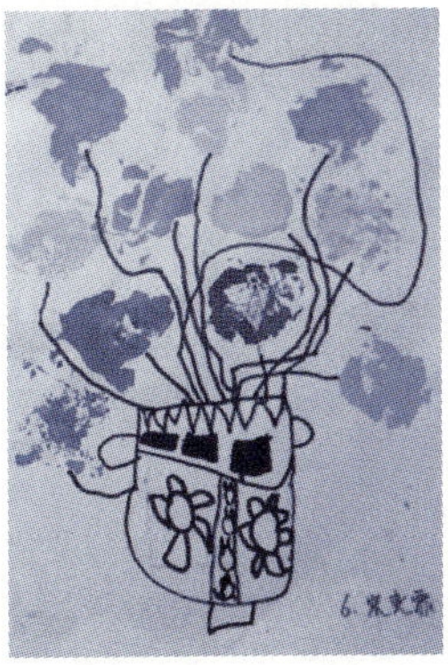

图 5–2　拓印画

图 5–3　纸版画

吹画：吹画是将一种或多种少量颜料倒在纸上，用嘴或吸管等工具把颜料吹散开，也可以任颜料自由流动组合成新的形象，也可以用笔添画一些形象，形成一幅美术作品。这种作画方式操作方便、气氛轻松，画面变化无穷，符合孩子好奇、好动、好想象的特点。在吹画过程中，幼儿要掌握吹的力度、方向，吹出自己想要的形象。

喷洒画：喷洒画是在一张纸上用树叶、纸片、花瓣、玩具、线绳等拼摆出各种图案或物体形象，再用牙刷蘸上适量颜料（也可用几种颜色交替使用），在木棍、钢丝网上刮刷，让颜料均匀地喷洒在图画纸上，然后轻轻拿去放在纸上的物体，画面上就会出现由彩色雾点勾勒出的形象（图 5–4）。在喷洒画中，幼儿要学习拼摆图案、刮刷等。

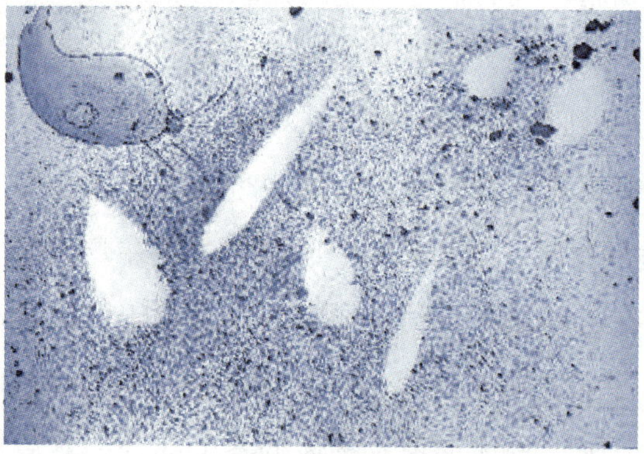

图 5–4　喷洒画

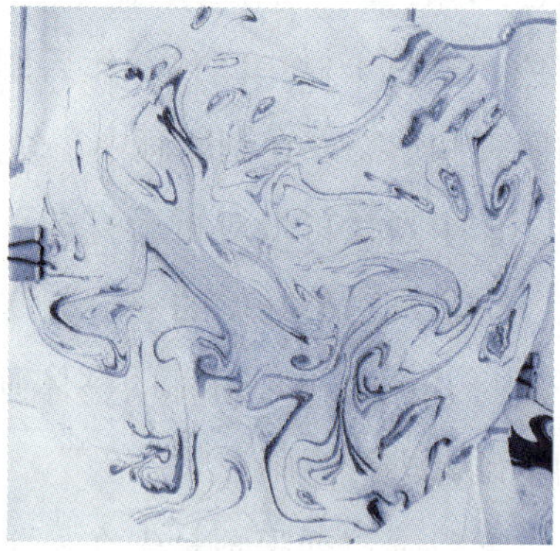

图 5–5　吸附画

吸附画：吸附画是将水粉色或彩色墨水、碳素墨水、墨、油墨等滴于一盆水中，然后用引导、震荡等方法形成墨流，立即将纸张放入水面吸取纹样（纸的中心应先碰到水，以免产生气泡），平放晾干后，根据吸附的纹样加以联想，在此基础上添画几笔，形成一幅吸附画（图 5–5）。在吸附画中，幼儿要学习滴墨、引导墨流、捕捉形象、吸取纹样、联想、添画等。

（二）绘画的各种形式语言

绘画的形式语言主要是线条、形状、色彩、构图等美术要素，是表现绘画的手段和方式。

1. 线条

线条是造型的基本要素之一。在绘画中，线条能表现物体的形象，表达作画者的思想和情感，显示个人的创作风格。学前儿童对线条的学习主要有以下内容。

了解线条的形态及其艺术表现力。线条有直线、曲线和折线三种形态。直线又包括垂直线、水平线和倾斜线。直线象征着力量、稳定、刚强，但是，如果绘画时用得太多，则显得生硬、刻板。曲线则象征着优美、灵动及柔和，规则的曲线使人感到明朗、整齐、圆滑、有序，自由的曲线则显得活泼、优美、生动、柔和。折线象征着尖锐、规律。垂直线可以促使视线上下移动，显示高度，造成耸立、高大、向上的印象，给人以庄严、挺拔、高洁、希望、正直等感觉。水平线可以导致视线左右移动，产生开阔、伸延、舒展的效果，具有平和、安定、静止的感觉。斜线会使人感到从一端向另一端扩展或收缩，富有变化、运动、紧张和不安的感觉。

运用线条的变化进行美术创作。线条有方向、长度、质感等变化。线条的方向变化包括直线的垂直、水平、倾斜、平行、交叉、穿插等变化，曲线因圆弧度的大小、方向的不同而呈现出不同的变化；线条的长度变化包括线条的长短变化；线条的质感变化包括线条的粗、细、疏、密的变化。此外，线条间还有两种性质的线的组合变化，如弧线与直线相结合、弧线与锯齿线相结合等，以达到装饰美化的效果。在绘画活动中，教师可引导幼儿运用线条的变化进行美术创作，如利用曲线长短及方向的变化表现菊花、小蜗牛等，利用线条的疏密变化表现爷爷的胡子等。

2. 形状

形状是由线条构成的轮廓和结构，也是造型的基本要素之一。幼儿绘画就是用简单的形状组成事物形象的过程，当幼儿能够用越来越复杂的形状去组成形象，也就说明幼儿的绘画水平在不断提高。学前儿童形状的学习主要包括以下内容。

规则的几何形状：圆形、方形、长方形、三角形、梯形、椭圆形等。这些形体较为简单明确，是绘画中的基础形体，也是幼儿绘画中运用较多的形体，经常用来表现彩旗、门窗、电视、汽车等。

不规则的自由形状：包括由方向、弯曲度不同的弧线、曲线和波浪线等组成的各种自由形状或某个自然形状。自由形体没有特定的规律，也是幼儿比较容易掌握的一种形体。这类形状经常用来表现云彩、河流、花草树木等。

各种形状的组合：包括规则几何形状的组合、不规则形状的组合以及规则与不规则形状的组合等多种组合方式，最终形成较为复杂的组合形象，如熊猫、火车、楼房等。

3. 色彩

色彩是绘画的基本要素之一。色彩具有表现性、象征性和装饰性等特点。色彩是绘画中最富情感性质的要素，由于物体质地不同，及其对各种色光吸收和反射程度的不同，使世间万物形成千变万化的色彩。

学前儿童对色彩的学习主要包括以下两个方面。

第一，色彩的色相、明度、饱和度的辨认。色彩的色相是色彩所呈现的质地面貌。学前儿童需要辨认的常见色相包括红、黄、蓝三原色，橙、绿、紫三间色，蓝灰、紫灰、绿灰等常见的复色，以及黑、白、灰无彩色等，以色相为基础，幼儿可以学习感受冷色与暖色。色彩的明度是色彩的明暗程度，学前儿童需要学习辨认色彩之间明度的高低，并以明度为基础，了解一种原色加黑和一种原色加白所造成颜色明度的变化。色彩的饱和度（又称彩度、纯度）是色彩鲜明的高低程度。学前儿童要学会辨认出原色的彩度越高，颜色越鲜艳，原色中加黑白灰后彩度就低，颜色则变灰。

第二，色彩的运用。学前儿童学习运用色彩主要涉及主体色与背景色关系的处理，以及色彩的装饰和色彩的情感表现等方面。随类赋彩即按物择色，指根据物体的固有色彩来着色。主体色与背景色关系的处理是把握画面上各形象的颜色与画面底色之间的关系，幼儿可通过尝试深浅、冷暖等色彩对比、渐变、重复、过渡等方法表现画面主体与背景之间的色彩关系。色彩的装饰是画面上各种色彩的面积、位置以及形状之间的协调，幼儿可以通过有层次、有主调地配置同种色、类似色、对比色等的变化来实现色彩的装饰。色彩的情感表现是运用主观知觉来构成画面的色彩，学前儿童可以学习运用色彩来表现高兴、伤心、愤怒等常见的基本情绪。

4. 构图

构图是对自己想要表现的形象进行画面的组织安排，形成形象的部分与整体之间，以及形象空间之间特定的结构与形式，简言之，构图是造型艺术的形式结构，包含全部造型因素与手段的总和。构图需要儿童能把握整体并预先构思，因此，它是学前儿童不太容易掌握的绘画语言。

学前儿童可以学习的构图形式有单独构图、并列式构图和均衡式构图。

单独构图：即画面中只有一个形象。对此，幼儿要学习将单个形象大胆、清楚地画在画面的中心位置，如《我的自画像》（图 5-6）。

图 5–6　我的自画像

图 5–7　曲棍球游戏

并列式构图：即画面上并列排放着多个形象。作为学前儿童绘画的主要构图形式，教师须引导幼儿学习有节奏地在画面上并列安排主要形象与次要形象，以表现画面的主次及形象间的关系等，如《曲棍球游戏》(图 5–7)。

图 5–8　我的梦想

均衡式构图：即均衡地安排、布置画面，包括对称的均衡式构图和不对称的均衡式构图。后者对于学前儿童来说较为困难，教师可以通过引导幼儿欣赏不对称均衡式构图的范例让他们尝试练习，如《我的梦想》(图 5–8)。

（三）不同种类的绘画题材

绘画题材是创作者创作艺术形象的源泉，具体是创作者根据创作意图而选取的生活场景或现象。它是构成作品内容的基本材料，是作品内容的基础。幼儿绘画的题材十分广泛，大都来自幼儿的生活。根据国内外学者关于幼儿绘画题材的研究，我们认为，学前儿童可以学习的绘画题材有：

自然景物，如太阳、花、草、树等。

日常用品，如服装、玩具等。

人物，如家庭成员、朋友、老师等。

植物与水果，如青菜、黄瓜、莲藕等。

动物，如家禽、家畜、野兽等。

交通工具与生产工具，如汽车、飞机等。

建筑物，如幼儿园、大桥等。

简单生活事件，如家庭生活、同伴活动、外出旅游等。

想象中的物体与事件，如未来的房子、海底世界、我的梦等。

抽象装饰画，如几何图形装饰等。

二、幼儿园手工教育活动的主要内容

幼儿园手工教育活动是教师引导幼儿使用不同的手工工具和材料，运用贴、撕、剪、折、塑等手段，制作出占有一定空间的、可视且可触摸的多种艺术形象的一种教育活动。手工教育活动对于培养幼儿的审美情感，发展幼儿手部动作的灵活性、精确性，提高幼儿的手眼协调能力和美化生活的能力，丰富幼儿的想象力和创造力，促使幼儿形成耐心细致的学习习惯等方面均具有重要作用。幼儿园手工教育活动的内容主要有以下三个方面。

（一）手工工具、材料及其性质

1. 手工工具

适合幼儿使用的手工工具比较简单，主要有剪刀、泥工板、木刻刀、切片尺、牙签、糨糊、胶水及其他辅助材料。

2. 手工材料

用于幼儿手工的材料种类丰富、形态多样，如各种种子、废旧布料、面团毛线、盒子以及蔬菜、瓜果等。归结起来，常见的手工材料可以分为：点状材料、线状材料、面状材料和块状材料四种形态。[①]

点状材料：主要有种子、沙子、石子、珠子、纽扣、谷物、果仁、木屑等。点状材料主要用于作品完成后的装饰，也可通过串联、拼贴、粘接、镶嵌、垒积等方法制作成平面和立体的作品，如用谷物做小动物的眼睛，用细沙子做粘贴画等。

线状材料：主要有纸条、绳子、棉线、毛线、树枝、吸管、电线、橡皮筋等。线状材料可以通过编织、盘绕、拼贴、拼接、插接等方法来制作成平面和立体的作品，如用绳子编花篮等。

面状材料：主要有各种纸、布、树叶、花瓣、羽毛、木板、铁片、塑料片及

① 边霞：《幼儿园美术教育与活动设计》，89页，北京，高等教育出版社，2009。

薄膜等。面状材料可通过剪、撕、折、染、卷、粘贴等方法制作成平面和立体的作品，如布艺拼贴画、剪贴画等。

块状材料：主要有各种蔬菜、水果，各种材质的盒子、瓶罐、泥块、面团、石块、纸杯等。块状材料可通过塑、刻、挖、拼接、组合、串联、剪等方法制作成立体的作品，如捏泥人、蔬果造型等。

（二）手工材料的基本制作技法

对于学前儿童来说，可以学习的手工材料的基本制作技法有串联、粘贴、剪、撕、折、染、盘绕、编织、塑、插接等。[①]

1. 串联：将点状、面状、块状材料用线状材料和工具从中穿过，连接成串。如用线将珠子、纽扣、雪花片等串联起来做成项链。

2. 粘贴：是幼儿借助胶水或糨糊将操作材料贴到画纸或底版适当位置上的造型活动。通过粘贴可以制作出平面或立体的具有浮雕感的作品。主要包括实物图形粘贴、几何图形粘贴和自然物粘贴等。例如，将各种形状的树叶进行修剪、粘贴做成动物形象，将花生壳、瓜子壳等拼摆，粘贴做成小人、动物等各种形象。

3. 剪：剪有目测剪、沿轮廓线剪和折叠剪三种类型。目测剪是凭自己的感觉和经验在没有任何痕迹的面状材料上剪出自己需要的形象；沿轮廓线剪是根据已有的轮廓线剪出所需的形象；折叠剪是将纸折叠后剪出一些对称的形象，如剪窗花等。

4. 撕：撕也有目测撕、沿轮廓线撕和折叠撕三种类型，基本方法同“剪”。

5. 折：用面状材料（如纸、手帕等）折叠成立体物象。包括对边折、对角折、双正方折、双三角折、集中一边折、集中一角折、四角向中心折、组合折等基本技法。其中对角折和对边折是最基本的折法，几乎所有的折纸的第一步都是采用这两种折法的其中一种。

对边折：将纸的两边对称折叠，也就是沿纸的中线折叠。

对角折：将纸相对的两角对齐折叠，也就是沿对角线折叠。

双正方折：将正方形纸对角折成三角形，再反复一次，将两个小三角形分别从中间撑开，折成双正方形。

双三角折：将正方形纸先对角折成三角形，再根据三角形底边的中心点，分

① 孔起英：《学前儿童美术教育》，143 页，南京，南京师范大学出版社，1998。

别前后向三角形的顶点折叠，然后从中间撑开成双三角形。

集中一边折：将正方形纸或长方形纸相邻的两角沿夹边的中心点相向对折。

集中一角折：将正方形纸或长方形纸相邻的两边沿夹角相向对折。

四角向中心折：将正方形纸上下左右两次对边（或对角）折出十字中线和中心点，然后将四个角分别依中线向中心点折。

> **互动平台**
>
> 尝试围绕折纸的各种基本技法，设计相应的美术教育活动。比一比，看谁设计的活动有趣且丰富？

菱形折：先将纸折成双正方形，再依据中线，将开口端的四个边向内折叠，然后向下拉成菱形。

组合折：将数张大小相同或不同的纸分别折叠出所需要的部分，再衔接组合成一个复杂的整体。

6. 染：用吸水性强的纸折叠后，再用水性染料进行染制。包括渍染（将折好的纸插入染料中让纸自动吸色）和点染（用笔蘸色点在纸的中心部位或细小的地方染色）。

7. 盘绕：将线状材料按照一定的顺序绕成平面图像或立体物象。

8. 编织：用线状材料按照经纬线交叉的原理编织成平面图像或立体物象。

9. 塑：用泥、面团等可塑性块状材料通过手的活动塑造成立体物象。基本形体有球体、卵圆体、圆柱体、立方体、长方体、中空体、组合体等。基本技能包括搓长、团圆、拍压、捏、挖、分泥、连接、伸拉等。

搓长：将泥放在手心，两手配合前后搓动，将泥搓成长条或圆柱体。如搓成面条、小蛇等形状。

团圆：将泥放在两手的手心中间，双手加力向相反方向旋转成球形。

拍压：将团好的球放在手心，双手手掌用力拍压成扁平的泥饼，或用较平的积木或瓶盖等工具进行拍压。

捏：用拇指、食指或中指的指尖互相配合挤压成型。如能捏出鸭子的嘴巴形状等。

挖：用工具将立方体中间的泥挖去，再修正成型。可制成盒子、碗、盆等中空的器皿。

分泥：用目测的方法将大块的泥，按物体的比例，分成若干大小不同的泥块，进行塑造，如为了塑造人物，将一整块泥分成4块，分别准备做头、身体、腿、臂。

伸拉：从一整块泥中，按物体的结构伸拉出各部分。

10. 插接：用细木棒、细铁丝等辅助材料插入所需连接的部分，或将制作材料本身做成凸凹相当的切合口，使之连接成型。

（三）手工的题材

幼儿手工题材主要有以下几种：玩具，如折纸玩具、泥塑、面塑等；节日装饰物，如剪窗花、做拉花、做花球等；游戏饰品，如头饰、胸饰、面具等；日常装饰用品，如染纸、粘贴画、瓶盒造型等；贺卡，如生日贺卡、节日卡片等。

三、幼儿园美术欣赏教育活动的主要内容

幼儿园美术欣赏教育活动是教师引导幼儿欣赏和感受美术作品、自然景物和社会环境中的美好事物，了解对称、均衡等形式美的初步概念，感受其形式美和内容美，从而丰富幼儿的美感经验，培养其审美情感和审美能力的教育活动。学前儿童艺术教育属于普通艺术教育的范畴，美术欣赏教育是培育儿童艺术素养的一个重要途径。因此，教师可以让儿童从小接触经典艺术，增强其对美的敏感性，提高他们的美感意识。幼儿园美术欣赏教育活动的内容主要有以下两个方面。

难点讲解

扫一扫，收听“幼儿园美术欣赏教育活动的主要内容”的专家精讲。

（一）欣赏对象的类型

歌德指出，“鉴赏力不是靠观赏中等作品而要靠观赏最好作品才能培养成的”。因此，根据幼儿的兴趣、经验和接受能力，学前儿童可以欣赏的对象主要有以下几类。

资格考试要点

幼儿园美术欣赏教育活动的主要内容有哪些?

1. 绘画作品

适合幼儿欣赏的绘画作品，尤其是美术大师的经典作品，是学前儿童美术欣赏教育活动可以选择的主要内容。究其原因，一方面，绘画是美术领域中最主要的一种表现形式，种类和数量最多，表现内容和题材也较为多样，表现力度和效果显著，应用最为广泛，可供选择的可能性和现实性也最大；另一方面，绘画是

学前儿童最熟悉的美术形式，也是他们最初接触的、最喜欢的一种美术活动形式。此外，在实际的美术欣赏教育活动中，受到客观条件的限制，雕塑、建筑等立体艺术作品往往无法得到全面真实的观察和体验，而通常只能以平面挂图或图片的形式呈现，这在一定程度上影响了欣赏的效果。对绘画作品来说，它本身就是以平面视觉形象来进行表现的，在实际的美术欣赏教育活动中，就可以直接以平面的挂图或图片的方式呈现给幼儿，因此，绘画作品欣赏活动的开展更具有可行性。

幼儿可欣赏的绘画作品有以下几类：

从创作所使用的工具来看，有水墨画、油画、水粉画、版画等。教师应注意选择一些工具材料和表现手法简单、清晰、明了的作品。

油画是西方绘画中最为重要的组成部分，是世界绘画艺术中最具影响的画种之一。油画题材广泛、表现力丰富、形式多样。油画分为古典油画和现代绘画。古典主义油画，如达·芬奇的人物画《蒙娜丽莎》、拉斐尔的《圣母子》、米勒的《拾穗者》、米莱的《盲女》、列宾的《伏尔加河上的纤夫》等，风景画如柯罗的《蒙特芳丹的回忆》、卢梭的《异国风光》丛林组画等；现代绘画是指在西方美术史中印象主义之后的各种艺术流派，包括野兽派的绘画，如马蒂斯的《红色的房间》，立体派的绘画，如毕加索的《亚威农少女》《和平》，抽象派的绘画，如蒙德里安的《红黄蓝的构成》、康定斯基的《构图7号》、米罗的《天空蓝的黄金》等。

水墨画以中国画为代表，在世界绘画领域中自成体系并独具特点，成为东方绘画体系的主流。例如，宋代的花鸟画《瓦雀栖枝图》、元代绘画《枯荷鸳鸯图》等；齐白石画的虾、瓜果、蔬菜、昆虫等；傅抱石的山水画《西陵峡》《初春》等；吴冠中的《绍兴居》《笋林》《小鸟天堂》等；吴作人画的金鱼、熊猫等；李可染画的牛，徐悲鸿画的马，等等。

从作品的题材内容看，有人物画、动物画、风景画、静物画等。教师应注意尽可能选择那些内容与幼儿生活经验接近、表现手法为幼儿所理解的作品。

从作品的存在形式看，有年画、版画、连环画、宣传画、幼儿画报等。其中，年画特有的民间喜庆气氛、对比强烈的色彩、生动夸张的造型与学前儿童的审美心理有相通之处，因而非常适合幼儿欣赏，如年画《老鼠嫁女》《五子夺莲》《百子戏春》等。幼儿画报兼有连环画和插图的性质，也受到幼儿的喜爱，可以作为幼儿欣赏的内容。由于宣传画与现实生活紧密相连，可将之与道德教育、社会教育等结合起来开展欣赏活动。

2. 雕塑作品

雕塑是最具有实体感和立体性的造型艺术类型。从表现形式来看，可分为圆雕和浮雕。圆雕是占有三维空间、不附在任何背景之上的立体雕塑，有360度视角和180度视角两种形式，如古希腊的著名雕塑《断臂维纳斯》、我国东汉时期的《说唱俑》等。浮雕是在平面上雕出凸起的艺术形象，是三维空间向二维平面尽量压缩的转换，是绘画与雕塑的结合，如我国的《人民英雄纪念碑》组浮雕，以及古埃及、古希腊和古罗马的神庙和墓碑上的浮雕。

雕塑，分为雕和塑两类。雕是为了需要的形象从完整而坚固的坯体上把不需要的部分挖凿掉，如石雕、木雕和冰雕等。石雕如古希腊雕塑家米隆的《掷铁饼者》，木雕如根雕等。塑是用具有黏结性的材料联结成为所需要的形体，如泥塑、陶塑等。泥塑如无锡的惠山泥人阿福系列、天津的泥人张系列等，陶塑如西汉时期的说唱陶俑、唐三彩等。另外，还有用青铜塑造的青铜器雕塑也具有别样的生命力和艺术魅力，如我国东汉时期的《马踏飞燕》，法国雕塑家罗丹的《思想者》等。教师应注意为幼儿选择一些形象生动并具有一定想象空间的雕塑作品。

3. 建筑艺术

建筑艺术是按照美的规律，运用建筑艺术独特的艺术语言，使建筑形象具有文化价值和审美价值并具有象征性和形式美，同时体现出民族性和时代感。建筑艺术是实用性和审美性相结合的艺术类型。幼儿可欣赏的建筑艺术包括纪念性建筑如法国埃菲尔铁塔、我国的万里长城等；宫殿陵墓建筑如故宫、中山陵、埃及的金字塔、印度的泰姬陵等；宗教建筑如我国的天坛、布达拉宫、西方的教堂（如米兰大教堂）；住宅建筑如北京四合院、安徽民居、福建土楼、云南竹楼等；桥梁建筑如南京长江大桥、卢沟桥等；公共建筑如人民大会堂、悉尼歌剧院等。教师在选择建筑艺术作品时，不仅要关注其艺术性及文化内涵，还应注意建筑物造型的创造性。

4. 工艺美术

工艺美术是日常生活用品经过艺术化处理之后，使之具有审美价值的产品。工艺美术是美术门类中一个品种繁多的系统，可以分为实用工艺品和陈设工艺品。前者主要指经过装饰加工的生活实用品，如餐具、茶具、灯具、服饰、玩具等。后者则指专供欣赏的陈设品，如壁挂、地毯、陶艺、染织工艺等。教师应注意为幼儿选择一些与其生活有关的、生动有趣的工艺美术品。

5. 民间美术作品

民间美术来源于日常生活，是民间大众为了满足自身社会生活的需要而创造的视觉艺术形象。民间美术是组成各民族美术传统的重要因素，为一切美术形式的源泉。因此，它具有鲜明的民族特征和地域文化特征，并与人们的生活息息相关，是时代和文化的反映。民间美术作品色彩鲜艳、造型简朴又极富趣味，受到儿童的喜爱。学前儿童可欣赏的民间美术作品有杨柳青年画、桃花坞年画等民间绘画作品，泥人、面人、糖人、兔儿爷、泥泥狗、布老虎、风车、编扎玩具、木制玩具等民间玩具作品；面具、剪纸、风筝、花灯、脸谱、皮影等娱乐表演工艺品；民间土锦、刺绣、蓝印花布等民间染织工艺品；娃娃枕、陶罐、青花瓷等生活用品。

6. 儿童美术作品

儿童的美术作品是有一定艺术性的作品，有其独特的视觉样式和审美效果。其中各种富有童趣和创意的优秀儿童作品以及周围同伴的作品，乃至幼儿自己的作品，都可以作为欣赏的对象。教师应注意为幼儿选择一些题材和表现形式新颖独特、有童趣、富有创造性的儿童美术作品。

7. 自然景物

自然景物真实、生动，而且千姿百态、美不胜收。日常生活中，可供学前儿童欣赏的自然景物有很多，如花草树木、虫鱼鸟兽、日月星辰、山川河流等。

8. 周围环境中美的事物

幼儿可欣赏的周围环境有室内环境和室外环境两类。室内环境主要包括家庭环境、幼儿园环境等儿童主要生活活动的场所；室外环境则有社区环境、广场、园林、庭园等儿童游玩的场所。

（二）掌握一定的欣赏知识和技能

在幼儿园美术欣赏教育活动中，不仅要为幼儿提供尝试欣赏各种美术作品的时间和空间，还要引导幼儿掌握一定的欣赏知识和技能，帮助幼儿学会欣赏，从而提高欣赏的能力，增强幼儿对作品的审美感受。

幼儿园美术欣赏教育活动所需的欣赏知识和技能都只是初步的、启蒙的。美术欣赏知识主要包括色彩、线条、形状、构图等方面的初步知识，以及艺术家的生平、艺术创作的背景等。美术欣赏的技能主要包括对作品的观察和探究，用语言大胆地描述自己对作品的第一印象，形成对作品的艺术形式要素进行欣赏和分析的能力，对作品主题所表达的意义有大胆的猜测与初步理解的能力，对作品的联想和想象用口头语言、肢体语言及不同的艺术形式（如戏剧、舞蹈、绘画、手工、故事等）表达自己的感受和认识。

本课回顾

幼儿园美术教育活动的内容主要涉及绘画、手工和欣赏三个方面。绘画教育的内容包括绘画工具、材料的基本性质与特点及使用方法、绘画的各种形式语言和绘画的题材；手工教育的内容包括手工工具、材料及其性质特点，手工材料的基本制作技法；欣赏的教育内容包括欣赏的对象，欣赏的知识与技能。绘画和手工是具体的操作性活动，欣赏是获得美感经验与体验的活动，也是进行审美表现与创造的准备和基础。因此，绘画、手工和欣赏是相互联系、相互促进的三个方面，它们在幼儿美术教育活动中构成了一个不可分割的整体。

第二课　各年龄段幼儿园美术教育内容的选择

由于各年龄段幼儿的生理和心理发展水平不同，教师在幼儿美术教育活动中须根据不同年龄段幼儿的美术能力发展水平和特点，有针对性地选择适宜幼儿的美术教育内容。

一、各年龄班绘画教育活动内容的选择

在绘画、手工与美术欣赏的美术形式表现中，绘画是孩子最早探索与表现世界的一种方式。

（一）小班

小班幼儿手部肌肉发展不够完善、精细动作较弱，知识经验缺乏，想象力弱，绘画水平处于涂鸦期和象征期的初期阶段。针对小班幼儿的发展特点，绘画活动的关键应是激发幼儿的绘画热情，培养他们的绘画兴趣，让他们在有趣的绘画活动中感受到涂鸦的快乐，以及实现用简单的线条、颜色等绘画语言进行艺术表现的

> **难点讲解**
>
> 扫一扫，收听“各年龄班绘画教育活动内容的选择”的专家精讲。

成功感。

为此，教师可以选择一些在幼儿日常生活中常见的、熟悉的、感兴趣的事物作为绘画的题材，鼓励幼儿用简单的线条与图形去表现物体。例如，在小班开展“大雨和小雨”“小小草”“小蝌蚪”“吹泡泡”“做汤圆”“节日的彩旗”等系列绘画活动中，让幼儿通过用点、线勾画简单形体以提升他们的基本绘画能力。同时，还应注意为小班幼儿提供的工具和材料应是操作简单、便于表现的。蜡笔画、棉签画、手指点画、印章画等都是适合小班幼儿的。此外，为小班幼儿选择绘画教学内容时，还应考虑其中的游戏性。例如，可以通过“给水果宝宝穿衣服”“画笔宝宝学跑步”等活动内容，让幼儿在趣味化的游戏中练习涂色，单调的涂色练习和临摹活动都不是幼儿喜欢的。

（二）中班

中班幼儿有了一定的生活经验和绘画基础，认识能力有了一定的提高，能够初步感知整体与部分之间的关系，能把握观察对象的明显特征，创作的目的性也明显增强，绘画水平处于象征期。这时他们的思维还没什么定式，最不受外界的影响和束缚，往往会出现异想天开的情景，这点正是最宝贵、最难得的。

首先，教师对于中班幼儿绘画活动的题材应有较大的扩展，选择新颖有趣的内容。除了日常生活中常见的物体，只要是孩子观察过、认识过的事物都可以放手让孩子去大胆表现。例如，经过一个阶段的学习，幼儿已明确单色画的概念，而且对水彩笔的性能和运用方式掌握得比较熟练了，同时也欣赏了大量的装饰花纹。在此基础上，教师要求幼儿画一幅单色画“有花纹的鱼”，他们就能主动发挥想象大胆创造出许多生动的作品来，在这一活动中，幼儿需要获得的新经验是“如何用已知的花纹来打扮鱼，使鱼更加富有美感”。其次，应有针对性地选择一些能够提高中班幼儿绘画能力的内容。例如，开展“各种各样的交通工具”“可爱的小熊猫”等活动，引导幼儿学习运用图形组合的方法表现物体的基本形象与主要特征。再次，尝试选择一些较为简单的图案及花纹，引导幼儿设计图案装饰画，如“漂亮的小花伞”“我为妈妈设计围巾”“小小服装设计师”等活动，让幼儿逐步学习用花纹、色彩进行图案装饰。此外，一些富有幻想的题材，也是中班幼儿喜爱表现的，如“神奇的花”“我是鱼王”“手掌画”等题材，在引发孩子大胆想象的同时，能激发他们的审美创造力。

（三）大班

相对于中班和小班，大班幼儿已经具有比较丰富的生活经验和较强的绘画表现力，他们在线条、色彩、造型和构图等方面的运用能力明显提高，想象力也表现得空前活跃。大班幼儿的绘画水平处于儿童绘画发展的图式期，他们不仅能够画出比较复杂的事物，还能对之进行较为细致的描绘，通过对细节的把握而更好地反映物体的各种特征。

互动平台

在“下雨天”的主题单元活动中，可以为小、中、大班幼儿选择哪些美术教育内容？

从主题上来看，教师可以为大班幼儿选择比较复杂的建筑物、动植物、生活场景和情节等作为绘画的题材，如“我爱幼儿园”“快乐的星期天”“我们的城市”等命题画活动。从绘画语言的表达能力上看，教师可以选择一些能够提升大班幼儿构思和构图能力的绘画内容，引导幼儿对复杂的绘画图式进行构思，并发展幼儿的构图能力，尝试表现画面中物体间的空间关系。从绘画的工具及材料上看，教师应注意选择更加丰富和新颖的工具和材料，如开展吸附画、喷洒画、刮画等活动，这些内容需要较为复杂的操作技能和步骤，而且具有丰富的想象空间，可以培养幼儿的创造性思维能力。此外，还可以为大班幼儿安排一些写生活动。写生时复杂的线条、构图和丰富的色彩表现等内容都可以为幼儿提供更加广阔的绘画空间。通过对外形、细节、色彩等的观察，可以促使幼儿以自己的方式进行绘画创作，从而提高幼儿的艺术表现能力。

二、各年龄班手工教育活动内容的选择

幼儿园手工教学主要有泥工、纸工、自制玩具三种类型。由于各年龄班幼儿的生理和心理水平不同，内容选择方面应有所侧重。

（一）泥工

泥工是运用泥、黏土、面团等材料，采用团圆、搓长、拍压、捏、挖、分泥和伸拉等各种技法进行塑造的活动。泥工活动是一种具有较强操作性的活动，深受孩子们的喜爱。通过泥工操作，幼儿小肌肉的协调性、灵活性逐渐增强，想象力和创造力也得到很大提高。

小班幼儿的手工能力处于玩耍阶段，这时他们主要满足于手部活动的乐趣。

小班上学期，以玩泥为主，认识和感受彩泥的柔软性，体验泥工活动的乐趣；小班下学期，能运用搓长、团圆、压扁、分泥等方法进行简单的造型。具体来说，首先，教师为小班幼儿选择泥工活动的内容时，应以兴趣的培养为主，在引导幼儿认识简单的工具和材料的基础上，让他们对这些工具材料进行充分的摆弄和探索，如认识泥工板等，知道其名称和使用方法，知道泥的性质是柔软的、可塑的，激发幼儿进行手工活动的意愿。其次，鼓励幼儿尝试通过一种或两种基本技法塑造简单的物体形象，如“汤圆”“饼干”“面条”等。随着幼儿泥工技能的提高，可逐步增加一些由两个基本形体组合成的形象，如油条（两根泥条拧成）、汉堡包（不同颜色油泥的重叠）等。最后，还可以为幼儿选择一些借助简单的辅助材料进行塑造的活动内容，如制作“棒棒糖”“糖葫芦”“小蘑菇”等。

中班幼儿手部灵活性有了一定的发展，泥工创作也有了一定的基础，教学内容就要进一步扩展，在技法上可以适当增加一定的难度。内容方面，以单个物象的立体造型为主，要求幼儿能够塑造出物体的基本形体和主要特征，会使用一些简单的辅助材料表现出简单的情节，并按照自己的意愿大胆塑造，如冰箱、电视、铅笔、胡萝卜等形体特征比较明显的物体。技能方面，中班上学期，幼儿会用两个或两个以上的形状进行组合，学会使用一些辅助材料；中班下学期，幼儿能用剪、切、捏等多种泥工的表现形式进行平面或立体塑造，并能合理运用辅助材料和工具。例如学习连接（蛇）、捏边（包子、饺子）等，在整体上捏出小部分（小勺、大象鼻子、长颈鹿）等，塑造组合物体（我的家、龟兔赛跑）等，并会利用工具制作物体，培养幼儿手的控制能力。

大班幼儿的身体、心理各方面都有了较大的发展，因此，在泥工活动中，应鼓励幼儿按自己的意愿创造物体，要求幼儿除了能够塑造人物、动物的主要特征和动作外，还应学会熟练地使用工具和辅助材料塑造出形象的突出特征和某些细节，及表现出主要的情节，要求幼儿制作的作品更细致、光滑、牢固，形象生动，色彩鲜艳。具体来说，大班上学期，幼儿会用多种不同材料进行立体造型，并能在塑造的情境中与同伴合作分工；大班下学期，幼儿能够尝试用面粉、黏土、纸浆等不同的材料进行创作，与同伴合作进行一些主题创作活动，如“海底世界”“宝宝的家”“面点师”“动物乐园”等，从而培养幼儿的合作意识。

（二）纸工

幼儿园纸工活动是以不同性质的纸为材料，采用撕、折、剪、粘贴、卷、染、拼等技法进行的造型活动。纸工活动取材方便，操作简单，易学易做，是幼儿感兴趣的美术形式，它既能锻炼幼儿的手部肌肉，又能促进幼儿大脑的发育。

为小班儿童设计的课题，主要是玩纸、撕纸和粘贴等。幼儿在玩纸、撕纸的过程中，体验纸的不同特性，发现各种形状的变化，并创作出简单的形状。如“撕薯条”“撕饼干”等。还可以选择一些粘贴简单形象的活动，由教师剪出简单的几何形状或由幼儿自己撕出形状之后，进行粘贴，如“八宝饭”“娃娃”等。在小班后期，可以引导幼儿尝试使用剪刀，从剪出不规则的形体与具体形象的纸片中初步感受剪纸的乐趣。

中班的撕纸主要以目测撕为主，涉及直接整体地撕物体图案、折叠撕纸等技能。折纸主要以单张纸进行平面的折叠，理解并掌握对边折、对角折、双正方折、双三角折等几种基本折法，如折飞机、小船等。中班的剪纸以剪弧线为主，涉及目测剪的技能，重点是让幼儿多动手练习，能够熟练地使用剪刀并和粘贴活动结合起来，从而剪贴出简单的物象。

大班幼儿的纸工课题主要是折纸和剪贴。大班幼儿要学习用多种技法将纸折成物体的各个部分，并组合成整体物象。运用一些辅助手法，使表现的形象更加生动，还要学习看示意图折纸，以及学习更为复杂的纸工技能，如学习用两张以上的纸折成简单的组合玩具。剪贴的内容则主要是让幼儿自剪自贴，重点在“剪”，通过由简到繁、先易后难的策略，即先剪大面积的、线条较短较直的物象，然后再剪一些有曲线的、有细节的形象，从而帮助幼儿更好地掌握目测剪、沿轮廓线剪、折叠剪三种基本剪法。

（三）自制玩具

自制玩具是将平面或立体的材料用建构的方法进行立体造型的活动，有助于幼儿认识各种材料的性质及用途，从而培养他们动手动脑和有目的、有计划地进行工作的能力。自制玩具涉及的材料多种多样，自然材料、废旧生活物品，只要符合卫生和安全标准，适合幼儿操作，都可以纳入幼儿手工活动的材料范围。自制玩具的造型技法是综合性的，对幼儿的动手能力和构思水平要求较高，因此一般适宜在中、大班进行。中班可以开展一些简单的自制玩具活动，如纸盒造型“各种各样的汽车”。大班幼儿知识经验更加丰富，也具备了一定的操作技能，因此，应为大班幼儿提供更加丰富的材料，如纸、布、木、石头、沙子等材料以及无毒的废旧材料制作简单的玩具。

除了泥工、纸工和自制玩具这三类手工活动，民间工艺美术活动也是适合学前儿童的美术形式。我国的民间传统工艺美术是历代劳动人民为适应生活需要和审美情趣的要求，就地取材，以手工生产为主而创作制成的工艺美术品，最生动地反映了中华民族优秀文化的特征。它生动质朴、刚健清新，饱含鲜明的民族情感和气质，具有独特的艺术技巧和强烈的艺术感染力，是华夏文化耀眼的瑰宝。我国民间传统工艺美术品的品种繁多，如木雕、竹编、草编、蜡染、陶艺、刺绣、泥塑、剪纸、民间玩具、工艺铸件等。由于我国是幅员辽阔的多民族国家，各地区、各民族社会历史、风俗习尚、地理环境、审美观点不同，产生了丰富多彩、风格迥异的艺术作品。因此，民间工艺美术作品非常适合学前儿童的审美心理特点。教师应充分挖掘当地的文化资源，结合各年龄班幼儿的特点，引导幼儿进行大胆的创作。

互动平台

结合当地的文化与民间特色资源，你认为可以将哪些民间艺术资源运用到幼儿园美术教育中？可以开展哪些活动？

在以上各类型的手工教育活动中，教师都应注意针对各年龄班幼儿的特点，培养幼儿逐渐形成有耐心、细心、恒心的意志与品质，以及整洁、卫生等良好的手工活动习惯。

三、各年龄班美术欣赏教育内容的选择

在美术欣赏教育活动中，教师可以根据幼儿的兴趣、经验和接受能力，以中国画、西洋画、雕塑、建筑、工艺美术、民间艺术等领域为主，选择贴近幼儿生活的欣赏题材。

小班幼儿认知水平较低，情感体验、生活经验较为贫乏。因此，为小班幼儿选择美术欣赏内容应与他们的周围环境和生活经验密切联系起来。首先，可以选择一些在幼儿生活中熟悉并富有美感的事物，如花纹美丽的毛巾、水杯等日用品，好玩的汽车、飞机等玩具，以及随季节而变化的花、草、树、木等自然景物。其次，为幼儿创设富有审美特征的日常生活环境和游戏学习环境。再次，为幼儿选择内容直观、色彩鲜艳、形象鲜明独特的美术作品。优秀的儿童美术作品，经典的绘画作品和工艺美术作品，民间艺术、建筑、雕塑等富有特色的作品，既可以拓展

幼儿的视野，也可以提高他们欣赏美、表现美的能力。例如，民间玩具、泥塑、陶塑、剪纸、贝雕、羽毛画、风筝等美术作品形象生动、色彩鲜艳、造型独特，因其色彩的炫丽，主题的原发性与恒常，还有艺术表达的纯朴稚拙与儿童美术教育有许多共同之处，所以适合幼儿欣赏，为幼儿所喜闻乐见。

到了中班，我们可以选择一些山水花鸟、风景静物、人物、动物等绘画作品，这些作品能激发幼儿对大自然的热爱，使其情感世界变得丰富多彩，从而逐步培养他们从平凡中发现美的能力。例如：齐白石的《群虾》《蝈蝈》《稻子螳螂》《灯台三鼠》《柳牛》等；吴作人画的《金鱼》《熊猫》《骆驼》等；李可染画的《初见疏柳挂新绿》《暮韵图》《秋风吹下红雨来》等；陈之佛的《和平之春》等；喻继高的《香远溢清》《春江水暖》等，这些作品所表现的动态与意境，孩子们都非常喜爱。

到了大班上学期，随着孩子们的生活经验、认知水平和情感体验的不断丰富，他们对一些抽象的、夸张的和想象性的作品更感兴趣，如凡·高的《星月夜》《向日葵》；马蒂斯的《蜗牛》《忧愁的国王》等；康定斯基的《构图 7 号》《构图 8 号》《即兴 35 号》等；蒙德里安的《红、黄、蓝的构成》《百老汇爵士乐》等；米罗的《哈里昆的狂欢》《昆虫的对话》《一个倒立的人》《构图》《天空蓝的黄金》等现代派艺术大师的绘画作品。这些作品虽然没有真实的物体，也没有具体的人物，有的仅仅是各种线条、形状、颜色的不同组合，但这些由“有意味的形式”所构成的视觉形象，很容易为儿童所理解、欣赏与接受。到了大班下学期，幼儿对美术表现的基本要素（如线条、形状、色彩以及情感表现性方面）已经有了一定基础，且积累了丰富的欣赏经验，具象性作品、抽象性作品等都可以让他们欣赏，如米勒的《拾穗者》《盲女》等，莱顿的《缠线》，魏斯的《克里斯蒂娜的世界》等，毕加索的《梦》《哭泣的女子》《格尔尼卡》《战争》《和平》等，蒙克的《呐喊》等作品。这些作品描绘了有一定背景和情节的动态人物，幼儿可以通过这些人物的神态及身体动作感知作品所表现的主题，也可以从人物所处的具体环境及整个画面的色调和构图等感受作品的意韵。通过这些美的艺术的欣赏，幼儿对美的事物更为敏感，对人物命运的体察更加细致，从而使得他们的情感体验更加丰富，变得更有同情心了。同时，对有关社会历史背景和作品意义的讨论与介绍，也使得幼儿扩充了知识，开阔了眼界，有利于他们从多角度考虑问题。

总之，学前儿童美术欣赏的内容应体现出多元化、多样性、经典性，选择作品的思路不论是抽象、具象还是介于抽象与具象之间，具有较强情感表现性的作品都应是幼儿美术欣赏的首选。幼儿园的美术欣赏教育，需要不间断的、充分的时间和机会，才能使幼儿积累起一定的欣赏经验。因此，欣赏材料的选择还需要遵循渐进性和程序性的原则，要由近及远，由简至繁，有目的、有计划、系统地安排美术欣赏的内容和主题。

本课回顾

为各年龄班幼儿选择美术教育的内容，特别要考虑学前儿童绘画、手工、欣赏等美术能力发展的阶段特点与规律。小班幼儿绘画与手工活动的教育内容都应从认识基本的工具、材料入手，能够运用一些操作简单的工具材料表现单个的基本形状，满足幼儿涂鸦或玩耍的需要，以培养幼儿的美术兴趣为主，题材内容宜体现趣味化、生活化，欣赏活动的教育内容也是从幼儿的周围环境中选取他们熟悉的内容，以欣赏民间美术作品为主；中班幼儿绘画与手工活动的教育内容主要是运用更加丰富的美术工具和材料表现物体的基本形体和主要特征，题材也更加广泛，欣赏活动的教育内容也适当扩展到山水、花鸟、人物、动物等作品；大班幼儿绘画与手工活动的教育内容更加丰富化、综合化，运用艺术的形式表现更加复杂的形象，体现细节特征，欣赏活动以专题欣赏为主，内容也更加多样化。

思考与练习

1. 在选择幼儿园美术教育活动内容时，应遵循哪些原则？
2. 幼儿园美术教育的内容具体包括哪些方面？
3. 尝试分析各年龄班美术教育内容的联系与区别。

拓展训练

训练一：

以“春天”为主题，为中班幼儿设计这一单元的美术教育内容，应包括绘画、手工和欣赏三方面的内容。

训练二：

在了解幼儿园绘画、手工和欣赏等方面的美术教育内容的基础上，动手操作并熟悉幼儿常用的美术操作工具、材料和技法，体验各种材料的性质。

总结与反思

扫一扫，跟随本书作者一起回顾本单元内容，想一想有哪些收获，还存在哪些困惑。

参考文献

1. 边霞：《幼儿园美术教育与活动设计》，北京，高等教育出版社，2009。

2. 孔起英：《学前儿童美术教育》，南京，南京师范大学出版社，1998。

3. 吕耀坚、孙科京主编：《幼儿艺术教育与活动指导》，北京，北京师范大学出版社，2012。

4. 林琳、朱家雄：《学前儿童美术教育》，上海，华东师范大学出版社，2006。

5. 边霞：《西洋画欣赏》，南京，南京师范大学出版社，2005。

6. 屠美如、焦腾飞：《中国画欣赏》，南京，南京师范大学出版社，2005。

7. 黄进、贺为民：《民间艺术欣赏》，南京，南京师范大学出版社，2005。

第六单元

设计幼儿园美术教育活动

学习目标

1. 了解幼儿园美术教育活动设计的学科取向、儿童取向与混合取向。

2. 理解幼儿园美术教育活动设计的原则，并能在设计美术教育活动时遵循这些原则。

3. 掌握各种不同类型的幼儿园美术教育活动，并尝试比较它们的相同点与不同点。

4. 能够运用幼儿园美术教育活动设计的原理，设计幼儿园美术教育活动。

情境导入

在当前的幼儿园教育实践中，主题课程已成为许多幼儿园选择使用的一种课程模式。主题活动中的美术教育活动也就是主题课程背景下的美术教育活动，尝试兼顾儿童的身心发展与美术学科的要求。假设小班幼儿刚刚进入“美丽的春天”的主题，请你为小班幼儿设计一个该主题活动背景下的美术教育活动。

第一课　幼儿园美术教育活动设计的取向与原则

在幼儿园美术教育活动设计中，根据设计者秉持的价值取向，主要有学科取向、儿童取向与混合取向三种设计思路。为了促进幼儿美术能力与人文素养的整合发展，幼儿园美术教育活动设计应遵循主体性、发展性、渗透性、游戏性等原则。

一、幼儿园美术教育活动设计的取向

幼儿园教育活动设计不是一个价值中立的过程，往往会受到特定价值观的支配或影响，幼儿园美术教育活动设计也不例外。幼儿园美术教育活动如何设计，通常与设计者所持的儿童观、儿童教育观及美术教育观等密切关联。根据教育过程中的立足点与偏重点不同，学前儿童美术教育中主要有三种教育取向：美术学科取向、儿童发展取向以及美术学科和儿童发展相统一的取向。相应地在设计幼儿园美术教育活动时，秉持不同价值取向的设计者会有不同的设计思路，主要有学科取向、儿童取向与混合取向。

难点讲解

扫一扫，收听“幼儿园美术教育活动设计的取向”的专家精讲。

（一）学科取向

幼儿园美术教育活动设计的学科取向，即设计者主要依据美术学科的知识与技能来进行幼儿园美术教育活动设计。学科取向有助于幼儿系统地获得美术知识与技能，而且具有可操作性，便于教师组织实施与评价等。但是，学科取向显然存在一些问题，强调美术学科体系的系统性，可能会忽视幼儿的需要和兴趣，脱离幼儿的生活经验，也许会导致单向的知识灌输与枯燥的技能训练。然而，幼儿的身心发展特征及审美能力发展特征，决定了幼儿难以接受也没有必要接受系统的知识与技能训练。

（二）儿童取向

幼儿园美术教育活动设计的儿童取向，即设计者主要依据幼儿的生活、经验、需要、兴趣、发展特点等进行幼儿园美术教育活动设计。儿童取向要充分考虑到幼儿身心发展的需求以及幼儿审美能力的发展特点，将幼儿的经验与需要作为活动设计的基点，这有利于满足幼儿美术学习的需要与兴趣，调动幼儿的主体性，并且力求基于幼儿的已有生活经验，整合美术学科与其他学科或领域，提升并拓展幼儿的生活经验，促进幼儿身心整体和谐发展。当然，儿童取向也存在一些局限，过于强调儿童的经验和需要，可能导致弱化美术学科中必要的知识技能。并且在美术教育活动实施过程中注重幼儿需要的兴趣变化，有时会盲目追随幼儿，因而导致活动流于肤浅热闹的表层，并没有真正满足儿童的兴趣，也没有促进儿童在原有水平基础上的进一步发展。

（三）混合取向

幼儿园美术教育活动设计的混合取向，即试图兼顾美术学科与儿童发展，设计者在设计幼儿园美术教育活动时既考虑美术学科的知识技能，又关注儿童的生活、经验、需要、兴趣、发展特点等因素。混合取向吸收学科取向与儿童取向的优点，克服二者的局限与不足，是幼儿园美术教育活动设计中运用得较多的一种取向。在目前的幼儿园教育实践中，幼儿园美术教育活动设计或多或少具有混合取向的性质。学科取向以学科为基点，但不否认儿童的经验和需要；儿童取向以儿童的经验和需要为基点，但也不否认美术知识技能在活动设计中存在的价值与意义。

根据幼儿园美术教育活动设计的取向，幼儿园美术教育活动大体可以划分为学科取向的美术教育活动、儿童取向的美术教育活动及混合取向的美术教育活动。结合目前的幼儿园美术教育实践，学科取向的美术教育活动主要表现为单独科目的美术教育活动；混合取向的美术教育活动表现为主题活动中的美术教育活动；儿童取向的美术教育活动表现为方案活动中的美术教育活动与区角活动中的美术教育活动（具体见表 6–1）。

> **互动平台**
>
> 幼儿园美术教育活动设计的主要设计思路有哪些？如果让你设计一个幼儿园美术教育活动，你将会采取哪种设计思路？为什么？

表 6-1　幼儿园美术教育活动设计的取向与类型

学前儿童美术教育的价值取向	幼儿园美术教育活动设计的取向	幼儿园美术教育活动的类型
美术学科取向	学科取向	单独科目的美术教育活动
美术学科和儿童发展相统一的取向	混合取向	主题活动中的美术教育活动
儿童发展取向	儿童取向	方案活动中的美术教育活动与区角活动中的美术教育活动

二、幼儿园美术教育活动设计的原则

幼儿园教育活动设计是对教师教学组织行为的一种预先筹划，它是对一系列外部事件进行精心设计和安排的过程,其目的是为了支持和促进儿童内部的学习。[①]幼儿园美术教育活动设计是教师为了促进幼儿美术能力与人文素养的整合发展，而对幼儿园美术教育活动目标、内容、形式等进行有目的、有计划的设想与安排。具体来说，它包括活动名称、活动背景、活动目标、活动准备、活动过程、活动延伸、活动反思（或活动评析）等设计。在进行幼儿园美术教育活动设计时，教师应遵循如下基本原则。

（一）主体性原则

在幼儿园美术教育活动中，教师和幼儿共同参与，相互影响，促进彼此的成长与发展。从这个意义上来说，不管是教师还是幼儿，他们都是幼儿园美术教育活动的主体。然而，幼儿园美术教育活动设计的主体性原则主要是针对教师的角色与工作而言。幼儿园美术教育活动设计的主体性原则主要涉及两方面：一方面体现幼儿的主体性；另一方面体现教师的主体性。

首先，教师在进行美术教育活动设计时，应体现幼儿是活动的主体。其次，活动目标的制订，活动内容的选择，活动形式的安排，活动过程的设计等都应注重激发幼儿的主体性。最后，为幼儿提供具有探索性与表现力的环境与材料，启发幼儿积极主动地与环境相互作用，从而提升和拓展幼儿的美术经验。在幼儿园美术教育活动中，教师根据社会的要求与教育目标可以对幼儿的身心发展施加一定的影响，但是绝不能代替幼儿学习，更不能代替幼儿发展。

① 黄瑾主编：《幼儿园教育活动设计与指导》，10 页，上海，华东师范大学出版社，2007。

同时，幼儿园美术教育活动设计除了注重幼儿主体性，也应发挥教师的主体性。也就是说，在美术教育活动设计中，设计者应把握好教师的角色及其对幼儿学习与发展的作用。教师的主体性主要体现为以下几点：教师应营造一种轻松自由的氛围，尊重幼儿的兴趣与需要，允许幼儿大胆地体验、探索、表达与交往；在与幼儿的互动过程中，教师不仅是教育者、引导者、组织者，而且是合作者、支持者、观察者；教师的指导方式不仅可以是直接指导（如言语指导），也可以是间接指导（如创设情境，提供材料），从而促进幼儿的身心发展。

（二）发展性原则

发展性原则是指在幼儿园美术教育活动设计中必须把握儿童的原有基础与水平，并以此为基础促进儿童身体、认知、情感、个性及社会性的整体发展。发展性原则包括以下两层含义。

第一层含义是幼儿园美术教育活动的设计应以促进儿童的发展为出发点。幼儿园美术教育活动的设计应适应幼儿的身心发展水平，考虑幼儿的原有经验。美术教育活动目标与内容均以幼儿的身心发展水平为基础，落在儿童的“最近发展区”之内。在美术教育活动的设计中，教师须从儿童身心发展的现实水平出发，既照顾幼儿的现实兴趣、需要与能力，又考虑幼儿的长远发展需求，从而促进幼儿在现有的发展水平基础上向着可能发展的水平迈进。例如，在幼儿园美术教育活动设计中，活动准备的设计一般包括经验准备与物质准备。其中，经验准备主要是指幼儿已经具有的与该活动相关的知识、经验等。

第二层含义是幼儿园美术教育活动的设计应以幼儿的发展为落脚点。幼儿园美术教育活动设计的最终目的在于促进儿童美术能力与人文素养的整合发展。幼儿园美术教育活动必然或提升、或深化、或丰富、或拓展幼儿的原有发展水平。反之，如果在一个美术教育活动结束之后，幼儿的身心发展水平没有任何改变，那么，可以说该活动没有达到其促进儿童发展的目标。在幼儿园美术教育活动设计当中，无论是活动目标的制订，活动内容与材料的选择，还是活动形式与方法的运用等都要以促进幼儿的发展为准则。需要注意的是，幼儿的发展并不仅仅是某一方面的发展，而是认知、情感、社会等诸方面整体和谐的发展。

（三）渗透性原则

渗透性原则指在幼儿园美术教育活动设计中将美术学科与其他学科或领域的内容及各种不同的学习形式与方法加以有机融合，将其作为一个互相联系、不可分割的整体来对待。虽然幼儿园教育活动从不同的侧面进行人为分类，可以分成不同的种类，但是它在促进儿童发展的目标上所涉及的是儿童在不同领域或层面的整体发展。例如，《幼儿园教育指导纲要（试行）》明确指出，“幼儿园的教育内容是全面的、启蒙性的，可以相对划分为健康、语言、社会、科学、艺术五个领域，也可作其他不同的划分。各领域的内容相互渗透，从不同的角度促进幼儿情感、态度、能力、知识、技能等方面的发展”。诚然，系统化的分科教学有利于艺术学科体系的不断完善，并满足人类知识经验传承之需要。由于幼儿身心发展水平的局限，还不具备接受系统化学科知识技能教学的能力，过早进行分科教学，容易造成幼儿视野的局限及思维的封闭，不利于培养幼儿的想象力和创造力，也不利于幼儿人格的健全发展。而且，儿童的生活、学习和发展都是一个整体。因此，在幼儿园教育活动的设计与实施中必然要注重各领域间的相互渗透与有机整合。幼儿园美术教育活动的设计与实施亦是如此，即便是单独科目的美术教育活动也应体现整合的理念。

幼儿园美术教育活动设计的渗透性原则主要体现在如下几个方面：首先是美术教育活动内容的相互渗透与整合。主题课程已成为许多幼儿园选择使用的一种课程模式。在主题课程中，幼儿园教育活动以儿童的生活经验为基础，活动内容涉及健康、语言、科学、艺术、社会等，将不同学科或领域的内容围绕一定的主题加以整合，使其在一个或若干个教育活动中相互渗透。主题活动中的幼儿园美术活动与其他不同学科或领域的内容相互联系，相互补充，符合儿童的学习与发展特征。其次是美术教育活动教学组织形式的相互渗透与整合。在幼儿园美术教育活动中，集体教学、小组教学与个别教学等各种教学组织形式相互结合。最后是美术教育活动中幼儿学习形式或方法的相互渗透与整合。在幼儿园美术教育活动中，幼儿可以在体验、探索、交往、表现、创造等多种学习形式或方法中学习，获得真正属于自己的知识经验。

（四）游戏性原则

游戏性原则指在幼儿园美术教育活动设计中必须尊重幼儿好游戏的天性，营造轻松愉快的氛围，通过有趣的游戏吸引幼儿自主自愿地参与活动。游戏性原则意味着在幼儿园美术教育活动设计中，活动目标与内容及活动形式与方法等都应体现游戏性，对于幼儿来说具有足够的魅力。例如，在小班美术活动“秋天的画报”中，师生共同探索用自然物印画的方法（图 6–1）。教师巧妙地创设了一个游戏

图 6–1 “秋天的画报”活动场景

情境：“小树叶真高兴，跳到了红色的池塘里玩一玩，呀！出来一看，变成红色了！赶紧回家洗个澡（印到白布上），这下干净了。小果子也想来玩玩，谁来带他试一试？”

游戏既是儿童的天性，又是儿童的需求。而且儿童的艺术活动与游戏往往相互渗透且不可分割。“艺术与游戏有着内在的本质联系，它们都需要极丰富的想象力和自由的创造力。早期的艺术活动，就是人类在闲暇之余的游戏。”[①]在人类早期，艺术与游戏是一个有机联系的整体的组成因素，但是后来，关于艺术的概念却较为平稳地朝着审美的、特定的、职业的趋向发展。儿童的艺术与游戏的概念也非常接近，其艺术常常产生于愉悦的游戏过程之中。游戏带有艺术的趣味，是艺术发生的“母体”，具有发展成为艺术的多种可能。同时，艺术中蕴含着游戏成分，可以说没有游戏成分的存在，艺术也将不成其为艺术。另外，游戏最适宜儿童的发展，游戏几乎统整了儿童的各种活动，儿童常常以游戏的态度对待自己的生活。同时，儿童也经常以审美的态度对待自己周围的一切，可以说儿童是“艺术化生存”的典范。因此，属于艺术领域的幼儿园美术教育活动的设计必须遵循游戏性原则，这样不仅符合幼儿的身心特征，也有利于促进幼儿的发展。

① 教育部基础教育司组织编写：《全日制义务教育艺术课程标准解读》，77 页，北京，北京师范大学出版社，2002。

延伸阅读

艺术教育活动中教师的指导

在艺术教育活动中，不少教师经常会遇到如下问题：什么时候儿童需要指导？教师如何用适宜的方式指导？随着教师对儿童主体地位的认可，他们逐渐意识到在艺术教育活动中应该尊重儿童，给儿童提供充分的感知与欣赏，以及自由表现与创造的空间，使儿童变被动学习为主动学习。不少教师在观念上有所转变，可是在将观念转变为行为的过程中会遇到很多困惑、疑虑。对于艺术教育活动中教师的指导问题不少教师都表示很难处理。例如，有的教师认为在艺术教育活动中如果进行干预是不是意味着我不够尊重孩子呢？如果我不干预，那么教师的指导作用又体现在哪里呢？什么是真正地尊重儿童？什么时候教师需要介入？以何种方式介入是适宜的呢？

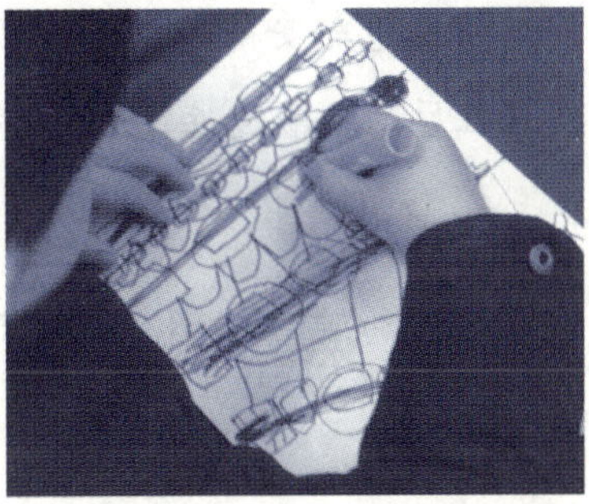

图 6–2　糖葫芦房子

在艺术教育活动中，一些教师经常扮演“指导者”的角色，迫不及待地想把自己知道的艺术知识技能教给孩子，好像不告诉孩子就是不负责任。例如，在大班绘画活动“奇特的房子”中，有个小朋友设计了“糖葫芦房子”（图 6–2），可是他画的糖葫芦中间的棍子看得见。老师走过来告诉他，“我们平常看到的糖葫芦，棍子是看不到的”。课后我对这位教师进行追问，她认为教师应该告诉孩子事实，不管孩子会不会接受她的看法。这个案例体现了教师的“过度责任”现象。其实孩子不一定不知道糖葫芦中间的棍子是看不到的，只是儿童的绘画发展阶段（处于图式期）决定了他的绘画水平还不能达到写实水平，老师现在告诉他，孩子下次画可能还是一样。

毋庸置疑，不管儿童的主体地位凸显到何种程度，都不能否认教师的作用。尊重儿童既不意味着教师手把手地教，也不意味着教师“撒手不管”，而是仔细观察儿童，当儿童处于专注、投入的状态时，教师可以做一个默默的“欣赏者”，了解孩子的发展水平，他以后可以达到去挑战、去超越的程度；当儿童遇到困难、遭受挫折时，教师可以适时提供适宜的指导和支持，启发儿童思考，探究并解决问题。针对儿童的个体差异，教师可以采取不同的方式，如暗示、提供材料、共同探讨等。

（王任梅）

本课回顾

幼儿园美术教育活动设计并非一个价值中立的过程，往往会受到特定价值观的支配或影响。根据设计者秉持的价值取向的不同，幼儿园美术教育活动设计主要有学科取向、儿童取向及混合取向三种设计思路。其中，幼儿园美术教育活动设计的学科取向，即设计者主要依据美术学科的知识、技能来进行幼儿园美术教育活动设计。幼儿园美术教育活动设计的儿童取向，即设计者主要依据幼儿的生活、经验、需要、兴趣、发展特点等进行幼儿园美术教育活动设计。幼儿园美术教育活动设计的混合取向，即试图兼顾美术学科与儿童发展，设计者在设计幼儿园美术教育活动时既考虑美术学科的知识技能，又关注儿童的生活、经验、需要、兴趣、发展特点等因素。幼儿园美术教育活动设计是教师为了促进幼儿美术能力与人文素养的整合发展，而对幼儿园美术教育活动目标、内容、形式等进行有目的、有计划的设想与安排。在进行幼儿园美术教育活动设计时，教师应遵循主体性原则、发展性原则、渗透性原则、游戏性原则等基本原则。

第二课　不同类型美术教育活动的设计

在目前的幼儿园美术教育实践中，主要有单独科目的美术教育活动、主题活动中的美术教育活动、方案活动中的美术教育活动及区角活动中的美术教育活动。[①]从活动的结构化程度来看，一般而言，单独科目的美术教育活动，更可能倾向于较高结构化；区角活动与方案活动中的美术教育活动往往呈现无结构化或较低结构化；主题活动中的美术教育活动则处于高结构化与低结构化之间。具有一定结构化程度的幼儿园美术教育活动的设计，大体包括活动名称、活动背景、活动目标、活动准备、活动过程、活动延伸等组成部分。方案活动与区角活动中的美术教育活动强调幼儿的自主性及活动过程中的生成，其设计不一定具有上述组成部分。在此，重点阐述活动目标、活动准备、活动过程、活动延伸的设计。

第一，活动目标的设计。活动目标的设计应与幼儿园美术教育总目标、各年龄阶段目标、单元目标等保持一致，结合本班幼儿的发展水平及上次美术教育活

① 边霞主编：《幼儿园美术教育与活动设计》，102 页，北京，高等教育出版社，2009。

动的情况。同时，尽量从幼儿角度表述目标，兼顾行为目标、生成性目标、表现性目标三种目标取向，目标内容尽量包含认知目标、情感目标、技能目标等。

第二，活动准备的设计。活动准备是活动得以顺利进行的有力保障，一般包括物质准备和经验准备。物质准备即幼儿园美术教育活动中需要准备的工具、材料以及与之匹配的环境创设等。经验准备即活动主体已经具有的与该活动相关的知识、经验等。关于活动准备，有些是教师准备，有些是教师和幼儿共同准备。幼儿的准备通常需要家长配合，因此需在活动开展之前提前通知家长，以得到他们的帮助与支持。

> **互动平台**
>
> 在中班美术活动“五颜六色的烟花”中，教师准备的物质材料是烟花图片、白色卡纸、蜡笔。如果你是教师，在设计该活动时，会为幼儿准备哪些材料?

第三，活动过程的设计。幼儿园美术教育活动依据教学内容一般分为美术创作活动与美术欣赏活动。一个具有一定结构化的幼儿园美术创作活动一般包括感知与欣赏、探索与发现、表现与创作、欣赏与评价四个基本环节。一个具有一定结构化的幼儿园美术欣赏和创作活动一般包括整体感受、形式分析、再次整体感受、心理回忆与构思、创作与表现五个环节。当然，在幼儿园美术教育教学实践中，教师需要根据幼儿已有的知识经验、身心发展特点、具体的活动内容及师幼互动的动态演变过程，进行灵活多样的设计与实施。同时，可以说明在某一个具体环节教师引导幼儿的策略以及应注意的问题。

第四，活动延伸的设计。活动延伸是在幼儿园美术教育活动中，围绕本次活动的主题与目标，活动结束之后在区角活动、生活活动、游戏活动与教学活动中适当安排相关内容巩固幼儿的新经验，延伸本次活动的效果。因此，活动延伸不仅意味着可以在区角、生活、游戏活动中巩固幼儿的经验，也可以将美术活动与其他学科或领域教育活动结合起来，促进幼儿身心整体和谐发展。

一、单独科目的美术教育活动

（一）单独科目的美术教育活动的设计

单独科目的美术教育活动，是一种典型的学科取向的美术教育活动，主要以美术学科知识技能作为活动设计的依据。单独科目的美术教育活动，目标比较学科化，美术学科性质内容主要由专家或教师预设，因此，评价活动主要依据预设目标。与其他美术教育活动相比，单独科目的美术教育活动的课程组织方式较为传统，往往是将美术学科目标层层分解，并落实到每一个具体的美术教育活动之中。确定了每一个具体的美术教育活动目标，再选择相应的美术教育活动内容，继而设计活动步骤（或环节）。

单独科目的美术教育活动较为关注美术学科本身的系统性，强调美术知识与技能的传授、幼儿美术学习的结果。教师在设计幼儿园美术教育活动时，通常重视幼儿对于美术知识技能的掌握，活动内容较为明确，遵循美术学科的内在逻辑性。与此同时，教师还要设计吸引幼儿投入美术教育活动的教具、工具与材料；设计有利于幼儿获得美术知识技能的活动环节及有针对性的个别指导方式等，从而保证实现美术教育活动目标。

单独科目的美术教育活动目标要明确，活动内容与步骤也要预先确定。教师在活动过程中，一般按照既定的活动目标、内容与步骤组织实施，这是一种有忠实取向的幼儿园美术教育。由于单独科目的幼儿园美术教育活动便于教师操作，所以是新手教师使用较多的一种美术教育活动。

案例

小班美术活动“有趣的格子王国”

活动背景

《红黄蓝的构成》是荷兰著名画家蒙德里安的代表作之一，作品中不对称的风格和作品中色块大小的对比及三原色的搭配给人一种有节奏的动态美。我们小二班今年班级的主体环境的设计元素就是红、黄、蓝三原色的组合和搭配，三原色的搭配很有视觉冲击力，非常符合小班幼儿的审美。大师作品中所传递的意义也许在小班这个年龄段并不能全部理解，但线条和色块也是幼儿最能直接感觉到的，是最突出的，那种感觉只可意会，不可言传。相比较于中大班的幼儿，小班的幼儿去欣赏此作品，可能更多的是在一种游戏情境中去感知去表达，所以活动并没有从传统意义的美术欣赏活动去定位，活动的名称也没有用作品名称《红黄蓝的构成》，而用“有趣的格子王国”来命名。

活动目标

1. 初步欣赏蒙德里安的作品《红黄蓝的构成》，感受直线与红黄蓝色块搭配的美。

2. 尝试用油画棒连直线，并在空格处用棉签进行水粉填色。

3. 在游戏情境中体验创作的快乐。

活动准备

1. 经验准备

有用过油画棒的经验；在美工区玩过用棉签进行水粉涂鸦的游戏。

2. 物质准备

教师材料：蒙德里安的作品《红黄蓝的构成》及相关作品。

幼儿材料：方形空白底图、黑色油画棒、红黄蓝三色颜料、棉签、护衣、擦手毛巾等。

活动过程

1. 情境导入，引导幼儿兴趣。

①创设情境：去“格子王国”玩一玩。

教师：有一个有趣的王国，我们一起去玩一玩！

②出示蒙德里安的作品《红黄蓝的构成》，请幼儿自由说一说看到了什么。

③幼儿自由表述自己的感受。

教师：你喜欢格子王国吗？为什么？

2. 进一步欣赏大师作品，感受直线与色块的组合美。

①发现画面中的直直的“马路”与红黄蓝的“房子”。

引导幼儿指一指马路和房子分别在哪里？是什么样子的？请幼儿说一说，并用小手画一画。

②欣赏蒙德里安相关作品的PPT，引导幼儿欣赏感知线条和色块的变化。

教师：格子王国真有趣，又变样子啦！你们看到了什么？哪里变了？

3. 探索连直线及在格子里涂色的方法。

①出示空白底图，引起幼儿探索绘画兴趣。

教师：红点点和好朋友住在街对面，他们想手拉手去格子王国玩一玩，谁来帮帮他们？（请个别幼儿连一连直线。）

②在“为格子王国刷房子”的情境中请幼儿在格子里涂色。

4. 幼儿创作，教师巡回指导。

①介绍绘画材料，提出绘画要求。

②提醒幼儿画直线时用点劲，涂颜色时尽量在格子线内。

5. 展示幼儿作品，体验成功的快乐。

①引导幼儿找找自己的作品在哪里。

②鼓励幼儿说一说还喜欢谁的作品。

活动延伸

在幼儿绘画直线稍熟练后，可提供没有圆点的空白纸，供幼儿自由绘画直线。

活动后，可继续欣赏蒙德里安的其他作品，并用不同的美术形式表现。

活动实施过程与分析（略）

评析

小班美术活动“有趣的格子王国”属于单独科目的幼儿园美术教育活动。在活动过程中，教师首先通过创设“格子王国”的游戏情境导入，激发幼儿们的兴趣，然后通过变魔术的方式欣赏蒙德里安的作品《红黄蓝的构成》及相关作品（图 6–3、图 6–4），每一幅作品的呈现都给宝宝们带来了变化和惊喜。在欣赏作品之后，师幼共同探索连直线及在格子里涂色的方法，给予了幼儿自主探索的空间。在创作与表现环节，幼儿们像小小粉刷匠一样大胆而自由地表现。最后，师幼共同欣赏幼儿作品，体验作品的美感和成功的喜悦。

图 6–3　蒙德里安相关作品（1）

图 6–4　蒙德里安相关作品（2）

该活动的设计与实施体现了以下几个方面的特点。

作品的选择适合小班幼儿欣赏，而且富有层次。蒙德里安的《红黄蓝的构成》体现了不对称的均衡美和线条与色块的组合美，以及色块颜色与大小对比的节奏美，适合不同年龄阶段的孩子欣赏。当然，不同年龄阶段的孩子在欣赏这类抽象艺术作品时所体现的艺术直觉相似，然而感受和理解的深度则不同。小二班的宝宝们在已有班级主体环境的熏陶和感染下，对于红黄蓝三原色的组合和搭配已有所感受和体验，能够直接感受到线条和色块所体现出来的美感和意趣。在欣赏美术作品《红黄蓝的构成》之后，师幼共同欣赏了蒙德里安的其他相关作品，宝宝们感受到了作品中线条和色块的变化美。

在整个活动实施过程中，游戏情境贯穿始终，非常契合小班幼儿欣赏艺术的特点。在这一活动中，教师没有把活动定位为传统意义的美术欣赏活动，活动名称也没有用《红黄蓝的构成》，而是选择了“有趣的格子王国”这一富有童话色彩的名称，让宝宝们在一种有趣的游戏情境中去感受作品的组合美和变化美。因此，宝宝们的欣赏热情和作画兴致都非常高，艺术兴趣自然而然得到了培养。

教师比较关注幼儿在活动过程中的自主探索与主动建构。在探索与发现环节，教师创设了游戏情境，和幼儿一起探索连直线及在格子里涂色的方法。她首先给予幼儿以技术方面的支持，然后请小朋友上来尝试连线和粉刷房子。在孩子粉刷的时候，她唱起了歌曲《我是一个粉刷匠》，使得幼儿更能走进情境，体现了教师的教育机智和实践智慧。在创作与表现环节中孩子们非常自由，像小小粉刷匠一样地去创作与表达。

最后的评价环节体现了教师对于幼儿作品的尊重和认可。首先，教师非常用心地将幼儿作品镶嵌在黑色底纸上，为幼儿的作品裱框，使得幼儿作品更加具有视觉冲击力和美感。而且，幼儿作品和大师的作品同时展示在同一面墙上。可见，教师为幼儿们在无形中将自己的作品和大师的作品进行对话和对比创设了条件，让他们感受到和大师作品摆在一起的愉悦之情。可想而知，这些幼儿们在欣赏自己的作品时是多么的自豪，让幼儿自信地认为自己的作品也可与大师媲美。

（该活动由朱建华设计并执教，王任梅整理并分析）

（二）单独科目美术教育活动的变式

在幼儿园美术教育实践中，单独科目的美术教育活动亦存在一些变式。例如，设计者尝试将美术教育活动设计的学科取向与儿童取向结合起来，力求兼顾两种设计取向的优势，这样既考虑幼儿在美术知识与技能学习方面由易到难、由浅入深的序列性，又考虑幼儿的兴趣、经验，以及他们创造力、想象力等方面发展的需要，设计以幼儿感兴趣的主题为线索的幼儿美术课程。①

以《幼儿美术素养养成课程》为例，该课程虽然是由多个单独科目的美术教育活动组成，但它们都以一个适合幼儿探索与表现的主题为中心。课程内容是以主题的形式来呈现的，主题贴近幼儿的生活经验，符合幼儿的兴趣需要，例如“花草地”“城市风景”等；同时，其中又隐含着一定的美术知识与技能。而且，该课程根据不同年龄幼儿的发展特征，将课程内容与知识技能按照从简到繁、从易到难的顺序呈现，循序渐进地安排，同一表现手法或方式会在不同学期反复出现，有利于幼儿表现能力螺旋式地上升。该课程在小班下学期一共设计了“圆圆的……”“漂亮妈咪”“草丛里的秘密”“下雨啦”“夏日”五个主题，每一主题由相互联系的若干个美术活动组成。下表是小班绘画活动（下册）主题的活动一览表。

表 6-2 《幼儿美术素养养成课程》小班下学期绘画活动一览表

主题		活动	
主题一	圆圆的……	活动 1	圆圆的……
		活动 2	毛毛虫
		活动 3	花皮球
主题二	漂亮妈咪	活动 4	妈妈的笑脸
		活动 5	妈妈的围巾真漂亮
		活动 6	妈妈的长裙子
主题三	草丛里的秘密	活动 7	小蚂蚁去旅行
		活动 8	可爱的蚕宝宝
		活动 9	美丽的蝴蝶
主题四	下雨啦	活动 10	大雨小雨
		活动 11	雨后彩虹
		活动 12	美丽的雨靴
		活动 13	池塘的小酒窝
主题五	夏日	活动 14	好吃的冰激凌
		活动 15	小草地
		活动 16	太阳的一家

① 边霞主编:《幼儿园美术教育与活动设计》，110 页，北京，高等教育出版社，2009。

例如，主题一“圆圆的……”包括三个活动：活动 1“圆圆的……”，活动 2“毛毛虫”与活动 3“花皮球”。①

活动 1　“圆圆的……”

活动目标

1. 了解生活中圆圆的物体，并根据自己的意愿绘画各种圆圆的物体。

2. 体验创作的快乐和满足感。

活动准备

1. 经验准备：有画圆形的经验。

2. 物质准备：

（1）绘画册或绘画练习册。

（2）水彩笔。

（3）教学视频《圆圆的……》。

活动过程

1. 欣赏教学视频《圆圆的……》，感受生活中各种圆形物体的特征。

（1）教师：今天，老师带来了很多的图片，你们想不想看啊？这些东西都是什么形状的？你会画吗？（师生共同用徒手练习的方法画圆形）

（2）引导幼儿讨论：我们看了这么多圆圆的东西，其实在我们的身边还有许多圆圆的物体，你还知道哪些？

2. 讨论：我设计的圆圆的东西。

教师：原来有这么多东西都是圆圆的，今天，老师想请你们做个小设计师，请你设计一样圆圆的东西，你想设计什么呢？（引导幼儿大胆讲述自己的设计）

3. 幼儿自由创作，教师巡回指导。

教师：在后面的桌子上，老师为你们这些小设计师们准备了纸和笔，现在就请你们把自己想要画的圆圆的物体画下来吧。

① 边霞主编：《美润童心——幼儿美术素养养成课程·教师用书·绘画》，1~7 页，长春：吉林出版集团有限责任公司，2011。

（1）鼓励幼儿大胆用圆形表现物体。

（2）鼓励幼儿给自己的作品涂上颜色。

4. 展示幼儿作品，分享经验。

教师：小设计师们，现在请你们说说自己画的是什么。

活动延伸

在活动后可以鼓励幼儿用油泥和圆形的瓶盖组合，制作各种圆形的物体。

活动提示

1. 以幻灯片的方式导入，引起幼儿的兴趣，让幼儿知道生活中很多的东西都是圆形的，再通过徒手练习的方式让幼儿掌握圆形的画法，为幼儿的创作打下基础。

2. 教师可以把一个大圆分剪成若干份，提供给幼儿创作，最后把幼儿的作品拼成圆形，可以让幼儿再次获得惊喜和极大的满足。

活动2 “毛毛虫”

活动目标

1. 学会用手指点印和添画的方法表现出毛毛虫的主要特征。

2. 萌发对手指点画的兴趣，能大胆地进行创作活动。

活动准备

1. 经验准备：有手指印画的经验。

2. 物质准备：

（1）绘画册或绘画练习册。

（2）水粉颜料、水彩笔、抹布。

（3）教学视频《毛毛虫》。

活动过程

1. 教师带领幼儿玩手指游戏“毛毛虫”，引发幼儿对活动的兴趣。

教师：小朋友们，伸出你们的小手，我们一起来玩一个毛毛虫的游戏吧！

2. 欣赏图片，了解作画方法和要求。

（1）欣赏毛毛虫图片，了解毛毛虫特征。

①教师：今天，毛毛虫也来我们班做客啦！谁来说一说它长得是什么样

子的？

②幼儿讲述，教师总结：毛毛虫的身体一节一节的，圆圆的，像一列长长的火车。

（2）情境激发兴趣，教师讲解并演示作画方法。

教师：毛毛虫来到我们幼儿园，今天，我们要请手指宝宝来帮它们找朋友，好不好？

教师：手指宝宝出来玩，看见了漂亮的颜料，它在里面踩了一脚，在颜料盘边轻轻舔了一下。走在草地上，一步、两步、三步、四步、五步，真有趣，一条毛毛虫出来啦！手指宝宝最爱干净了，在抹布上擦一擦就又变干净了。然后，我们再给毛毛虫添上眼睛、嘴巴、触角和小脚。（教师边说边进行添画）

（3）教师提出作画要求。

作画要求：选择一个手指指腹，蘸上颜料，在颜料盘边舔一下，印在有草地的背景图上，轻轻压一压，注意手指不要移动，以免指印不清楚。毛毛虫的身体需一节一节连起来，要换颜色时，把手指擦干净。印画完成后，待颜料干了再进行添画。添画时要注意，毛毛虫的脚要和身体连起来。

（4）请个别幼儿演示操作过程。

教师：谁想请你的手指宝宝来试一试？

3. 幼儿作画，教师巡回指导。

教师：毛毛虫想请小朋友们帮它找更多的好朋友，你们愿意帮助它吗？

（1）提醒幼儿要注意把手指擦拭干净再蘸取新颜料。

（2）提醒幼儿蘸取颜料后要在颜料盘边舔一下，以防弄脏画面。

4. 张贴幼儿作品，大家共同欣赏。

教师：你最喜欢哪一幅作品？为什么？（幼儿自由表述）

活动延伸

1. 鼓励幼儿练习用油泥捏出不同的毛毛虫造型，放置于树叶背景上，装饰班级环境。

2. 可以提供一些跟毛毛虫相关的图书、故事，供幼儿根据故事进行表演。

活动提示

在幼儿操作过程中，教师应该关注个别差异。对于能力较弱的幼儿，教师重点指导其怎样用指腹蘸取颜料和按压；对能力较强的幼儿，鼓励其大胆进行手指印画，可以印出多条不同方向的毛毛虫，并对毛毛虫身体进行装饰。

资源库

手指游戏："毛毛虫"

手上有个大木桶（左手掌弯曲成桶状）；

桶上有个盖，盖上有个孔（右手平盖在桶上，食指与中指稍分开）；

让我看看有什么（用眼睛看孔）；

原来躲着毛毛虫（左手食指穿过孔，做蠕动状）。

活动3 "花皮球"

活动目标

1. 观察皮球上的各种花纹，尝试用撕贴的方式表现出花皮球。

2. 初步学习撕、贴的技能，萌发对色彩的兴趣。

活动准备

1. 经验准备：有绘画线条和撕纸的经验。

2. 物质准备：

（1）绘画册或绘画练习册。

（2）水彩笔与各种颜色的纸若干，糨糊及抹布。

（3）教学视频《花皮球》。

活动过程

1. 猜谜语，引出皮球。

教师：老师这儿有一个谜语，谜面是"圆头圆脸圆肚圆屁股，没骨没肉没肺没腿股。一打一跳一跳乱蹦跶，肚里有气有气不能出"。小朋友们，你们猜一猜它是什么呢？（皮球）

2. 欣赏皮球图案。

教师：皮球的外形是怎样的？仔细看一看皮球上面有什么？这些纹路是什么样子的？谁来画一画？（教师可请2~3名幼儿上前尝试绘画皮球的线条）

3. 出示绘画册，引起幼儿的作画兴趣。

教师：我这边有两个圆形，谁来画一画纹路，把它们变成皮球？（鼓励

幼儿观察皮球的纹路，尝试绘画）

4. 师幼探索撕贴的方法。

操作方法：在皮球背景底板上需要粘贴的地方均匀地抹上糨糊，然后选择所需要的色纸，用食指和拇指捏住色纸撕成一小块一小块地粘在抹上糨糊的地方，用干抹布盖住，用手掌使劲往下压，拿开抹布再继续粘贴。

5. 幼儿操作，教师巡回指导。

（1）提醒幼儿撕纸大小要尽量均匀，粘贴时要在球的轮廓内。

（2）指导能力弱的幼儿学习撕纸技能，指导能力强的幼儿撕大小合适的色纸均匀进行粘贴。

6. 展示幼儿作品，相互交流。

（1）教师：你最喜欢哪个皮球？为什么？

（2）教师简单小结，对幼儿的作品给予表扬和肯定。

活动延伸

1. 可以带领幼儿在教学活动后到户外去玩一玩皮球。

2. 在班级区域游戏中，可以提供一些操作材料供幼儿自行练习、巩固撕贴的技能。

3. 可以提供皮球轮廓图给幼儿，让其用水彩笔和油画棒对皮球进行装饰。

活动提示

1. 撕纸方法的掌握对小班幼儿是一个挑战，教师可以在活动前给予幼儿时间与机会多加练习。

2. 对于能力较强的幼儿，教师可鼓励其绘画不一样的皮球纹路，进而进行装饰。对于能力较弱的幼儿，则鼓励其绘画简单的纹路并进行装饰。

3. 对于能力较强的幼儿，教师可以引导其将色纸撕得大小差不多，均匀细致地装饰在皮球上，在颜色上可以有所变化。

二、主题活动中的美术教育活动

（一）主题活动中美术教育活动的设计

主题课程是在一段时间内围绕儿童生活世界中的某一中心来组织教育教学活动的课程。它可以让儿童通过活动获得较为完整的有益的经验，是一种从儿童出发，

实践指导

扫码学习如何设计主题活动中的美术教育活动。

以儿童为本的课程。当前，主题课程已成为许多幼儿园越来越多选择使用的一种课程模式。因为，主题课程不仅能够反映幼儿教育的基本要求，教给幼儿必要的知识技能，而且兼顾幼儿的经验与需要，在活动中给予幼儿一定的自主权。

主题活动中的美术教育活动也就是主题课程背景下的美术教育活动,属于混合取向的美术教育活动。因此，主题活动中的美术教育活动在依据幼儿的生活、经验、需要、兴趣等设计活动的同时，也兼顾美术学科本身的内在逻辑性。主题活动中的美术教育活动目标与内容可以由教师确定，也可以是幼儿根据其经验与需要发起的。如果是教师根据事先确定的活动目标、内容与步骤开展活动，那么活动的结构化程度就较高；如果是根据幼儿的经验和需要对事先方案进行调整，或者由幼儿发起生成新的活动，那么活动的结构化程度就较低。

主题活动中的美术教育活动设计与单独科目的美术教育活动不同，是先内容后目标。在设计主题活动中的美术教育活动时，先根据幼儿的经验和相应的主题选择活动内容，再根据活动内容制订活动目标，而且活动目标与内容都具有一定的多变性。与单独科目的美术教育活动相比，主题活动中的美术教育活动的设计与实施，可操作性降低，不确定性增强。因而，对教师提出了较高的要求，教师不仅要把握设计者的意图，具有按照方案进行教育教学的能力；而且要具有教育机智，根据幼儿的反应、需要和兴趣的变化有所回应，对原有活动内容与环节进行调整，甚至需要根据师幼互动的实际情况生成新的活动。

案例

中班美术活动“多彩的秋林”

活动背景

秋天的阳光温馨恬静，秋天的星空深邃明亮，秋天的山头落叶片片，秋天的风儿清爽宜人，秋天蕴含了广阔的幻想和探索空间，是幼儿探索大自然的大好时机。在“多彩的秋天”主题活动中，孩子们散步时在幼儿园里发现了秋天的痕迹，树叶慢慢变颜色了，有的变黄了，有的变红了……秋风一吹，树叶纷纷飘落，在空中飞舞，像蝴蝶、像小鸟……孩子们在收集与秋天相关内容的图片、照片时，也关注到秋天的树叶色彩丰富，美不胜收，因此，孩子们的已有经验为本次活动做好了铺垫，让孩子很自然地从生活中过渡到艺术创作中。

活动目标

1. 感受秋天树林丰富的色彩，初步了解色与色交融所带来的色彩变化的关系。

2. 学习点彩画法，尝试在透明软革上表现出秋天多彩的树林。

3. 体验组画所带来的快乐与成功感。

活动准备

经验准备：幼儿已在秋游中观察过秋天景色的变化。

物质准备：画好树干的透明软革与树林图片，背景音乐《Waiting on the Rainy Street》，各种水粉颜料、水粉笔、湿抹布。

活动过程

1. 欣赏图片，感受秋天树林的色彩与变化。

（1）引导幼儿回忆园内的树木，感知秋天树林的变化。

秋天已经来到我们身边好久了，树叶每天都在发生着变化，我们散步时发现幼儿园里的树木有什么变化呢？

（2）观察树叶，感知色彩的丰富和树叶的疏密。

你看到了哪些颜色的叶子呢？叶子是怎样排列的？有的挤在一起，有的叠在一起，有的分开来……

（3）感受秋林色彩的多样。

秋天的树叶有那么多颜色，那秋天的树林会是怎样的呢？我们来看一看。

给你什么感觉？树叶变黄啦，变枯啦！秋风一吹，就会怎么样？

满地都是落叶！漂亮吗？为了表现满地落叶，画面的前面留了一大块的位置给地面，你看树的位置就怎么样了？

（4）欣赏画家画的秋林，引出点彩的画法。

秋天的树林真的好美，你们喜欢吗？画家们也很喜欢，还画了，那画家是怎么画的？这儿一块黄点点，那儿一块红点点（点上去了）。对！这种方法呀就叫作点彩。

2. 讨论点彩的画法。

（1）介绍操作材料，引起幼儿作画的兴趣。

出示透明桌垫："这是什么？和我们以前用的画纸有什么不一样？"

（2）请幼儿尝试点彩画法，点完一种颜色，再点另一种颜色。

引导幼儿大胆点，将颜色连成一片点。（看看图，点点是一个一个的还是连成一片的？谁来连成一片？要不要换颜色？）一一换颜色。

重叠点。（颜色是一种还是好多种？怎样才会有这样的效果？）

3. 幼儿在背景图上点画，教师指导。

（1）引导幼儿点画时要细心，在树冠上点满颜色。

（2）教师巡视，帮助个别幼儿。

4. 展示作品、评价作品。

（1）将各组的作品悬挂起来，幼儿自由欣赏。

（2）分析作品中美的表现，引导幼儿关注作品中色与色交融带来的变化。

对自己的作品满意吗？有没有找到一点画家的感觉？这些树叶的颜色真的是很丰富哦！找找看都有哪些颜色。

有些颜色颜料区里并没有啊，可你怎么画出来的？哦！原来不同的颜色重叠在一起又会出现新的颜色了。

活动延伸

活动结束以后，幼儿可以继续自由欣赏与评价悬挂起来的作品。

教师在美工区投放透明软革，感兴趣的幼儿在区域中继续探索这种材料。

活动实施过程与分析（略）

活动评析

中班美术活动"多彩的秋林"属于主题活动中的幼儿园美术教育活动。该活动从幼儿的生活出发，引导幼儿回忆秋天到了时幼儿园里的树木发生的变化，然后师幼共同欣赏照片以及画家作品，一起感受秋林的多姿多彩，并引出点彩的画法。在欣赏过后，教师为幼儿介绍新的操作材料——透明软革，激发了幼儿浓厚的作画兴趣，而且教师请幼儿上来尝试点彩画法，为之后的创作与表现提供技术基础。

在创作与表现环节，孩子们非常投入，俨然就是一个个名副其实的小画家。最后，孩子们看着悬挂在活动室上方的作品，感到非常的高兴和自豪，并自由发表了对作品的感受与理解。

该活动的设计与实施体现了以下几个方面的特点。

活动内容来源于儿童的生活，因此，幼儿有着较为真切的体验。在日常生活中，在主题活动“多彩的秋天”中，孩子们发现了秋天的痕迹，觉察到了秋天树叶颜色的变化和秋林的绚丽多彩，这些已有的生活经验和审美经验都为活动“多彩的秋林”顺利开展做好了铺垫。

教师为幼儿提供了新材料，自然而然提高了幼儿的作画兴致。该活动中教师提供的是光滑、柔软的透明软革，在操作之前请幼儿通过触觉等感受透明软革的质地，并思考其与以往用的画纸的差异。以往用的画纸只能单面欣赏，透明软革则可双面欣赏，有利于幼儿从多视角欣赏和感受作品。最后，教师和幼儿一起将作品悬挂在活动室上方，这样真的既有通透感，又独具美感，为活动室增添了一道美丽的风景线，而孩子们看到自己的作品是如此的美丽，也更能体验到绘画的成就感。

教师用心选择了不同层次的欣赏图片，有利于幼儿体验秋林的多姿多彩。教师和幼儿从观察局部树叶感受色彩的丰富和树叶的疏密，到欣赏整体树林感受秋林色彩的绚丽多样，最后以画家的作品引出点彩的表现方式，层层递进，使得幼儿对秋林的感受更加丰富、深入，同时也为之后幼儿的创作与表现提供了有益的基础支架。

在活动实施过程中，教师注重幼儿的探索与发现，让其自由创作与表达。教师不是通过自己讲解示范教授技能技巧，而是请幼儿上来大胆尝试点彩画法。在幼儿尝试的时候，教师给予适时的提醒和帮助，以期待幼儿能较好地掌握相关的技术。在创作与表现环节，教师没有干涉幼儿，将自己的观点强加在幼儿身上，而是给予幼儿自由表现的空间。因此，小朋友们非常放松，仿佛像艺术家一样创作与表达。当然，当幼儿需要帮助的时候，教师也能通过巧妙的方式如提供材料、暗示等给予及时的支持和鼓励。最后，当各组的作品都悬挂起来的时候，孩子们都在惊叹作品的美丽，教师没有制止，而是与幼儿一起自由欣赏、享受美丽。

（该活动由吴晨阳设计并执教，王任梅整理并分析）

（二）综合艺术教育主题活动中的美术教育活动

“面对21世纪的挑战，教育由过去偏重智育转向追求人格完整发展的教育转变，对人的生理、心智、情感、精神、想象层面都有不同程度的要求。单一的学科教育难以适应社会快速变迁的需要。”[①]更重要的是儿童、儿童的发展、儿童的生活都是一个有机整体，因此，学前教育包括儿童艺术教育都应该是一个有机整体。综合艺术教育既顺应社会快速变迁的需要，也符合儿童发展的需要。综合艺术教育趋势反映的不只是在课程组织方式上的一种变化，更重要的是教育价值观的深层变革。它体现了一种以儿童的整体发展为中心的目标取向，旨在促使儿童建立各种艺术感觉、经验、知识、智能相互衔接并融会贯通的生态结构，且具有积极向外探索、表现和创造艺术的能力。[②]

美术、音乐、文学等艺术形式之间存在某些共同的审美要素，可以通过“同形同构”或“异质同构”等而“相互迁移、渗透、沟通”。美术、音乐、文学等艺术领域内部不同学科之间的经验可以相互支持、相互迁移，从而有利于儿童审美心理结构的建构，“综合性艺术智慧”与整体人格的发展。除了艺术领域内部各学科之间的关联，综合艺术教育也涉及艺术领域与其他领域（如科学、社会）之间的整合。艺术、科学、社会等领域经验之间可以相互联系、相互渗透，从而促进儿童的“整体智慧发展”。

综合艺术教育中的主题活动，其实就是整合了包括美术在内的各种不同艺术门类的一种主题活动。综合艺术教育主题活动中的美术教育活动就是在综合艺术教育主题课程背景下的美术教育活动。

例如，“我们身边的各种爱”主题活动，是“现代儿童生态式艺术教育研究”课题组众多实践探索中的一组典型案例，也是在幼儿园大班设计与实施的一个综合艺术教育主题活动。

该主题活动主要是以美术为切入点，同时注重美术与音乐、舞蹈、文学、戏剧表演等其他艺术门类的有机融合，注意艺术与社会领域的有机融合。在孩子们的身边，有着各种各样的爱。他们对于这些爱的感觉，就像对水和空气的感觉一样。这些生活在爱的怀抱里的孩子，他们被爱包围着，滋润着，却很少注意到爱的存在，

---

① 楼必生、屠美如：《学前儿童艺术综合教育研究》，108页，北京，北京师范大学出版社，1997。

② 易晓明：《对综合艺术教育的反思》，载《幼儿教育》，2003（3）。

更没有专门去感受和体验这些爱。正是源于这样的思考和认识，课题组在实验班开展了这一主题活动。该主题活动围绕着幼儿身边各种形式的爱，安排了九个谈论和表达爱的系列活动。这九个活动既互相联系又相对独立，它们从不同的角度，以不同的侧重点层层递进，较完整地呈现了生活中人与人之间的各种爱以及表达爱的各种方式。①

活动一：自由谈论和表现我们身边的各种爱

活动二：妈妈的爱（一）：《有绿色靠垫的圣母子》（图 6–5）的欣赏与表现

活动三：妈妈的爱（二）：《摇篮曲》的欣赏与表现

活动四：亲密的小伙伴：《樵夫的女儿》（图 6–6）及有关摄影作品的欣赏与表现

活动五：老师的爱：《钢琴课》（图 6–7）的欣赏与表现

活动六：男人和女人的爱：《生日》（图 6–8）的欣赏与表现

活动七：各种各样的爱

活动八：表达爱的各种方式：《天鹅湖》的欣赏与表现

活动九：和爸爸妈妈一起谈论爱

图 6–5　有绿色靠垫的圣母子　索拉瑞奥

图 6–6　樵夫的女儿　米莱

图 6–7　钢琴课　雷诺阿

图 6–8　生日　夏加尔

① 边霞：《生态式艺术教育——“我们身边的各种爱”单元主题活动》，载《早期教育》，2002（9）。

三、方案活动中的美术教育活动

方案活动（即项目活动）就是幼儿在老师的支持下，围绕生活中某个大家都感兴趣的话题或问题进行深入研究，是在合作研究过程中发现知识、理解意义、建构认识的过程。[①]方案活动与主题活动最大的区别就在于其生成性与动态性。方案活动的活动目标、内容、步骤都不是由教师事先设计，而是由教师与幼儿在活动过程中共同建构、彼此合作逐渐发展而成的。方案活动的设计与实施之间没有明确的界限，其实施过程就是活动的设计、展开与生成的过程。

方案活动在欧美国家较为多见。近年来，受瑞吉欧学前教育体系与美国生成课程的影响，在我国一些幼儿园开始尝试实施方案活动。但是，方案活动在我国幼儿园教育实践中并没有被大范围采用。设计与实施方案活动对于幼儿教师的随机应变能力、活动设计与实施能力、观察与评价能力等提出了更高的要求。与主题活动相比，方案活动的结构化程度更低，活动内容整合性更强，因而可能会导致活动内容较为松散，活动过程较为随意，不便于幼儿教师尤其是新手教师驾驭。如若教师把握不好反而会流于形式，不能实现促进幼儿身心整体和谐发展的目的。

方案活动中的美术教育活动是一种儿童取向的美术教育活动，主要依据幼儿的生活、经验、需要、兴趣、发展特点等进行活动设计。方案活动中的美术教育活动，以儿童的经验和需要为基点，可以由教师发起，也可由教师与幼儿共同发起，甚至可以由幼儿发起。与主题活动相比，方案活动的结构化程度较低，更多是追随儿童的需要和兴趣，从儿童感兴趣的话题或问题中生成活动，具有较大的不确定性。即便教师对于活动目标、内容与环节等有所预设，在活动实施过程中还是会根据环境、材料及幼儿的需要和兴趣、师幼互动的实际情况等进行调整，甚至完全改变。

方案活动中的美术教育活动设计与主题活动相似，也是先内容后目标。也就是说在设计方案活动中的美术教育活动时，往往根据幼儿的经验和需要确定活动内容，再根据活动内容确定活动目标，而且这种预设很可能是即时的、现场的，具有更大的灵活性。下面是“恐龙”项目活动设计与实施的过程。

---

① 张俊:《幼儿园科学教育》，291页，北京，人民教育出版社，2004。

恐　龙[1]

项目的开始

“恐龙”项目像瑞吉欧的任一其他项目一样，有其独特的动向与程序。在瑞吉欧·艾米莉亚或其他地方，一个项目是无法被完整复制的。罗贝塔对项目的许多决定，都是以这些与她一起共事的幼儿们的喜好、能力和每日所发生的情况为基础的。

项目的进行

1. 最初的情境

秋天刚开学的时候，安娜·法兰克学校的教师们注意到这些五六岁大的孩子带了许多恐龙玩具来学校，而他们之间玩的也经常自然而然地变成关于恐龙的游戏。教师记下笔记，发现幼儿对于恐龙的兴趣可作为认识他们很好的机会。在遵照互助合作的原则下，教师们决定开始与孩子进行深入的恐龙研究。正如瑞吉欧·艾米莉亚的传统，这个项目由一小组的幼儿，而非全班来进行。另外一个瑞吉欧的惯例是在学生尚未正式地开始进行项目之前，成人会先开会讨论各式各样的可能性、假设和项目可能进行的潜在方向，这点是很重要的。

2. 开始

“恐龙”项目刚开始时，第一次大约有一半左右的5~6岁幼儿一起聚集在工作坊，罗贝塔为建立“我就是我们”的认同感，向幼儿们解说将进行的“恐龙”项目，她鼓励所有的孩子能够全力以赴，同时说明他们有特别的机会一同共事。她以图表的制作开始，接着是文字上的探索，幼儿们围着一张大圆桌，开始画出各式各样的恐龙——任何他们喜欢的样子。孩子们看着彼此所画的恐龙，大家纷纷议论彼此的图画，这时，许多好主意就这么慢慢衍生出来了。其中一位幼儿把他所画的恐龙涂改了好几次，正因为他的朋友们对他的建议或提出的问题，例如一位幼儿告诉他：“喔，那不是恐龙啦，恐龙应该有四只脚！”

完成画作后，罗贝塔单独与每一位小朋友谈论他们的作品，然后，她集

---

① ［美］爱德华兹等：《儿童的一百种语言》，217～235页，南京，南京师范大学出版社，2006。

合幼儿们进行小组讨论，并且询问一连串开放性的问题，鼓励幼儿们彼此讨论。恐龙住在哪里？恐龙吃什么？恐龙如何照顾它们的小宝宝？恐龙小宝宝如何诞生？现在恐龙还活着吗？公恐龙与母恐龙之间有什么不同？这些问题其实都是幼儿先前的游戏中提出的问题及看法，部分是成人所收集的问题，都引起了幼儿们极大的兴致与回应。

3. 对更多讯息的需求

罗贝塔发起一项讨论，问幼儿们从哪里可以获得更多关于恐龙的讯息或资料？这项讨论引发了幼儿对想起可能来源的兴奋之情，电视、电影、商店、杂志、报纸、家里和图书馆的书籍、哥哥姐姐以及其他的亲戚。小朋友喊道："我爷爷知道恐龙的事情！""我姐姐也知道！""我哥哥！""我叔叔！""我的表哥也知道，因为他在上学！"幼儿们隔天到当地图书馆找到很多书籍，他们在图书馆查资料也借书回学校。孩子也邀请亲朋好友来学校一起分享他们所学，他们很热烈地书写邀请信。

4. 如何制作大恐龙

许多主题皆引发小组幼儿的兴趣，包括恐龙的尺寸、生理特征、起源和消失，还有生活习性、公母恐龙之间的差异以及小恐龙如何成长等。有关恐龙尺寸和特征的相关主题则不断成为讨论的重点。

四位女孩利用泡沫塑料，一同完成制作雷克斯暴龙。四位男孩选择铁丝与金属来制作恐龙，材料的难度使得制作非常困难，但是最后的成果却令人满意。

5. 测量与绘制一个实体大小的恐龙

当成人一再读过幼儿之间的对话，以找到下一个步骤的进行方向时，他们留意到有关恐龙的尺寸与特征的话题一再出现，教师们决定给幼儿们一个挑战，也就是请他们绘制出一只实体大小的恐龙并想办法把画挂起来。教师在整个讨论中扮演着引导、形成而非主控的角色。恐龙体积大约是27公尺×9公尺。发现3支一公尺长的棍子不够用来量27公尺之后，幼儿们再回到工作坊寻找其他可以利用的东西，找到数支塑胶杆，经罗贝塔测量，确定都是一公尺长。塑胶杆用完后，两位幼儿跑回学校寻找其他可以围成长方形的材料，结果利用一卷卫生纸来完成工作。

爱莲娜建议："我们在一张小纸上试试看如何完成，然后再将它放大。"每个人都表示同意。幼儿利用画在方格纸上的格线可以知道恐龙身躯不同部分的长度。

6. 实体大小恐龙的完成

他们发现不能再使用操场后，他们必须改变恐龙体积大小，替代方案也就是改绘制一只长 13 公尺 ×6 公尺的恐龙，以便符合学校后面的小空地。几天后，幼儿们带着新的绘制图回到小空地，现在恐龙小组可画出 13 公尺 ×6 公尺的长方形，接着画出恐龙的背部曲线，最后再画出恐龙身躯其余的部位。如今，最艰难的部分已经完成了，接下来的数日内，5 岁班级的大部分幼儿们都参与了在大塑胶布上彩绘恐龙的活动。此举吸引了全校师生的注意，大家都跑来观赏小空地中恐龙的绘制过程。

结论

最后，恐龙小组的幼儿们与全校其他小朋友分享所学和成果，为学校筹备展览，展示他们所完成的活动与步骤。恐龙小组筹备开幕仪式，将恐龙竖立起来，并向市长请求一个可以吊挂恐龙的永久位置。

评析

"恐龙"项目活动的发起主要出于儿童对于恐龙的兴趣，由此，教师决定与孩子们一起针对恐龙进行深入的探索与研究。虽然在项目活动正式开始之前，教师讨论过各种可能性及项目可能进行的潜在方向，但这并不是确定不变的。实际上，恐龙项目活动的设计与实施过程之间并没有明确的界限，其实施过程就是活动的设计、展开与生成的过程。

孩子们主动通过多种方式寻求关于"恐龙"的各种信息。在众多关于"恐龙"的主题中，许多主题皆引发小组幼儿的兴趣，包括恐龙的尺寸、生理特征、起源和消失、生活习性、公母恐龙之间的差异以及小恐龙如何成长等。孩子们对恐龙尺寸和特征特别感兴趣，因此，在之后的活动中，测量和绘制一个实体大小的恐龙成为焦点。在整个活动过程中，教师密切地关注儿童的表现及儿童的讨论，更多地追随儿童的兴趣与需求。可以说，整个项目活动是教师与幼儿围绕"恐龙"彼此合作建构意义的过程。

四、区角活动中的美术教育活动

区角活动是幼儿在区角中自主选择活动材料、活动内容、活动方式，根据自己的需要与兴趣、学习特点与进程自由感受、探索、表现与交往的活动。与教师组织的集体教学活动相比，区角活动能满足不同幼儿的需要和兴趣，幼儿可以根据自己的需要和兴趣选择不同区域、材料的操作方式，可以根据自己的经验与水平来选择学习进程；区角活动更加凸显幼儿的主体性，是幼儿自由选择、自主发起的活动，幼儿有着原始的兴趣，在区域活动中会表现得更为主动、更为投入；区角活动中幼儿的交往更加活跃，区角活动多以小组活动的形式进行，幼儿拥有更多的机会与同伴自由交往；区角活动符合幼儿在操作中学习的特点，幼儿主要通过操作活动材料，与其主动相互作用，从而获得多种直接经验。可见，区角活动尊重幼儿的个体差异，满足幼儿的需要和兴趣，呈现幼儿自发的学习能力与学习进程，有利于促进幼儿的自主学习与整体发展。

区角活动由于其特有的教育价值，在幼儿园美术教育实践中渐渐受到重视。区角活动是幼儿园教育活动中结构化程度很低的一种活动。区角活动中的幼儿美术教育活动属于儿童取向的美术教育活动，主要以儿童的需要与行为为导向，幼儿自由选择、自主发起。教师有时也可投放特定的材料，启发幼儿开展与当前教学活动有关的美术活动。

（一）区角活动中美术教育活动材料的提供

学前儿童美术教育活动发生比较多的区角主要是美工区及美工室等。美工区较为安静，可以与阅读区、益智区等相邻。另外，美工区应保证充足的采光，最好是设置在靠近水源的地方。区角活动的设计非常注重环境的创设与材料的提供，不同于集体教学活动的是，其活动目标与过程的设计往往依附于材料的设计之中。对于区角活动中的美术教育活动而言，应该提供适合幼儿年龄特点与需要的美术工具与材料。美工区的材料主要有绘画类、手工类与欣赏类三种。

绘画类材料

绘画类材料是幼儿用于绘画的各种工具材料，包括各种纸、笔及其他工具材料。不同大小、颜色、形状、质地的纸张，如卡纸、宣纸、瓦楞纸、刮画纸、皱纹纸、吹塑纸等。教师需要注意的是，每次不要提供太多种类的纸张。各种不同颜色、形状、粗细的笔，如油画棒、蜡笔、水彩笔、毛笔等。各种颜料，如水粉颜料、水彩、墨汁等。除此之外，美工区还可以放置容器、画架、清洁工具及其他用于绘画的工具材料。

手工类材料

手工类材料是幼儿用于手工制作的美术工具材料，包括裁剪工具、黏合剂及各种材料等。裁剪工具，包括剪刀、美工刀等，要求刀口是钝形，大小适宜。黏合剂包括胶水、糨糊、胶棒等。各种材料，包括各类点状材料（如种子、沙子、石子、珠子等），线状材料（如棉线、毛线、电线、树枝、橡皮筋等），面状材料（如树叶、花瓣、纸、布等）及块状材料（盒子、石块、纸杯、面团、蔬菜、水果等）等。

欣赏类材料

欣赏类材料主要是用于欣赏的美术作品，包括各种平面的与立体的作品，既可以是大师作品，也可以是工艺美术品，亦可以是儿童作品等。教师不妨提供艺术风格多样的欣赏材料，例如绘画，可有水墨画、油画、水彩画、水粉画、版画等；工艺美术品既可以是餐具、文具、玩具等实用工艺品，也可是壁挂、漆器、地毯、剪纸等陈设工艺品。

（二）区角活动中美术教育活动的指导要求

区角活动并非是教师完全不加影响、不加控制的绝对自由天地，只不过，这种影响和控制比较间接、比较隐蔽，主要是通过环境创设、材料投放而实现的。[①]在区角活动中，教师主要通过创设环境，提供具有层次性、动态性、结构性的材料等间接的指导来促进幼儿的发展。

区角活动与集体教学活动相比，没有统一的活动目标与内容，而是将活动目标与内容以活动材料的方式呈现在幼儿面前。教师为幼儿提供丰富的具有表现力的材料，幼儿则自主选择材料，通过与材料的相互作用获得相应的学习经验，以自己独特的方式与速度向教师预设的目标迈进。区角活动不需要具体的活动过程设计，但教师要考虑活动材料可以使幼儿获取的学习经验。因此，在区角活动中，教师的指导通常不是直接言语上的指导，而是一种间接的指导，即将教师的指导隐含在活动材料的设计之中。具体地说，教师在区角活动中的美术教育活动中应遵循下述要求。

① 冯晓霞:《幼儿园课程》，260 页，北京，北京师范大学出版社，2000。

1. 尊重幼儿的需要与兴趣

在区角活动中，教师要尊重幼儿的需要与兴趣，允许每个幼儿按照自己的方式和速度学习与发展。幼儿自由选择并自主发起美术活动，可能是个别活动，也可能是小组活动；可能选择这种美术材料，也可能选择那种美术材料等。教师应尊重幼儿的艺术兴趣，满足幼儿的艺术需求，不要强求幼儿非得按照统一的方式与步调进行艺术学习，或者按照教师自身的想法开展艺术活动。

2. 鼓励幼儿大胆感受与表现

与集体教学活动相比，区角活动更加凸显幼儿的主体性，教师很少直接干预。《幼儿园教育指导纲要（试行）》指出："尊重每个幼儿的想法和创造，肯定和接纳他们独特的审美感受和表现方式，分享他们创造的快乐。"因此，教师不妨鼓励幼儿大胆地感受艺术作品中蕴含的美，通过美术反映自己的生活、表达自己的情感，用自己喜欢的方式进行艺术表现，主动与同伴交流自己的想法等。

3. 创设宽松自由的心理氛围

在区角活动中，教师应创设宽松自由的心理氛围，尽量不要限制幼儿和干预幼儿，更多地扮演观察者、支持者、合作者等角色。只有这样，幼儿才敢于表达自己的情感，践行自己的想法，自由自在地感受、探索、表现与交往。当然，当幼儿在创作中遇到困难的时候，不管是认知冲突还是情感困惑，教师都可以适宜的方式给予幼儿帮助与支持。

本课回顾

在目前的幼儿园美术教育实践中，主要有单独科目的美术教育活动、主题活动中的美术教育活动、方案活动中的美术教育活动及区角活动中的美术教育活动。一般而言，单独科目的美术教育活动，更可能倾向于较高结构化；区角活动与方案活动中的美术教育活动往往呈现无结构化或较低结构化；主题活动中的美术教育活动则处于高结构化与低结构化之间。具有一定结构化程度的幼儿园美术教育活动的设计，大体包括活动名称、活动背景、活动目标、活动准备、活动过程、活动延伸等组成部分。方案活动与区角活动中的美术教育活动强调幼儿的自主性及活动过程中的生成，其设计不一定具有上述组成部分。

单独科目的美术教育活动，是一种典型的学科取向的美术教育活动，主要以美术学科知识技能作为活动设计的依据。在幼儿园美术教育实践中，单独科目的美术教育活动亦存在一些变式。主题活动中的美术教育活动也就是主题课程背景下的美术教育活动，属于混合取向的美术教育活动。因此，主题活动中的美术教育活动在依据幼儿的生活、经验、需要、兴趣等设计活动的同时，也兼顾美术学科本身的内在逻辑性。方案活动中的美术教育活动是一种儿童取向的美术教育活动，主要依据幼儿的生活、经验、需要、兴趣、发展特点等进行活动设计。区角活动中的幼儿美术教育活动属于儿童取向的美术教育活动，主要以儿童的需要与行为为导向，幼儿自由选择、自主发起。

思考与练习

1. 在进行幼儿园美术教育活动设计时，教师应遵循哪些基本原则？

2. 尝试结合实例，阐述幼儿园美术教育活动设计的游戏性原则。

3. 具有一定结构化程度的幼儿园美术教育活动的设计，大体包括哪些组成部分？

4. 主题活动中的美术教育活动设计与单独科目的美术教育活动设计有何不同？

拓展训练

训练一：

运用幼儿园美术教育活动设计的原理，设计一个具有一定结构化程度的幼儿园美术教育活动。具体要求如下。

1. 包括活动名称、活动背景、活动目标、活动准备、活动过程、活动延伸等组成部分。

2. 在活动名称部分写明年龄班（如小班、中班、大班），并针对所选年龄班幼儿的身心发展水平进行活动设计。

训练二：

下面是幼儿园大班美术活动“美丽的马赛克王国”，请根据幼儿园美术教育活动设计的原理进行细致的分析。

幼儿园大班美术活动“美丽的马赛克王国”

活动目标

1. 欣赏各种马赛克作品，能够大胆地表达自己的感受和理解。

2. 乐于动手操作，用剪贴或绘画的方法制作马赛克作品。

活动准备

1. 经验准备：在美工区投放马赛克作品的图片或实物，提醒家长有意识地引导幼儿观察生活中的马赛克作品（如马赛克装饰的外墙、地板、花瓶等），让幼儿建立起对马赛克作品的初步认知。

2. 材料准备：黑色卡纸、白色素描纸、刮画纸、彩色海绵纸若干张、黑色马克笔、水彩笔、水粉笔、刮画笔、铅笔、剪刀、双面胶、PPT、背景音乐《夜曲》(肖邦)。

活动过程

1. 图片导入，并播放背景音乐《夜曲》，展示世界著名建筑家安东尼·高迪的马赛克建筑以及其他马赛克工艺品的图片。

教师：今天我们要一起参观一个美丽的王国，请小朋友们仔细观察这个王国里都有些什么漂亮的东西?

2. 以提问和讨论相结合的方式引导幼儿仔细观察图片，说说这个美丽的王国有什么样的特点。首先从马赛克作品的整体外观上把握其色彩特点，然后再放大图片，仔细观察并说出其形状与结构特点。

教师：进入这个神秘的王国，我们首先看到的是一只奇怪的动物。小朋友们猜猜它是什么呢？仔细看看它的身上有什么特别的地方呢?

其实它是一只彩色的大蜥蜴，它是这个王国的神兽，保护着王国里的每一个人。让我们继续往前走，看看还有什么好玩的东西呢?

接着我们进入到了城市里，小朋友快看前面有一座房子。你们想知道为什么它这么漂亮吗？老师将用放大镜将它放大，小朋友们认真观察就会知道答案了。首先我们来看看它的屋顶，屋顶是用什么做成的呢？再看看它像花衣裳一样的墙壁，上面都有些什么呢?

最后，请小朋友们到房子里面去看看吧！房子里有一个漂亮的（花瓶）和一个彩色的（灯），它们也是用各种碎片来装饰的，但是这些碎片与前面的又有什么不同呢？

3. 教师简单总结或介绍马赛克作品的特点，激发幼儿动手创作的兴趣。

教师：通过小朋友的细心观察，我们发现这个王国里的东西都是用各种不同形状的碎片来拼成的。这些碎片都有些什么形状呢？（圆形、正方形以及不规则图形）除了形状不同，还有什么不同？（颜色）

现在老师要告诉大家这个王国有一个好听的名字，叫作“马赛克王国”。这些漂亮的东西都是一些马赛克作品，它们是用各种不同颜色、不同形状的碎片来装饰的，有的是碎玻璃，有的是碎瓷片。如果将这些碎片镶嵌在房子的表面就会让房子拥有彩色的外表和漂亮的图案，而且它们的颜色也不容易改变，就算过了很多很多年，房屋还是和原来一样的漂亮。小朋友们，如果你们是一个艺术工匠，会想用这些神奇的马赛克来装饰什么东西呢？

相信我们每个小朋友的脑袋里都已经出现了一个美丽的马赛克王国，里面有各种各样五颜六色的东西，就请大家一起动手来建造这个美丽的王国吧！

4. 教师向小朋友介绍各种准备材料，并让幼儿自己选择喜欢的材料。

5. 引导幼儿思考并表达自己将如何运用材料进行创作。

（1）用铅笔在黑色卡纸上画出所要装饰的物体轮廓，如房子、花瓶等，将海绵纸剪成某种形状（规则图形或不规则图形）进行粘贴。

（2）用马克笔在白色素描纸上画出所要装饰的物体轮廓，用水粉笔蘸取不同颜色的颜料，涂抹不同形状的色块进行装饰。

（3）用刮画笔直接在刮画纸上进行绘画。

6. 教师根据幼儿操作的实际情况进行个别指导，同时告诉幼儿不要乱扔乱画，注意保持教室环境卫生。

7. 邀请幼儿与大家分享自己的马赛克作品，并与幼儿一起将作品布置在美工区角里，取名“美丽的马赛克王国”。

活动延伸

1. 在美工区里投放一次性塑料杯或塑料碗等材料，幼儿可继续用海绵纸剪贴的方法制作美丽的马赛克作品。

2. 在结构游戏区里投放各种颜色和形状的塑料片，让幼儿自己进行马赛克拼图游戏。

（邓智丹）

总结与反思

扫一扫，跟随本书作者一起回顾本单元内容，想一想有哪些收获，还存在哪些困惑。

参考文献

1. 边霞：《幼儿园美术教育与活动设计》，北京，高等教育出版社，2009。

2. 边霞：《美润童心——幼儿美术素养养成课程·教师用书·绘画》，长春，吉林出版集团有限责任公司，2011。

3. 冯晓霞：《幼儿园课程》，北京，北京师范大学出版社，2000。

4. 黄瑾：《幼儿园教育活动设计与指导》，上海，华东师范大学出版社，2007。

5. 教育部基础教育司组织编写：《全日制义务教育艺术课程标准解读》，北京，北京师范大学出版社，2002。

6. 楼必生、屠美如：《学前儿童艺术综合教育研究》，北京，北京师范大学出版社，1997。

7. 杨枫：《幼儿园教育环境创设与玩教具制作》，北京，高等教育出版社，2013。

8. 张俊：《幼儿园科学教育》，北京，人民教育出版社，2004。

9. 边霞：《生态式艺术教育——“我们身边的各种爱”单元主题活动》，载《早期教育》，2002（9）。

10. 易晓明：《对综合艺术教育的反思》，载《幼儿教育》，2003（3）。

11. ［美］爱德华兹等著：《儿童的一百种语言》，罗雅芬等译，南京，南京师范大学出版社，2006。

第七单元

实施学前儿童美术教育活动

学习目标

1. 了解学前儿童美术教育活动的实施途径，并领会各种实施途径的特点。

2. 掌握幼儿园美术创作活动以及美术欣赏活动组织实施的基本环节与实施要点。

3. 能够运用幼儿园美术教育活动实施的原理，开展幼儿园美术教育活动。

4. 理解探究式幼儿园美术教育活动的内涵与理念，并将其运用到幼儿园美术教育设计活动与实施之中。

情境导入

在幼儿园美术教育实践中，美术欣赏教育往往较为缺乏。进入21世纪，艺术欣赏在儿童艺术教育中所占比例比以往有所提升。然而，教师在艺术欣赏教育实践中却遭遇了不少困境，也陷入了一些误区，艺术欣赏的相对缺失，为了欣赏而欣赏等问题导致艺术欣赏与表现彼此割裂。因此，在艺术教育实践中经常会遇到如何处理艺术欣赏与创作的关系这一问题。那么，艺术欣赏与艺术创作到底是一种什么关系，教师在美术教育实践中该如何处理二者之间的关系呢？学习完本单元，你就可以找到答案了。

第一课 学前儿童美术教育活动的实施途径

儿童美术是儿童身心发展的需求，也是儿童在成长过程中必要的精神营养之一。因此，学前儿童美术教育的实施途径应趋向多元化，幼儿园、家庭与社会共同组成一种美术教育的合力，共同促进幼儿身心整体和谐发展。

一、幼儿园美术教育

幼儿园美术教育是学前儿童美术教育的主要实施途径。幼儿园美术教育是幼儿教师根据学前儿童身心发展的特点，通过有目的、有计划地开展美术教育活动，促进儿童美术能力与人文素养整合发展的活动过程。幼儿园美术教育活动一般分为正规的美术教育活动与非正规的美术教育活动。

（一）正规的幼儿园美术教育活动

正规的幼儿园美术教育活动，可以通过两种途径进行。第一种途径为通过幼儿园课程中与美术直接相关的美术学科或艺术领域进行；第二种途径为通过幼儿园课程中的其他学科或领域进行，如语言、健康、科学、社会等。

幼儿园美术学科或领域教育活动按照教育内容的不同，可以分为美术创作活动与美术欣赏活动。美术创作活动又可分为绘画活动与手工活动。考虑到学前儿童身心发展的特点以及幼儿园课程的整体性，绘画、手工、美术欣赏等内容之间并非截然分裂，而是整合在一起的。这种幼儿园美术教育活动可以是集体教学，也可以是小组合作，还可以是幼儿自发探索，甚至可以是结合几种教学组织形式。无论哪一种组织形式，往往都会包含各种教育内容。例如，围绕蒙克的作品《呐喊》（图 7–1）而展开的美术教育活动，既包含美术欣赏，也包含美术创作等。

图 7–1 呐喊 蒙克

其他学科或领域中的美术活动，主要是渗透在幼儿园语言、健康、科学、社会、音乐等学科或领域中的美术活动。在音乐教育活动中，幼儿根据听到的音乐，用美术的方式将其对音乐的感受表现出来。例如，在“画”音乐活动中，鼓励幼儿用画画的形式把对音乐的感觉画出来。播放富有动感的音乐，如《小雨沙沙》，让幼儿根据音乐画画，用不同的图形或线条来表现；也可让幼儿用小珠子或硬币等摆成不同的形状来表现体会到的东西。

主题活动中的幼儿园美术教育活动，超越了美术学科与其他学科或领域的界限，着眼于幼儿美术能力与人文素养的整合发展。而且，主题活动中的幼儿园美术教育活动关注幼儿的生活经验，注重与自然、社会的关联，活动目标与内容都较为开放多元。在活动实施过程中，它强调幼儿的体验、探索、交往与表现，注重发展幼儿的个性、创造性，以及终身从事艺术学习的愿望与能力等。

（二）非正规的幼儿园美术教育活动

幼儿园中非正规的美术教育，主要通过幼儿园环境的创设，幼儿在美工区或美工室的活动及教师对幼儿随机进行的美术指导等方式进行。除了幼儿园中的美术教育，家庭和社区中也可以渗透幼儿美术教育。

> **想一想**
>
> 联系幼儿园美术教育实践，举例说明非正规的幼儿园美术教育活动主要有哪些？

1. 幼儿园环境创设活动

《幼儿园教育指导纲要（试行）》明确指出：“环境是重要的教育资源，应通过环境的创设和利用，有效地促进幼儿的发展。”幼儿园是教师与幼儿共同生活的地方，与幼儿的生活密切相关，幼儿毫无疑问拥有参与幼儿园环境创设的权利。因此，在幼儿园环境创设中，幼儿不仅是不可或缺的参与者，而且是环境创设的主人。幼儿参与幼儿园环境的创设，有利于幼儿对环境进行更为深入的探究，更好地与环境进行互动，也有助于幼儿更为自主、自发地参与各种活动。

当然，幼儿在环境创设中的参与，并不仅仅是幼儿美术作品的展示，教师应尊重幼儿身心发展的特点，组织幼儿参与材料收集与准备、环境设计与布置、操作与管理等活动，充分发挥幼儿在环境创设中的主体性。例如，在开展主题活动“多彩的秋天”过程中，教师可以让幼儿参与进来，请幼儿收集各种各样秋天的落叶、种子等自然材料。在布置活动室墙面时，老师画好树干，树叶可以用孩子们的小手印，果实可以用孩子们的绘画作品，剪下来再贴在树上，空中的大雁可以用孩子们的折纸作品等。

2. 美工区和美工室的活动

美工区是幼儿园各班级常设的活动区域之一，旨在为幼儿提供一个自由欣赏与创作的场所，是幼儿园美术教育教学重要的补充形式。美工区可以满足对美术有兴趣的幼儿的需求，进一步培养幼儿的艺术兴趣。美工区材料的投放可以根据幼儿的实际水平，配合美术教育活动内容，做到分层多样且定期更新，以满足不同水平幼儿的需要。教师不妨调动家长与幼儿的积极性，共同收集材料，分门别类地放置，以便于幼儿取放。

美工室是富有艺术情趣与美感的艺术创作室，是专门的美术作品展示空间与艺术鉴赏互动空间。美工室可以是专门活动室，如泥工活动室，也可以是综合活动室，如将美术室分为绘画区、手工区与欣赏区等。美工室不专属于某个班级，专门针对幼儿的艺术发展需要而创设，是各年龄班可以共用的功能室。因此，美工室的开放需全园统筹安排与协调，并请教师进行指导。

美工区与美工室活动，相比于幼儿园美术教学活动而言，更为强调幼儿的自由选择、自我探索、自我发现与自我完善。因此，在美工区与美工室活动中，教师更多的是扮演环境创设者、观察者、倾听者、支持者、记录者等角色。当然，当幼儿遇到困难，需要帮助的时候，教师不妨以合适的方式（如，提供活动材料、以同伴的身份给幼儿以提示等）给予幼儿适当的支持。

3. 生活中随机的美术活动

生活中随机的美术活动主要是幼儿在自由活动时间所从事的美术活动。艺术就在人们的身边，艺术同样就在每一个幼儿的身边。在日常生活中，教师不妨抓住各种机会对幼儿进行随机的美术教育。例如，教师带着孩子们在幼儿园里散步，和他们一起讨论秋天到了树叶的变化。除了大自然的美，教师也可以随机引导孩子们欣赏身边存在的其他各种美，如孩子们穿着的衣服、鞋子等或老师佩戴的发卡、丝巾等。罗丹曾经说过，生活不是缺少美而是缺少发现美的眼睛。生活中随机的美术活动，需要教师拥有一颗敏锐的心，一双善于发现美的眼睛。这样，在日常生活中，教师一旦发现美术教育契机，就能引导幼儿发现美、感受美、欣赏美、表现美，激发幼儿对生活的热爱及对于艺术的喜爱。

二、家庭美术教育

除了幼儿园中非正规的美术教育活动，家庭和社区或其他机构中的学前儿童美术教育也属于非正规的美术教育活动。家庭是幼儿最早接触的环境，父母是幼儿的第一任老师。因此，父母的教育观念与行为对于幼儿的成长与发展发挥着极其重要且无可替代的作用。与幼儿园美术教育相比，家庭美术教育具有随机性、持久性、针对性等特点。

（一）创设优美的家庭生活环境

家庭是幼儿生活与学习的主要场所，因此，家长为孩子创设一个优美的生活环境，使其潜移默化地受到熏陶是非常重要的。有的家庭在墙壁上悬挂一些绘画作品，在柜子上摆放一些精美的工艺美术品，能使孩子在家庭中感受美、欣赏美。家庭居室环境的设计及装饰风格，不仅要考虑成人的审美构思，也要考虑幼儿的审美特点。有条件的家庭不妨为幼儿布置一间儿童室，甚至可以为其创设“涂鸦墙”“艺术角”等。例如，在幼儿的卧室挂上有可爱小动物图案的窗帘，使得幼儿喜爱并爱护小动物。经常给幼儿更换床单，炎热的夏天用冷色调的床单，寒冷的冬天用暖色调的床单,并且与孩子交流感受（冬天暖色调的床上用品使人感觉温暖，夏天冷色调的床上用品使人感觉清凉）。在生活细节中，幼儿体验到了冷暖色调给人的感觉，也学到了色彩的知识。

（二）开展有趣的亲子美术活动

虽说儿童与生俱来就拥有欣赏美与表现美的潜能，但是如果家长不创设“亲艺术”的家庭环境，不注重在日常生活中去激发与促进，那么儿童的艺术潜能就不能充分发挥。在创设优美的家庭生活环境的同时，家长也可以尝试和孩子开展有趣的亲子美术活动，让幼儿初步感知美术的基本要素，如线条、色彩、造型等。例如，家长可以和孩子一起玩颜色，用红、黄、蓝三原色中的两种颜色进行配色，观察两种颜色混合后所发生的变化。又如，在新年到来之际，家长和孩子共同制作各种各样的贺卡，将真诚的祝福送给亲人、老师、朋友等。

（三）一起欣赏各种美的事物

大自然与社会是活教材，存在着各种各样美的事物与现象，“天地有大美而不言”。大自然无时无处不蕴含着美，日月星空、花草树木、高山流水、虫鸣鸟叫等，都包含着艺术教育内容。因此，成人不妨带着孩子走进大自然，去寻找和发现美，感受和欣赏美，表现和创造美。如果条件允许的话，成人和孩子一起到农村、森林、河畔、海滩、野外郊游。例如，成人可以带幼儿去农村体验乡村生活，感受泥土的芳香；带幼儿去森林呼吸清新的空气，感受森林的浓郁深邃；带幼儿去海滩感受脚丫踩在沙滩上的惬意，欣赏大海的无边无际等。儿童在与大自然的交流中，潜移默化地获得美的陶冶，自然而然地接受艺术教育。除了大自然，成人还可以引导幼儿欣赏城市的各种人文景观，如雕塑、建筑等。

三、社会美术教育

社会美术教育是除了幼儿园、家庭之外的社会机构与场所为儿童所提供的早期美术教育。例如，美术馆、博物馆等，电视、电影以及各种社会办学形式中的美术教育等都属于社会美术教育。社会美术教育是幼儿园美术教育的补充与延伸。由于教师、场地、时间、设备、材料、资料等的局限，幼儿园美术教育并不能满足所有家长与儿童的需求。社会美术教育不受教材、时间等的限制，并拥有丰富的设备、材料，在某种程度上可以使儿童在美术领域的探索更加丰富与深入。

（一）美术馆、博物馆美术教育

进入 21 世纪，艺术与生活的联系越来越紧密，艺术已然成为人们生活中的一个不可缺少的组成部分。社区里有着丰富的艺术教育资源，成人不妨积极发掘社区内可资利用的课程资源，服务于幼儿美术教育。我国的美术馆、博物馆从最初只为少数人提供服务开始转向以全体大众为服务对象，开展各种艺术普及教育活动，而且常与幼儿园合作开展多种形式的美术教育活动。

与幼儿园相比，博物馆、美术馆具有场地宽敞、材料丰富、时间充裕、指导人员专业性强等特点，有助于提高儿童的美术兴趣，开阔儿童的视野。在博物馆、美术馆中，儿童可以自由自在地欣赏与感受、想象与思考，易于与环境融为一体。儿童在轻松愉悦的氛围中感受艺术、理解艺术并爱上艺术，从指导人员的引导到自主发现、欣赏，积极参与艺术表现与创作活动。博物馆、美术馆等不以营利为目的，重视对儿童所担负的社会责任。因此，成人可以带幼儿到博物馆、美术馆、画廊、图书馆、展览馆等公共艺术机构去参观，增加幼儿对艺术、文化等方面的感性认识。

（二）社会办学形式中的美术教育

与幼儿园常规的艺术教育教学相比，以往多种社会办学形式中的美术教育，如各种美术兴趣班、特长班等往往较为偏重儿童美术知识技能的传授，忽视儿童的艺术兴趣、审美体验与独特个性。因此，儿童的美术作品往往较为程式化，失去儿童美术应有的清新、灵动与稚拙美。近年来，美术教育开始关注儿童的美术能力与人文素养的整合发展，打破以往偏重美术知识技能传授的桎梏，逐渐注重儿童的情感、态度、价值观的发展。社会办学形式中的美术教育，也开始注重培养儿童的个性与创造性，关注儿童的艺术兴趣，融合欣赏与表现活动等。此外，社区也会举办一些文娱晚会或庆典活动，成人也可以带幼儿参与，让幼儿更加自信地表现自己，知道自己是社区的一员，同时也可以欣赏社区其他成员的精彩节目。

学前儿童美术教育的社会机构和设施、场所，能够使儿童获得亲近美术和了解美术的机会和权利，能够给儿童提供学习美术的帮助，也能更科学、更合理地利用各种社会资源来培养儿童的美术素养。[①]

延伸阅读

让宝宝尽情涂画吧[②]

★给宝宝创设“涂鸦”空间

爸爸妈妈不妨为宝宝开辟一块属于他的“地盘”，在这块空间，可以任他“乱涂乱画”。还要明确告诉宝宝，除此之外的地方，如果乱涂乱画，就会受到惩罚，画得再好也不能得到表扬。这样既避免了宝宝到处乱画带来的麻烦，也满足了宝宝身心发展的需求。

涂鸦空间之一：涂鸦墙

爸爸妈妈发现自家宝宝喜欢在墙上、桌上等地方乱涂乱画之后，千万不要拒绝宝宝这种兴趣的发挥。这时，爸爸妈妈最好及时给出鼓励，并作出引导。比如，开辟出一片墙壁，让宝宝知道有固定的地方可以让他们涂涂画画。这样不仅对整体的家居布置是一种点缀，宝宝天马行空的创意涂鸦还会令房间“增色”不少。涂鸦墙可以用来专门记录宝宝的天马行空。其实，留出的并不是一整面墙，而只是一个墙裙，为了照顾宝宝的身高，只需要留出一米高的白墙，至于上面的一部分，也是属于宝宝的，可以贴上宝宝在白纸上的各种涂鸦和手工作品。

涂鸦空间之二：涂鸦板

爸爸妈妈可以为宝宝准备一块涂鸦板，最好放在固定的地方，因为这样可以让宝宝知道他有自己涂涂画画的地方，就不会再乱画了。如果是固定的涂鸦板，

---

① 林琳、朱家雄：《学前儿童美术教育》，132 页，上海，华东师范大学出版社，2006。

② 王任梅：《让宝宝尽情涂画吧》，载《启蒙（0–3）》，2010（2）。

最好尺寸能够大一点，方便宝宝想要多一点涂涂画画的小心思。

★和宝宝一起涂鸦

涂鸦既然是一种游戏，爸爸妈妈不妨和宝宝一起来参与，即便你也两手脏兮兮，又有什么关系。爸爸妈妈可以与宝宝共同创作一幅作品，爸爸妈妈画比较复杂的，宝宝画简单一点的，宝宝涂鸦的热情肯定会高涨。同时，爸爸妈妈也体验到了涂鸦的乐趣，并且增加了亲子之间的情感。

另外，爸爸妈妈可以常常赞美你的宝宝，这样可以激发他更多的创意，当然赞赏应该是具体的、适时的、有针对性的。

★让宝宝感受大自然的惊喜

大自然是最美的。爸爸妈妈可以带宝宝去体验和感受大自然中的涂鸦，这对于宝宝来说别有一番滋味。条件允许的话，可以去海边沙滩上，用手指、手掌、小脚丫来一场自由自在的涂鸦游戏。冬天在雪地上用手指、手掌、小脚印压，或者用树枝画，或者用洒水壶在雪地上洒出一些线条和图案等，这一切都会让宝宝感觉其乐无穷。

★适时给予积极引导

爸爸妈妈应重视和鼓励宝宝的涂鸦，为他们的涂鸦提供并创设一定的条件并加以引导，而不是把他们的涂鸦视为毫无意义的乱涂乱画而加以阻止，从而减弱了他们涂鸦的兴趣，剥夺了他们涂鸦的乐趣。爸爸妈妈可以用游戏的形式和宝宝一起画点、画线、画圆圈等。例如，和宝宝一起观察雨线和雨点，让他根据雨线、雨点画线条和点。在宝宝看毛线团时，教宝宝顺着一个方向画螺旋线等。又如，当宝宝画圆圈时，爸爸妈妈可以提示好多漂亮的泡泡啊。这样，有助于宝宝想象力和创造力的发展。

注：

宝宝的涂鸦是宝宝成长过程的一个真实的写照，把宝宝的"作品"保存起来，也是一种纪念。若无法保存的"作品"，记得用相机来记录。

本课回顾

学前儿童美术教育的实施途径包括幼儿园美术教育、家庭美术教育与社会美术教育。幼儿园、家庭与社会美术教育组成一种美术教育的合力，共同促进幼儿身心整体和谐发展。其中，幼儿园美术教育是学前儿童美术教育的主要实施途径，一般分为正规的美术教育活动与非正规的美术教育活动。正规的幼儿园美术教育活动，可以通过两种途径进行，第一种途径为通过幼儿园课程中与美术直接相关的美术学科或艺术领域进行；第二种途径为通过幼儿园课程中的其他学科或领域进行，如语言、健康、科学、社会等。幼儿园中非正规的美术教育，主要通过幼儿园环境的创设，幼儿在美工区或美工室的活动及教师对幼儿随机进行的美术指导等方式进行。

除了幼儿园中非正规的美术教育活动，家庭和社区或其他机构中的学前儿童美术教育也属于非正规的美术教育活动。与幼儿园美术教育相比，家庭美术教育具有随机性、持久性、针对性等特点。在家庭生活中，家长不妨为幼儿创设优美的家庭生活环境，开展有趣的亲子美术活动，与幼儿一起欣赏各种美的事物等。

社会美术教育作为幼儿园美术教育的补充与延伸，是除了幼儿园、家庭之外的社会机构与场所为儿童所提供的早期美术教育。例如，美术馆、博物馆等，电视、电影以及各种社会办学形式中的美术教育等都属于社会美术教育。社会美术教育不受教材、时间等的限制，拥有丰富的设备、材料，在某种程度上可以使儿童在美术领域的探索更加丰富与深入。

第二课　幼儿园美术教育活动的组织实施

幼儿园美术教育活动依据教学内容一般分为美术创作活动与美术欣赏活动。其实，在幼儿园教育教学实践中，绘画、手工、美术欣赏等活动并非毫无关联，而是相互渗透、相互融合的。在此，为了教学的需要，姑且分开论述美术创作活动与美术欣赏活动的组织实施。

实践指导

扫码学习如何组织与实施幼儿园美术创作活动。

一、幼儿园美术创作活动的组织实施

幼儿园美术创作活动是幼儿园美术教育的基本活动，是幼儿利用各种美术工具与材料，对内在表象进行加工和改造，转化为可视的静态视觉形象的过程。美术

创作活动通常包括绘画活动与手工活动，美术欣赏活动中也时常会伴随各种创作活动。

（一）幼儿园美术创作活动组织实施的基本环节

一个具有一定结构化的幼儿园美术创作活动一般包括感知与欣赏、探索与发现、表现与创作、欣赏与评价四个基本环节。[①]上述四个环节是一个完整的幼儿园美术创作活动的一种较为典型的组织实施过程。实际上，在幼儿园美术教育教学实践中，教师需要根据幼儿已有的知识经验、身心发展特点、具体的活动内容及师幼互动的动态演变过程，进行灵活多样的设计与实施。

第一环节：感知与欣赏

在幼儿园美术创作活动中，教师首先应引导幼儿感知与欣赏生活与艺术中的各种美。感知与欣赏就是幼儿对大自然、社会生活中各种美的事物以及艺术作品的感受与体验，并扩展相关经验，积累艺术语言的过程。幼儿感知与欣赏的对象多种多样，可以是大自然中各种美的事物，也可以是社会生活中美的事物；可以是适合幼儿欣赏的大师作品，也可以是优秀的幼儿作品；可以是美术作品，也可以是相应的音乐、文学作品等。

感知与欣赏环节主要是帮助幼儿通过仔细观察，丰富相关表象经验，从而将其中蕴含的艺术语言与符号吸收内化到自己的头脑之中，甚至迁移到自己的创作活动之中。因此，在这一环节，教师引导幼儿通过多感官参与的方法去感受与体验生活与艺术中的美，既有视觉、听觉参与，又有动作、语言等参与；不仅在教室中，而且可以走出教室、走进自然、走进社会；不仅在座位上，还可以自发地离开座位唱起来、跳起来等。

在这一环节，教师需要注意以下几点。首先，感知与欣赏是幼儿自己的感受与体验，教师千万不能用自己的感受代替幼儿的感受。因此，教师需要创设一个宽松自由的艺术教育氛围，使得置身于其中的幼儿能够尽情地运用多种感官感受，大胆通过多种方式表达自己的感受。其次，提供给幼儿的艺术作品要兼顾典型性与多样性。具有典型性的作品有利于幼儿掌握事物的基本结构，提供多样性的作品，有利于开阔幼儿的眼界，发展幼儿的想象力与创造力。最后，提供给幼儿欣赏的作品与主题要对应。例如，在绘画活动“柳树姑娘”中，教师可以让幼儿看柳树

---

① 边霞：《幼儿园美术教育与活动设计》，195～199页，北京，高等教育出版社，2009。

图片，听歌曲《柳树姑娘》等感受柳树的柔美，进而鼓励幼儿用动作表现柳树随风摆动的姿态。

第二环节：探索与发现

对于生活与艺术中的美进行初步感知与欣赏之后，教师可以引导幼儿探索美术教育活动中遇到的问题。探索与发现环节主要是探究各种美术工具材料的性质和使用方法以及各种美术表现手法。在这一环节中，幼儿通过探索与尝试，自主发现问题、分析问题、解决问题，加深了对各种工具材料的认识，掌握了各种美术表现手法，而且还增强了自主探究的意识与能力。探索与发现阶段是幼儿初步尝试接触美术工具材料，激发创作意图与愿望，是将其意图逐渐明朗与实现的过程。

在探索与发现环节，教师需要注意以下几点。首先，教师为幼儿提供接触与使用美术工具材料的机会。在以往的幼儿园美术教育活动中，教师往往是通过示范、讲解、演示等方法将美术知识技能灌输给幼儿。因此，在幼儿园教育教学实践中，常常会产生这样一种现象，老师教了的孩子们会画（或做），老师没教的孩子们不会画（或做）。因此，教师需要改变教育观念与行为，保护幼儿的探究欲望，鼓励幼儿主动探索各种工具材料的特性及各种美术表现手法。例如，在小班手工活动“兔妈妈的生日礼物”中，老师没有直接告诉孩子制作花儿的方法，而是将问题抛给了幼儿：“怎样帮小兔做一束漂亮的花儿送给妈妈？”教师提出问题后，给予幼儿尝试探索的机会，有的幼儿用“揉一揉”，有的幼儿用“搓一搓”，有的幼儿用“团一团”等方法将皱纹纸做成小花。其次，在探索与发现环节，教师并非无所事事。在幼儿自主探索、自我发现的过程中，教师应深入、细致地观察、记录，发现幼儿创作中存在的共性与个性问题，并给予适宜的指导，提升并拓展幼儿的经验。最后，并非所有的美术创作活动都适合幼儿自我探索与发现。例如，一些比较复杂的作画方式（如吹塑纸版画、彩墨画等）以及手工的很多技法，如果幼儿从未接触过，单靠他们的探索与尝试是很难出效果的。因此，对于这样一些表现手法，教师不妨直接演示，帮助幼儿掌握操作方法，从而获得成就感与自信心。

第三环节：表现与创作

儿童美术是幼儿认识世界和把握世界、反映现实生活、表达思想情感的一种方式。在感受与欣赏艺术作品、认识工具材料特性、使用方法及掌握艺术表现手法的基础上，幼儿尝试通过艺术表现与创作环节，将其自身的经验、情感、想法等用艺术的形式表达出来。小班幼儿在进行艺术表现与创作时，往往没有明确的目的。随着年龄的增长，幼儿的目的性增强，教师也会引导幼儿进行艺术构思。然而，尽管幼儿有初步的艺术构思，但其艺术表现与创作过程并非一成不变地忠实于艺术构思，而是一个不断建构与生成的过程。然后，幼儿进入创作阶段，运用各种美术工具材料将先前的艺术构思转化为可视的视觉形象。

在表现与创作环节，教师需要注意以下几点。首先，在创作之前教师需交代清楚创作要求。这样，幼儿可以了解创作时要注意的事项，并明确表现与创作的主题以及美术工具材料的使用方法。例如，在大班美术活动“小书签，飘书香”中，教师引导幼儿构思：“你想不想也为自己设计一张与众不同的小书签？你想用什么材料呢？你会怎样制作呢？”其次，在幼儿表现与创作过程中，教师不要随意打断幼儿的思维。当幼儿专心致志地进行创作，没有遇到困难时，教师可以不干预，不妨做一个观察者或研究者。最后，教师应创设宽松自由的创作氛围，鼓励幼儿大胆表现。当幼儿的表现与创作和教师的想法不太符合时，教师不能以成人的标准从成人的视角来要求幼儿，而应尊重幼儿自己的创意。

第四环节：欣赏与评价

欣赏与评价是表现与创作之后，幼儿对自己与同伴的作品进行欣赏与评价的过程。在以往的幼儿园美术教育活动中，评价主体、评价内容、评价标准等都较为单一。例如，评价的主体是教师，往往是教师评价儿童作品，幼儿鲜有评价的机会。我们认为，在幼儿园美术教育活动中，欣赏与评价的主体应是幼儿，应以幼儿的自我介绍以及幼儿之间的相互欣赏为主，充分发挥幼儿的主体性，鼓励幼儿大胆地表达自己的想法，并相互交流与分享。

在欣赏与评价环节，教师需要注意以下几点。首先，幼儿介绍、同伴欣赏、教师引导相结合。幼儿介绍可以促使幼儿反思自己的表现与创作，同伴欣赏可以帮助幼儿去除自我中心，从他人的角度看问题，学会关注他人、欣赏他人，强调幼儿主体，并不意味教师的引导不重要。教师引导有利于幼儿评价朝着科学的方向发展，从而不断提升幼儿的评价能力。其次，作品评价、过程评价相结合。以往有的教师较为偏重儿童艺术学习活动的结果，忽视儿童艺术表现与创作的过程。其实，评价幼儿的艺术作品能使幼儿体验成就感并树立自信心；评价幼儿的表现与创作过程则有利于幼儿的可持续发展。因此，在幼儿园教育教学实践中，教师应融合作品评价与过程评价，既关注幼儿的艺术作品，也关注幼儿在活动过程中的独立性、主动性和专注程度等。就艺术作品评价而言，以往有些教师从成人的视角来看儿童作品（如像不像，涂色是否均匀，比例是否合适等），忽视学前儿童美术能力的发展特点。在评价儿童艺术作品时，应考虑儿童美术的特点，只要灵动稚拙，具有一定的表现力，反映了幼儿的生活，表达了幼儿的思想情感就是优秀的儿童美术。最后，美术能力与人文素养相结合。除了艺术表现能力与艺术创造能力之外，教师还要关注儿童的行为习惯（如收拾整理的习惯）及个性品质的发展。

（二）幼儿园美术创作活动案例及分析

案例

大班美术活动“春天的线”

活动背景

正值初春，季节的交替让大自然悄悄地发生着变化，焕发出勃勃生机。树上新芽吐露，花儿含苞欲放；林间星星点点的野花与刚刚探头的小草相映成趣；池塘里野鸭自由徜徉，碧波荡漾……而此时，大班幼儿也刚刚进入“春”的主题。选择吴冠中的系列作品《春如线》给幼儿欣赏，基于以下几点思考。首先，作品的主题鲜明，淋漓尽致地勾勒了早春的意境，在时机上契合了主题的进程；其次，作品的表现手法生动有趣，点与线的美妙结合不仅是大师对早春清新之美的独特解读，也是最富有形式感和丰富内涵的欣赏载体，适合大班幼儿欣赏与借鉴；最后，在同类主题的不同年龄阶段，继小班欣赏《花草地》和中班欣赏《开花的树》后，引导大班幼儿欣赏《春如线》，也是对大师作品的进一步深入感受。

活动目标

1. 欣赏吴冠中《春如线》系列作品，感受作品中线的变化与活力，以及点与线巧妙结合的独特表现手法，体验作品所传达的早春意境。

2. 探索用线状材料或管状颜料等适宜的材料，运用点线结合的手法表现早春美景。

3. 乐意尝试新材料，体验游戏作画的乐趣。

活动准备

1. 经验准备：

（1）结合散步等活动，教师引导幼儿在周围的自然环境中寻找和观察各种春天的线（如迎春花枝、柳条、爬墙虎、风筝等）。

（2）鼓励幼儿利用周末和爸爸妈妈去大自然踏青，寻找、捕捉大自然早春里的各种美妙的线，并将相关照片带到班级进行交流。

（3）幼儿已掌握了挤压式颜料罐的使用技巧，部分幼儿有过水墨画的经验。

2. 物质准备

（1）环境创设：将幼儿捕捉的“春天的线”艺术化地展示在活动室一角。

（2）教具：将师幼共同收集的“春天的线”的摄影图片加以筛选，制作成PPT“发现春天的线”；选择吴冠中《春如线》系列作品制作成PPT（见附图）；配以背景音乐《春野》等。

（3）学具：师幼共同收集生活中各种粗细、形态不同的线状材料（如毛线、电线、草绳、柳条等）及挤压式颜料，调好稀稠不同的粉红、粉绿、黄、黑色水粉（墨）颜料等，尺寸不一的铅画纸、宣纸、抹布、水粉（毛）笔等。

活动过程

1. 交流和分享在大自然中捕捉到的各种春天的线。

（1）引导幼儿结合散步或郊游，回忆、交流自己的发现。

教师：春天到了，你在踏青或散步的时候，找到了哪些春天的线？它们是怎样的形态？

（2）教师结合幼儿描述，补充播放PPT“发现春天的线”，丰富幼儿对春天的认识。

（3）边引导幼儿欣赏边简单小结各种线条的形态特点。

2. 欣赏吴冠中作品《春如线》。

（1）简单介绍画家吴冠中，导入欣赏主题。

教师：有一位大画家吴冠中也发现了许多春天的线，并把它们画了出来。让我们一起来欣赏吧！

（2）欣赏第一组作品（图7-2至图7-4），初步感受线的不同形态。

教师：在这些画中，你看到了怎样的线？这些线有什么不同？画面上除了线，还有什么？这些点和线组成的画面让你想到了什么？

（3）欣赏图 7–5，感受线的粗细变化与力度。

教师：这幅画中的线是怎样的？线与线之间有什么不同？怎样变化的？这些粗细不同的线给你的感觉是怎样的？你觉得这幅作品表现了怎样的春天美景？

（4）欣赏图 7–6，感受线的自由交错与速度。

教师：这幅作品中的线和前面那些作品中的线有什么不同？给你什么样的感觉？你觉得画家是在什么情况下创作了这样的画？

（5）引导幼儿在背景音乐中，整体回顾吴冠中的系列作品。

3. 选择合适的材料，表现春天的线。

（1）介绍各组材料，引导幼儿构思自己的创作主题及材料的选择，并与同伴轻轻交流。

教师：你愿意把你看到的（或感受到的）春天里美丽的线画出来吗？它们是什么样的？你想用哪些材料创作？画面中，除了各种美丽的线，还会有什么？怎么表现？

（2）幼儿选择合适的工具材料，进行创作；播放背景音乐。

指导重点：引导幼儿注意画面整体的布局；鼓励线状材料组的幼儿，积极探索各种作画的动作（如弹、拍、压等），大胆表现。

4. 欣赏和评价各自的作品与创作感受。

（1）展示幼儿作品，师幼整体欣赏所有作品。

（2）鼓励幼儿向大家介绍自己的作品，并为作品取名。

活动延伸

1. 用藤蔓、线绳装饰作品展示区，营造自然生态的春天意境。

2. 继续引导幼儿观察大自然季节的变化，感受环境中各种动植物的生长过程。

3. 在美工区继续探索其他表现形式并创作春天的线。

附：

图 7–2

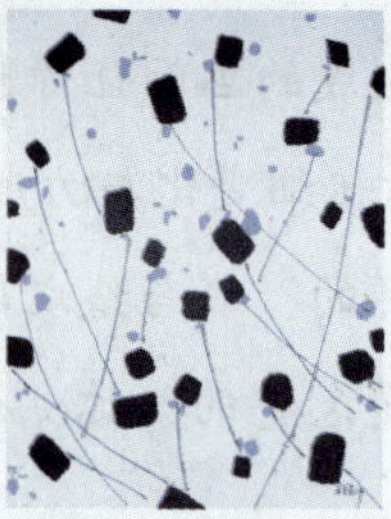

图 7–3

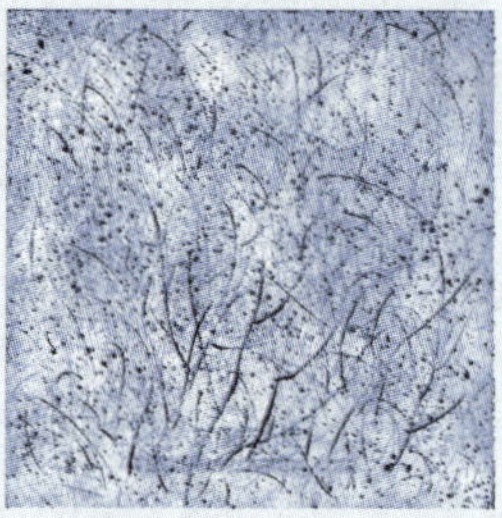

图 7–4

图 7–5

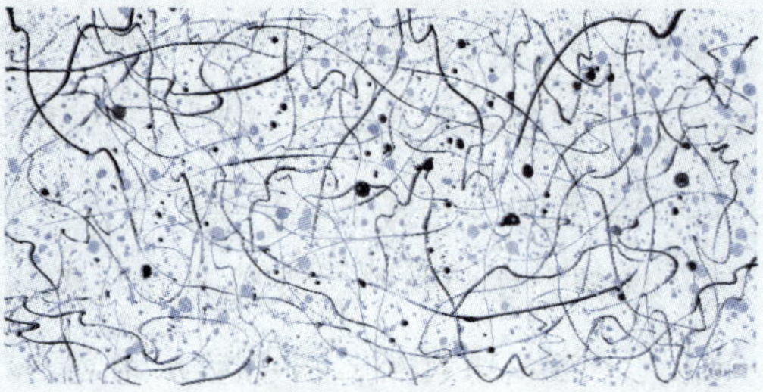

图 7–6

活动实施与分析

教师：清明节老师给大家布置了一个任务。

幼儿：去大自然踏青。

幼儿：寻找春天的线条。

教师：你们找到了哪些美丽的线条？

幼儿：油菜花、鸭子、杨柳枝……

教师：老师也去找了美丽的线条，我们一起来欣赏春天的线。（逐一播放 PPT“发现春天的线”）

幼儿：杨柳。

幼儿：菜花。长长短短的线，星星点点的花。

幼儿：鸭子。水暖和了，鸭子想游泳，留下了螺旋线，荡到远方。

幼儿：小金鱼。圆圆的线，像个旋涡。

幼儿：田野。弯弯曲曲的线。

幼儿：柳树。细细长长的、软软的线。

幼儿：桃树。粗粗的、硬硬的线。

教师：各种各样的线把春天打扮得很美。

（教师从让幼儿去大自然中寻找春天的线条入手，在活动刚开始时，调动幼儿已有的生活经验，并且通过欣赏 PPT“发现春天的线”，加深幼儿对春天里各种各样美丽的线条的感受和体验。）

教师：有一个大画家吴冠中也找到了美丽的线。（出示图 7–2）

幼儿：哇！很美。

教师：哪里美？

幼儿：颜色很丰富，五颜六色的树叶。

幼儿：黑色的线条，灰色的线条。

教师：为什么有的是黑色，有的是灰色？

幼儿：丰富。

幼儿：用墨。

教师：这条线用的是什么墨？

幼儿：深墨。

教师：怎样使深墨变浅墨？

幼儿：加水。

（教师一出示作品，幼儿就发出惊叹声，被画面深深地吸引住了，而且表现出良好的艺术直觉，对色彩、线条、用墨等形式要素非常敏感。教师顺应儿童的表现与需求，自然而然渗透用墨的技能技巧，为之后儿童的表现与创作奠定了基础。）

教师：让你想到了什么？（出示图 7–3）

幼儿：让我想到了风筝。

幼儿：我觉得像帆船。

幼儿：像蒲公英的种子漫天飞舞。

幼儿：枝条。

教师：很整齐地排列还是？给你什么感觉？

幼儿：交叉、乱。

幼儿：丰富。

幼儿：虫子一会儿飞过来一会儿飞过去。

教师：这幅呢？（出示图 7–4）

幼儿：死亡。

教师：为什么想到死亡？

幼儿：冷色。

幼儿：灰色。

教师：表现了春天里的什么？

幼儿：柳树。

幼儿：大树的枝条。有的藏起来，有的露出来。

教师出示图 7–5。

幼儿：哇！

教师：为什么？

幼儿：这树是侧过来的、横过来的。

幼儿：从下往上看。

幼儿：很像紫藤。

教师：树枝有什么变化？

幼儿：一边粗，一边细，由粗到细。

教师出示图 7–6。

幼儿：这个用嘴吹的。

幼儿：全都是细的，更多、更乱。

教师：线好像在干什么？

幼儿：好像小朋友在春天里走迷宫。

幼儿：好像线条在跳舞。

教师：用什么音乐跳舞？是慢慢的音乐还是快乐的音乐？

幼儿：快乐的音乐。

教师播放好听的背景音乐（如《春野》《嬉戏曲》等），请小朋友们选个舒服的姿势，一起来欣赏吴冠中的其他作品（图 7–7）。

（在欣赏过程中，幼儿同样表现出丰富的想象力和创造力，如“像蒲公英的种子漫天飞舞”“小朋友在春天里走迷宫”“线条在跳舞”等，而且他们也能将绘画作品与合适的音乐进行匹配，表现出较强的艺术通感能力。）

在创作阶段，教师为幼儿准备了生活中各种粗细、形态不同的线状材料，

图 7–7　活动场景

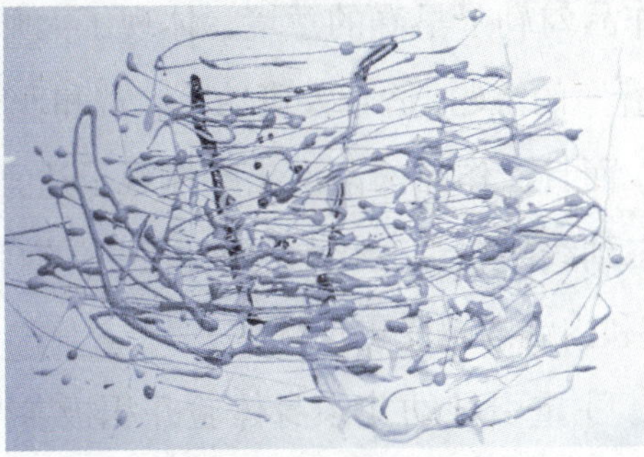

图 7–8　幼儿作品

图 7–9　作品展示

挤压式颜料罐和粗细不同的毛笔等三组材料，小朋友也自愿地分成三组分别操作。创作之前，教师先介绍了三组材料，而且请小朋友想一想“想画什么线”“画面上的线有什么变化，怎么安排”等。然后，小朋友们充分利用各种材料自由地表现与创作（图 7–8）。

完成作品后，小朋友共同欣赏与评价作品。教师问幼儿：“你最喜欢哪一幅作品？”“为什么？”然后请小朋友介绍自己的作品：“有哪些美丽的线条？”“感觉怎么样？”

最后是作品展示环节（图 7–9），教师用藤蔓和草绳等自然物装饰展板，试图营造富有艺术化和自然情调的环境氛围，衬托幼儿的作品主题，潜移默化地提升幼儿的审美情趣。

评析

大班美术活动“春天的线”属于主题活动中的美术教育活动。该活动从家长带领孩子走进大自然寻找春天的线条入手，然后孩子、家长和教师一起收集照片、材料等。整个活动过程从回忆、分享并欣赏大自然中各种各样美丽的线条开始，激发孩子的已有生活经验，然后共同欣赏和感受吴冠中《春如线》系列作品。在充分感知与体验的基础上，孩子们进行自由表现与创作，他们创造出来的作品灵动自由，具有表现力和独创性，富有节奏感和韵律感。欣赏与评价环节，师幼共同欣赏作品，进一步丰富并提升了幼儿的经验和体验。

该活动的设计与实施体现了以下几个方面的特点。

作品的选择富有美感，切合活动主题，同时也很适合大班幼儿欣赏。线是吴冠中作品中最富有形式感的核心要素之一，线的张力及点线结合使得其作品具有一种独特的美感。吴冠中《春如线》系列作品勾勒了早春的意境，体现了大师对早春清新之美的独到感受，正好契合大班“春”的主题，适合大班幼儿欣赏和理解，可以使得他们已有的审美经验进一步丰富。而且，作品的渐次出现体现了适宜的层次性和递进性，从初步感受线的不同形态到线的粗细变化与力度再到线的自由交错与速度，使得幼儿对吴冠中作品的形式和内涵的感受更加深入。

活动内容和设计关注幼儿的生活经验，注重引导幼儿亲身体验并积极参与。活动内容源于儿童的生活，整个活动设计从幼儿去大自然中寻觅各种各样美丽的线条开始，如草地上的线、池塘里的线、田野上的线、天空里的线等。而且，幼儿参与收集生活中各种粗细、形态不同的线状材料，如毛线、电线、草绳、柳条等。另外，整个活动过程教师注重调动幼儿已有的生活经验，引导幼儿亲身体验大自然中的线及作品中各具特色的线，启发幼儿自由选择各种材料富有个性与创造性地表达。总而言之，在选材、材料的收集及整个活动过程中，教师都能关注儿童的生活经验，并主动参与及亲身体验。

同时，提供的操作材料丰富多样，富有表现力。教师为幼儿提供了三组材料。第一组为生活中各种粗细、形态不同的线状材料；第二组为挤压式颜料罐；第三组为粗细不同的毛笔等。在表现与创作环节，幼儿可以自由选择各种材料表达自己的感受与体验。丰富且具有表现力的材料为幼儿的创作提供了最佳的物质基础，在某种程度上有利于幼儿富有个性及创造性的表达。

最后，背景音乐的选择与活动主题及画面内容非常契合。背景音乐《春野》《嬉戏曲》等与活动主题“春天的线”及画面所勾勒的早春意境很贴近，创设了一种清新宜人、春意盎然的氛围，可以激发幼儿与生俱来的艺术直觉与艺术通感，既有利于幼儿主动进入情境，又有利于幼儿更好地感受与体验作品的形式美和内容美。

（该活动由郑梅设计并执教，王任梅整理并分析）

二、幼儿园美术欣赏活动的组织实施

在以往的幼儿园美术教育中，美术欣赏是幼儿教师较难驾驭的教育内容，因此美术欣赏活动往往较为缺乏。当代艺术的发展正呈现出与生活的联系日益紧密的态势，艺术与非艺术之间的界限正变得越来越模糊，在儿童未来的生活中，接触和谈论艺术将是不可避免的事情……从这个意义上说，比之艺术制作能力和艺术表演能力，理解和欣赏艺术的能力对儿童将来的发展是更重要的，至少在儿童应具有的艺术素质结构中它不应是被忽略的一块。[①]因此，美术欣赏是幼儿美术教育的重要组成部分之一。而且，艺术欣赏与艺术创作往往相互渗透，彼此促进。考虑到儿童的身心发展特点，欣赏活动与创作活动可以结合起来，做到有静有动，动静结合，欣赏与创作相互支持，相得益彰。

实践指导

扫码学习如何组织与实施幼儿园美术欣赏活动。

（一）幼儿园美术欣赏活动组织实施的基本环节

一个具有一定结构化的幼儿园美术欣赏和创作活动一般包括整体感受、形式分析、再次整体感受、心理回忆与构思、创作与表现等五个环节。[②]上述五个环节是一个完整的幼儿园美术欣赏活动的一种较为典型的组织实施过程。实际上，在幼儿园美术教育教学实践中，教师需要根据幼儿的已有知识经验、身心发展特点，

互动平台

如果让你设计并实施一个大班幼儿园美术欣赏活动，你会如何设计与实施呢？

① 屠美如：《儿童美术欣赏教育研究》，26～27页，北京，教育科学出版社，2001。

② 边霞：《幼儿园美术教育与活动设计》，209～213页，北京，高等教育出版社，2009。

具体的欣赏内容及师幼互动的动态演变过程，进行灵活多样的设计与实施。

第一环节：整体感受

在美术欣赏活动中，幼儿可以获得丰富的心理感受，将认知对象变成情感体验对象。当美术作品呈现在幼儿面前时，幼儿对其进行初步整体感受。初步整体感受是幼儿进入美术欣赏的第一步，这种感觉较为宽泛，较为初浅，但却将幼儿带进了神奇的艺术世界。在整体感受环节，教师主要引导幼儿对艺术作品进行整体感受，自由大胆地谈论自己对作品的第一印象或感觉。教师应给予幼儿充足的欣赏时间，鼓励他们用语言表达自己的真实感受。例如，在大班美术欣赏活动《格尔尼卡》中，教师刚出示《格尔尼卡》，很多儿童就同时喊出："啊！"有的幼儿说："牛魔王！"有的幼儿说："它不是彩色的，都是白色、银色和黑色，不好看。"……这是孩子们对作品的第一印象，是他们最本真、最原初的直觉体验，是他们产生审美愉悦的重要源泉。可见，在对作品进行初步感受时，儿童敏锐的审美直觉能力就充分展现出来。

在初次整体感受环节，教师需要注意以下几点。首先，在美术欣赏活动中，教师要丰富幼儿的生活经验。欣赏吴冠中《春如线》系列作品，教师先和幼儿回忆、分享并欣赏大自然中各种各样美丽的线条，激发孩子已有的生活经验。其次，选择的作品要符合幼儿的身心发展特点，适合幼儿的欣赏水平。例如，欣赏《青花瓷》时，对于图片的选择就要考虑到器形、花纹、图案等因素。最后，教师要营造一种审美情境，正确对待幼儿对作品的表达。教师需要创造和作品情感相适应的"场"，包括环境的布置、教师的语调、音乐的选择等。另外，幼儿与作品初次相遇时，他们用多种感官及多种方式去整体感知作品，有的幼儿情不自禁、自由自在地表达，表现出特定的表情、动作与声音等。作为教师，一方面支持与鼓励幼儿的大胆表现；另一方面也可做出自己真实的反应，千万不能给幼儿"泼冷水"。

第二环节：形式分析

美术作品不仅有其内容，而且有其形式。幼儿对于美术作品的欣赏，不仅要了解作品的内容，还需感知与体验作品的形式意味。在形式分析阶段，教师要引导幼儿在初次整体感受基础之上，发现和识别作品中的形式要素（如点、线、形、色等），分析作品所表现的美的形式（即形式要素之间的关系，如造型、构图、色彩及其表现出来的对称、节奏、统一、变化等形式美）。

在这一环节，教师可以首先引导幼儿发现作品中的形式要素，例如"你看到了什么？”幼儿一开始也许会主要关注作品描绘的具体事物，这仅是一种日常知觉，并非审美知觉。因此，教师需要引导幼儿关注点、线、形、色等形式语言。除此之外，还要进一步讨论形式要素之间的关系，了解其表现的情感与所蕴含的意味。

在形式分析环节，教师需要注意以下几点。一方面，教师引导幼儿深入感知、体验作品的形式语言与形式美。要做到这一点，教师自身对形式要有一定的理解和欣赏能力，掌握基本的形式美原理，体会作品蕴含的意味。例如，欣赏毕加索的作品《梦》与《哭泣的女子》，教师对曲线、折线等线条，红、黄、蓝、黑等色彩，及各种形式要素之间的组合所表现出来的形式美要有所了解，然后才能用启发诱导性的语言帮助幼儿体会。另一方面，教师也可引导幼儿通过美术创作了解形式语言及形式美原理。例如，学习几何形状的组合，可让幼儿用各种彩色纸剪贴几何形状，再来欣赏蒙德里安的作品。这样，幼儿通过美术操作获得的审美经验可以促进其对形式语言及形式美原理的理解。

第三环节：再次整体感受

与初次整体感受相比，再次整体感受建立在幼儿对作品的形式要素及形式美原理的感受与讨论之上，因此是更为深刻、更为到位的。这一环节会涉及对作品的创作背景和作品蕴含的意义，还有艺术家独特的情感表达方式及具有象征意味的符号含义的解释与理解。教师也可让孩子们给作品命名或说出如此命名的理由，因为命名能够反映孩子们对于作品的总体感觉，命名的理由则有助于幼儿了解自己的感受与思考。

在再次整体感受环节，教师需要注意以下几点。在美术欣赏活动中，有些问题并没有标准答案。因此，教师不需要求幼儿必须接受自己对作品的看法或创作者的创作意图，可以鼓励幼儿基于自己的经验与理解大胆发表自己的见解。例如，在活动《缠线》（图 7–10）的欣赏与表现中，老师请小朋友给这幅画起个名字。孩子们起的名儿五花八门，“荒凉的小岛”“幸福的画”“绕毛线”等。教师对“荒凉的小岛”没有

图 7–10　缠线　莱顿

采取简单的否定态度，而是通过提问（如“你喜欢谁起的名字，为什么？为什么你觉得是荒凉的小岛呢？”），引导幼儿自己发现问题。另外，要深入理解美术作品所蕴含的意义，教师需要引导幼儿通过部分理解整体，通过整体理解部分。

第四环节：心理回忆与构思

在经历初次整体感受、形式分析、再次整体感受等环节之后，一次美术欣赏活动就基本结束了，美术创作活动则开始了。因此，心理回忆与构思即对已经欣赏的作品进行回忆，对即将创作的作品进行构思，它无疑是美术欣赏活动中承上启下的一个环节。心理回忆阶段，教师可以让幼儿闭上眼睛，回忆已经欣赏的作品，加深幼儿对作品的感受；构思阶段，教师可以将思维与讨论结合起来，为下一步的创作与表现做好铺垫。

在这一环节，教师应给幼儿留出一定的时间，并针对性地提问。例如，在活动“波洛克和他的画”中，教师引导幼儿进行心理回忆与构思，①“等一会儿老师就要请你们也像波洛克一样用一种不一般的方法来画画。现在请你们再看一看波洛克的这几张画，然后闭上眼睛回忆一下。老师还要请你们想一想，你们准备怎么当波洛克？你们可以怎么画？”又如，在大班美术活动“春天的线”中，教师引导幼儿构思，“你愿意把你看到的（或感受到的）春天里美丽的线画出来吗？它们是什么样的？你想用哪些材料创作？画面中，除了各种美丽的线，还会有什么？怎么表现？”

第五环节：创作与表现

幼儿园美术欣赏活动可以是只有美术欣赏，也可以是在美术欣赏之后进行创作与表现，这要根据具体的欣赏内容以及活动情况而定。欣赏之后的美术创作不同于一般的美术创作。一方面尊重幼儿的想法，给幼儿自由表达的机会；另一方面，也鼓励幼儿将欣赏经验转移到创作当中来，可以借鉴艺术家的表现手法，也可用自己的方式描绘作品表达的情感。例如，在活动“波洛克和他的画”中，欣赏过波洛克的作品《会聚：第 10 号》（图 7–11）之后，儿童自由选择教师提供的工具材料，在音乐的伴奏下当起了小波洛克，像波洛克一样自由自在地创作。

在这一环节，教师应为幼儿提供丰富的具有表现力的工具材料。儿童的艺术表现与创作在某种程度上是儿童不断深入探索物质材料并与其对话的过程。因此，

① 边霞：《幼儿园美术教育与活动设计》，225 页，北京，高等教育出版社，2009。

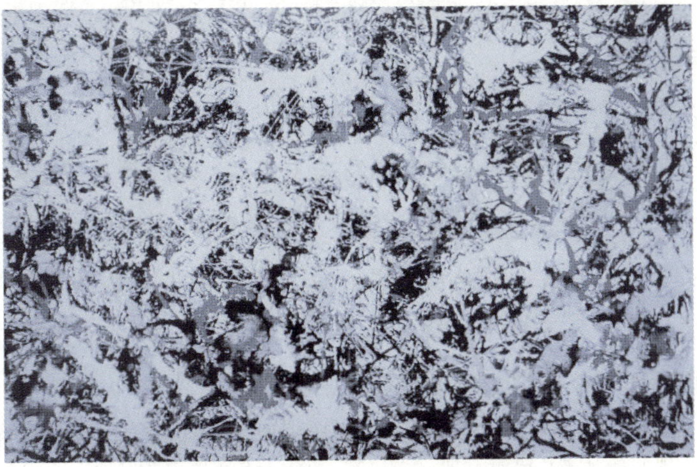

图 7–11　会聚：第 10 号　波洛克

教师可以为儿童提供一系列丰富多彩且具表现力的工具与材料。如果教师提供的材料是单一的、呆板的，那么在很大程度上孩子们难以创造出富有表现力的作品。反之，如果教师提供的材料是丰富的、具有表现力的，那么在某种程度上将有助于孩子们大胆地想象与创造，他们所创作出来的作品将更具表现力。当然，教师还应为孩子们提供足够的空间让他们可以自由地画画、唱歌、跳舞。

（二）幼儿园美术欣赏活动案例及分析

《忧愁的国王》的欣赏与表现①

活动目标

1. 欣赏马蒂斯的剪纸作品《忧愁的国王》，体验作品所表现的既高兴又伤心，既快乐又痛苦的复杂情感，了解人的情感的复杂性。

2. 学习马蒂斯的表现手法，用剪贴的方式创作表现快乐或伤心感觉的作品。

作品选择与活动准备

本活动选择马蒂斯的剪纸作品《忧愁的国王》作为欣赏材料，钢琴曲《乡愁》作为相关的背景音乐。

操作材料需准备供幼儿剪、贴用的各种纸张、工具等。

① 边霞：《幼儿园生态式艺术教育理论与实践》，182～188 页，长春，北方妇女儿童出版社，2004。

设计思路与活动建议

高兴与伤心，快乐与痛苦，本是一对截然相反的情感。但人的情感世界是复杂的，有些时候，一个人会有既高兴又伤心，既快乐又痛苦的复杂感觉，这就是人的情感的复杂性。本活动选取了马蒂斯的剪纸作品《忧愁的国王》这一典型表现了人的复杂情感的作品，设想在让幼儿重点感受画面所表现的忧愁的感觉的同时，了解人的情感世界往往不是单一的，而艺术作品恰恰可以将这种复杂性充分地渲染和表现出来。

本活动是一个由美术切入的生态式艺术教育活动，建议本次活动可包括以下一些环节。

1. 初步欣赏

· 初步感受，描述在画中看到了什么。

· 讨论对作品的感觉。

提示：幼儿在讨论总结对作品的感觉时，可能会出现两种不同的感觉，他们的感觉都有合理性，应得到肯定。

2. 命名

· 引导幼儿给作品起名字。

· 了解和理解作品的实际名称。

提示：给作品命名这一环节一般都放在幼儿对作品充分讨论与欣赏之后，这里先请幼儿给作品命名，主要是为了使幼儿对作品名称《忧愁的国王》中的“忧愁”的含义进行讨论，以便能更好地理解故事中国王的忧愁，并能在作品中发现对忧愁的表现。

引导幼儿感受和理解忧愁的感觉可以通过以下方式：讨论忧愁的意思，联系生活中曾经遭遇过的忧愁的感觉，学一学忧愁时的表情和身体动作。

3. 故事

· 教师讲述《圣经》中关于“忧愁的国王”的故事。

提示：马蒂斯的这幅作品是根据《圣经》中讲述的国王大卫的故事创作的。故事说的是老国王大卫有个儿子，名叫押沙龙，国王非常疼爱他。一次，押沙龙做了件大错事，吓得跑出了王宫。他一走就是好几年，国王天天都在想念他。终于有一天，押沙龙回来了，可是他不是来看望父亲的，也不是来认错的，而是带了一群人来攻打城堡和王宫，是来争夺王位的。全城的老百姓和国王一起奋力抵抗，经过激烈的战斗，取得了胜利，押沙龙也被杀死了。老百姓们开心极了，他们欢呼、跳跃、互相庆祝胜利。就在这时，人们听到了一阵阵伤心的哭泣声，原来是老国王大卫在痛哭。人们顿时从高兴变成了悲哀，也跟着国王一起哭了起来。日子一天天过去了，国王一直处于忧愁哀伤之中，王宫里的乐师奏起美妙的乐曲，舞女们跳起美丽的舞蹈，都抹不去国王心中的忧愁。

4. 研究表现手法

· 引导幼儿寻找画中哪些地方分别表现了忧愁和快乐的感觉。

提示：教师应引导幼儿从色彩、线条、物体的形状等几个方面讨论，把握画家对复杂情感的表现。讨论的重点主要可以放在寻找作品对忧愁的表现上，同时也应引导幼儿感受快乐的方面，使幼儿从两种不同表现方式的对比中了解不同的绘画语言的不同情感表现性。

5. 创作

· 讨论画家的创作方式。

提示：这是一幅用剪贴的方式完成的作品，但是又有绘画的感觉。因为马蒂斯的剪贴作品往往不是用现成的色纸直接剪贴，而是用自己描绘和着色的纸来剪和贴。

· 引导幼儿剪贴快乐或伤心的感觉。

提示：幼儿可以根据自己的意愿剪贴具体的有关快乐或伤心的情节，也可以抛开具体的情节和故事，直接剪贴快乐或伤心的感觉。教师应鼓励幼儿打破已有的喜欢具象表现的习惯，敢于用抽象的形、色、线来表现内心的感觉。表现的感觉可以是单纯的快乐或伤心，也可以更为复杂。

为了帮助幼儿找到表现的感觉，教师可以用讲故事的方式来引导幼儿。如教师可以讲一个“快乐婆婆和伤心婆婆”的故事，故事说的是“传说在一座山上，住着两位婆婆，一位是‘快乐婆婆’，一位是‘伤心婆婆’。她们俩都喜欢讲故事，而且讲得可棒啦！快乐婆婆会讲很多快乐的故事，小动物们听了她的故事都哈哈大笑，开心得不得了。伤心婆婆总是讲一些伤心动人的故事，小动物们也很喜欢听，不过每次听完它们都非常伤心，感动得流下了眼泪”。故事讲完后引导幼儿思考，你准备剪贴快乐婆婆的故事，还是伤心婆婆的故事？你准备用什么样的线条和颜色来表现快乐或伤心的感觉？

· 幼儿用剪贴的方式操作。

6. 展示、评价作品

· 幼儿互相介绍自己的作品、名称和创作意图。

提示：在幼儿之间作品的自我介绍和相互评议的过程中，幼儿对美术语言情感表现性的了解和感受可以得到进一步加深。

活动实施与分析

教师出示马蒂斯的《忧愁的国王》(图 7–12)，幼儿发出“哇！”“好好看！”等惊呼。

图 7–12　忧愁的国王　马蒂斯

教师：你在画面上看到了什么？

幼儿 1：我看到了树叶。

幼儿 2：我看到了人，人的手，还有眼睛。

幼儿 3：我看到了线条和彩色条。

幼儿 4：小提琴。

幼儿 5：大马。

幼儿 6：小婴儿。

幼儿 7：大石头。

幼儿 8：我看到好多飘落的树叶。

教师：看了这幅画，你心里有什么样的感觉呢？

幼儿 1：我感觉很好看。

幼儿2：很美妙。

幼儿3：我感觉很飘柔，（因为）树上有叶子飘下来，很漂亮。

幼儿4：我感觉很难过。

教师：你为什么有很难过的感觉？

幼儿1：因为树叶的颜色是黄的。秋天到了，树叶黄了，枯了，就掉下来了。

幼儿2：我也感觉很难过。因为小树叶离开大树妈妈了，它们很伤心。

教师：嗯，树叶虽然是飘的，但是一种飘落的样子，是零散的，形是歪的，的确有一种难过的感觉。

幼儿：我也感觉很难过，不过我的原因不一样。

教师：你是因为什么呢？

幼儿：（因为）这两边的人和东西都是歪歪的，中间也是歪的。

幼儿：我觉得很高兴，因为画的颜色很丰富，很热闹。

（对于画面的感受，有的幼儿觉得很高兴，有的感到很难过，这是幼儿从各自的经验和视角，用各自的眼睛去观察、去体验的结果。幼儿敢于说出各种不同的感觉，这本身就很值得教师为他们高兴，况且这件作品正反映了既快乐又难过的复杂情感。）

教师：现在请你给这幅画起个名字。

幼儿1：热闹的画。

幼儿2：美丽的大森林。

幼儿3：明亮森林。

幼儿4：漂亮画。

幼儿5：落叶画。

幼儿6：一幅奇怪的画，因为这幅画很奇怪。

幼儿7：小提琴，因为我看到画的中间是一把小提琴。

幼儿8：几片飘落的黄叶。

教师：你起的名字真有诗意。我们曾经学过《几片飘落的红叶》，你就用上了，真动脑筋。那你们想知道创作这幅画的画家马蒂斯给它起的名字吗？它的名字叫《忧愁的国王》。

幼儿1：老师我有个问题，忧愁是什么意思？

幼儿2：忧愁就是别人欺负你，你很生气，也有点伤心。

幼儿3：忧愁就是妈妈等孩子吃饭，可是孩子还不回家，妈妈担心孩子丢掉，很着急，很忧愁。

教师：忧愁的意思还可以用什么词来说呢？

幼儿1：忧伤。

幼儿2：伤心。

教师：你有过忧愁和伤心的时候吗？

幼儿1：我爸爸妈妈吵架的时候我很忧愁，我怕他们会离婚，他们哭，我也哭。

幼儿2：生病的时候我很难受，也很忧愁。

教师：忧愁的时候表情和动作都是怎样的呢？

幼儿：（做各种忧愁的表情和身体动作。）

教师：请说一说忧愁的表情和动作都是什么样子。

幼儿1：我感觉很虚弱。

幼儿2：很难过。

幼儿3：很没有力气。

幼儿4：身体是往下的。

教师：是的，人在忧愁的时候就好像生了病一样，没有力气，身体往下沉。

（幼儿自己提出了“忧愁是什么”的问题，并根据已有经验以自己的方式试着进行解答。之后，教师又引导幼儿找忧愁的近义词，回顾自己是否曾经有过忧愁的感觉，用表情和身体动作来表现忧愁的感觉。这样，幼儿对伤心、忧愁的感觉有了较深的体验，了解了忧愁的感觉往往与倾斜、下沉的力的形式相一致，这有助于幼儿寻找和发现人的内在情感与一定的绘画表现形式之间的对应与同构性。）

教师：你知道这幅画为什么叫《忧愁的国王》吗？国王又是为什么而忧愁的呢？原来马蒂斯爷爷是根据一个圣经故事创作的。现在就请大家闭上眼睛听老师讲这个故事。

（钢琴曲《乡愁》声起，教师讲述“忧愁的国王”的故事。）

教师：听了这个故事后，你能找出画中表现忧愁的地方来吗？

幼儿1：有一块像石头一样的东西压住了人的脚，所以很忧愁。

幼儿2：国王的儿子死了，树上的叶子就落下来了，心里很难过。

幼儿3：旁边的人是倒的，手无力地向上举着，很忧愁。

幼儿4：他举着的手是张开的，很无力。如果手是握紧拳头的，就不忧愁了。

教师：张檬说得真好。我们就一起来试试看，当你把拳头握紧的时候，你有什么样的感觉？当你举着张开的手时，又有什么感觉？

幼儿1：我握紧拳头感觉很有力量，很坚强。

幼儿2：我觉得很有信心，很高兴。

幼儿3：张开手显得很无力，没有办法。

幼儿4：张开手就感觉很难过，很伤心，像在喊：“救救我，救救我！”

（“旁边的人是倒的，手无力地向上举着，很忧愁。”“他举着的手是张开的，很无力。”等等，这些细节教师在事先备课时并未注意到，而是幼儿自己发现的。经过幼儿的提醒，教师敏锐地抓住了这一欣赏点，并引导幼儿用自己的手和身体动作实际感受一下，体验两种动作所体现的不同感受。这里，幼儿的发现是精彩的，出人意料的，教师的调整也是机智的，可圈可点的。）

教师：你们说得都很好。除了从形状上看以外，你还在什么地方看到了忧愁？

幼儿1：黑颜色很大，而且是歪的，感觉马上要倒下去了，看上去很不舒服，很忧愁。

幼儿2：上面有一块大的蓝色，下面也有蓝色，让我觉得很忧愁。

幼儿3：有好多好多的冷色，这些冷色让我感觉很冷。

教师：真是的，这些冷色是让人觉得很忧愁。可我也看到一些红色和黄色，为什么画家也用了这些暖色呢？

幼儿1：（如果不用这些暖色就）不好看，没有对比。

幼儿2：没有暖色只用冷色就不好看了，对比不强烈了。

教师：可是红色和黄色都是快乐的颜色，除了形式对比以外，画家用暖色还可能有什么原因？

幼儿 1：旁边的小块红色被大块的蓝色和白色挡住了，挤在一边了。

幼儿 2：下面的红色被压下去了，压扁了。

幼儿 3：中间的红色也被蓝色压住了。

幼儿 4：黄色虽然是快乐的，可是黄的叶子和张开的手就不快乐了。

幼儿 5：我觉得红色和黄色还是快乐的。因为故事里也有快乐的时候，打仗打赢了，人们很高兴。

教师：看来这幅画的感情很复杂，除了有很多忧愁，还有一些快乐。你们同意吗？

幼儿：但主要还是忧愁。

教师：对！画家就是通过线条、形状和色彩来表现复杂的情感的。

（幼儿和教师共同讨论着，他们已能够多角度地发现和思考问题。）

教师：那画家又是用什么方法来创作这幅画的呢？

幼儿：剪贴画的方法。

教师：是的，马蒂斯就是用剪贴画的方法创作了这幅《忧愁的国王》，也表达了自己复杂的心情。小朋友，你喜欢马蒂斯的这幅作品和他的作画方法吗？现在你想不想也来试一试，用剪贴的方法来表达某种心情呢？在动手之前，先听老师给大家讲个故事，故事的名字叫“快乐婆婆和伤心婆婆”。

（教师讲述“快乐婆婆和伤心婆婆”的故事。）

小朋友们，你们喜欢快乐婆婆的故事还是喜欢伤心婆婆的故事？请你选择老师提供的彩纸，剪贴一幅快乐婆婆或者伤心婆婆所讲的故事。你可以剪贴故事的具体内容，也可以只剪贴故事中快乐或伤心的感觉。先想一想，你准备剪贴快乐婆婆的故事，还是伤心婆婆的故事？你准备用什么样的线条和颜色来表现快乐或伤心的感觉？

（幼儿开始操作。完成后展示、评价幼儿的作品。幼儿向大家介绍自己的作品和创作意图；幼儿给自己的作品命名或相互命名，以加深对作品情感表现性的感受。）

（在王义梅、姚燕文执教基础上整理）

延伸阅读

浅谈艺术欣赏与艺术创作的关系

自20世纪90年代以来，艺术欣赏教育越来越受到儿童教育工作者的关注。显然，进入21世纪，艺术欣赏在儿童艺术教育中所占比例比以往有所提升。然而，教师在艺术欣赏教育实践中却遭遇了不少困境，也陷入了一些误区。艺术欣赏的相对缺失、为了欣赏而欣赏等问题导致艺术欣赏与表现彼此割裂。因此，在艺术教育实践中经常会遇到如何处理艺术欣赏与表现的关系这一问题。

艺术感知与欣赏是艺术创作与表现的基础。一方面，只有通过感知与体验，儿童才能拥有生动而深刻的、与生命息息相关的内在感受，才会有将内在感受加以表现的冲动，因此在一定程度上激发了儿童的创作表现。另一方面，艺术感知与欣赏过程中获得的生活经验与审美体验可以使得创作与表现更加丰满、深刻，富有情感和表现力。不仅在创造与表现之前，而且在整个创造与表现过程之中，始终伴随着感知与体验的参与，为创造与表现的顺利进行提供了有力保障。[①]而且，感知与欣赏过程中渗透着创造与表现，尤其是学前儿童的感知与欣赏和创作与表现往往是相互交融、共生互补的。

艺术创作与表现反过来又可以使儿童的艺术感知与欣赏水平不断丰富和深化。在艺术创作与表现过程中，儿童会充分调动自己的已有生活经验和审美体验，并将其用各种各样的艺术形式表达出来，这其实就是已有感知和欣赏经验的发展。同时，儿童也会不断地对自己的创作和表现进行感知与欣赏，使得感知与欣赏经验进一步丰富和深化。

可是，在艺术教育实践中艺术欣赏与表现之间的联系并不紧密，怎样使得欣赏经验在艺术创作与表现中得到充分体现是很多教师经常遇到的问题。教师应该有意识、有重点地选择欣赏的作品、照片、图片等（教师选择欣赏材料时注意联系创作与表现），用适宜的方式调动儿童的已有经验，启发、引导幼儿进行充分、深入的感知与体验。在儿童创作与表现的过程中，教师可以用适时暗示、创设情境等促进幼儿感知与欣赏经验的迁移和深化。

（王任梅）

---

① 秦元东：《论艺术能力及其对儿童艺术教育的启示》，88页，南京师范大学博士学位论文，2004。

本课回顾

幼儿园美术教育活动依据教学内容一般分为美术创作活动与美术欣赏活动。其实，在幼儿园教育教学实践中，绘画、手工、美术欣赏等活动并非毫无关联，而是相互渗透、相互融合的。

幼儿园美术创作活动是幼儿园美术教育的基本活动，是幼儿利用各种美术工具与材料，对内在表象进行加工及改造后转化为可视的静态视觉形象的过程。美术创作活动通常包括绘画活动与手工活动，美术欣赏活动中也时常会伴随各种创作活动。一个具有一定结构化的幼儿园美术创作活动一般包括感知与欣赏、探索与发现、表现与创作、欣赏与评价四个基本环节。上述四个环节是一个完整的幼儿园美术创作活动的一种较为典型的组织实施过程。

美术欣赏是幼儿美术教育的重要组成部分之一。而且，艺术欣赏与艺术创作往往相互渗透，彼此促进。考虑到儿童的身心发展特点，欣赏活动与创作活动可以结合起来，做到有静有动，欣赏与创作相互支持，相得益彰。一个具有一定结构化的幼儿园美术欣赏和创作活动一般包括整体感受、形式分析、再次整体感受、心理回忆与构思、创作与表现五个环节。上述五个环节是一个完整的幼儿园美术欣赏活动的一种较为典型的组织实施过程。

实际上，在幼儿园美术教育教学实践中，不管是美术创作活动还是美术欣赏活动，教师都需要根据幼儿的已有知识经验、身心发展特点、具体的活动内容及师幼互动的动态演变过程，进行灵活多样的设计与实施。

第三课　探究式幼儿园美术教育活动

探究式幼儿园美术教育活动不同于传统的幼儿园美术教育活动，更加凸显的是幼儿在美术教育活动中的自主探究。以往关于各种形式要素、形式美原理、工具的使用方法、材料的性质、艺术技能技巧等偏重的是教师的传授，幼儿仅仅是被动接受。在探究式幼儿园美术教育活动中，幼儿主动地探索与发现，学会自己发现问题、分析问题、解决问题。

一、探究式幼儿园美术教育活动应注意的几个问题

什么是探究式幼儿园美术教育活动？在我们看来，探究式幼儿园美术教育活动指的是在教师与幼儿共同组成的学习环境中，幼儿自主探索各种美术语言，自主解决问题的学习过程。探究式幼儿园美术教育并不是某一种具体类型的美术教育活动，这既是一种教育理念，又是一种教育实施策略。不论是单独科目的美术教育活动还是主题活动、方案活动、区角活动中的美术教育活动，不论是幼儿园美术欣赏活动还是幼儿园美术创作活动都可以体现探究式幼儿园美术教育的理念与实践。

为什么提出探究式幼儿园美术教育活动？儿童具有探究的天性，在很多人看来，似乎探究主要是存在于幼儿园科学教育活动之中。其实不然，探究可以体现在所有的幼儿园教育活动（包括幼儿园美术教育活动）之中。例如，一个具有一定结构化的美术创作活动一般包括感知与欣赏、探索与发现、表现与创作、欣赏与评价四个环节。其实，探究可以体现在幼儿园美术创作活动的所有环节之中。

在幼儿园美术教育活动中，幼儿探究什么？传统幼儿园美术教育主要采取单向灌输、外在给予、直接告诉、机械训练等方式，儿童在美术教育活动中亦步亦趋，没有主动探索与发现的机会，因此不利于儿童想象力、创造力乃至人格的健全发展。20世纪90年代末以来，幼儿园美术教育注重给予儿童主动学习的机会，允许儿童在自主探索中建构知识、习得技能技巧、锻炼思维能力等。“在接触各种艺术手段和材料的过程中，幼儿探索感受颜色、材质、运动方式以及空间构图蕴含的美感，并获得感官体验。他们学会仔细观察，辨别细微差别，有目的地操作材料，利用自己的直觉体验在感官探索游戏中获得乐趣。”[①]在探究式幼儿园美术教育活动中，儿童可以探索材料的性质与使用方法、各种艺术表现手法、各种解决问题的方法等，通过独立探索或与同伴或教师的共同探索，儿童的主体性得到凸显，认知、情感、社会性等各方面得到发展。

在幼儿园美术教育活动中，教师如何支持幼儿探究？教师需要做一个有心人，观察儿童的活动，倾听儿童的对话。只有在观察与倾听的基础之上，教师才能了解幼儿及其活动的意义（即潜在的问题、想法或情感），并作出适宜的反应。然后，

---

① ［美］安·佩洛：《艺术语言：以探究为基础的幼儿园美术活动》，1页，北京，教育科学出版社，2011。

教师可以提出问题，延伸与拓展幼儿的探索，而非直接告诉他们具体的知识或引导他们得出所谓的答案。当儿童处于专注、投入的状态时，教师可以做一个默默的“欣赏者”，了解孩子的发展水平，他以后可以挑战、超越的程度；当儿童遇到困难、遭受挫折时，教师可以适时提供适宜的指导和支持，启发儿童思考、探究并解决问题。针对儿童的个体差异，教师可以采取不同的方式，如暗示、提供材料、共同探讨等。

以下问题可以帮助教师设计后续的活动，延伸与激发儿童的思考。①

可以在哪些方面改变教室的环境布置，以便儿童从新视角审视自己的探索？

教室里需要添加哪些材料？并提供怎样的“刺激”？

如何参与到儿童的游戏中？

如何激发儿童运用艺术深化或延伸思考？

怎样用笔记、照片和草图引导儿童重新审视和延伸扩展游戏？

如何与家长沟通这项探索，并请他们与你共同反思，让他们了解你的想法和困惑？

二、探究式幼儿园美术教育活动案例及分析

探索树叶的生命周期②

它是一项关于树叶的探究，小组成员包括四名儿童、老师以及作者本人（即指导者）。探究持续了七个月，其间我们将艺术作为学习的语言，探索树叶从秋天的色彩斑斓到冬天的荒凉落寞，再到春天的春暖花开、迸发勃勃生机的全部变化过程。

“探索树叶的生命周期”从“为什么树叶会变色？”开始，以“为什么树叶会变色？”结束，包括一系列活动：树叶画像、在周围社区进行探究、树叶的结构：绘画、树叶的结构：黏土、树叶的结构：金属丝、树叶的情感生活、树叶的生命周期、“我们正在做实验”、鼓舞人心的庆祝活动、探究春天、

① ［美］安·佩洛:《艺术语言: 以探究为基础的幼儿园美术活动》，157 页，北京，教育科学出版社，2011。

② ［美］安·佩洛:《艺术语言：以探究为基础的幼儿园美术活动》，179～198 页，北京，教育科学出版社，2011。

重新审视树叶的生命周期等。在此，我们主要呈现活动缘起以及“树叶画像”这一活动。

为什么树叶会变色？

十月初，四岁的马德琳问妈妈：“为什么树叶会变色？”妈妈莱斯利把问题告诉我们，希望我们帮她回答这个问题。几位老师讨论后，决定不再照搬科学教材和参考资料，而是以马德琳的疑问为出发点，开展研究。我们初步制订了一些计划，设计如何探究。最终，所有人（包括老师和马德琳的妈妈）达成一致：我们的初衷是培养儿童的探究精神，即提出问题、推断并检验假设、探索观点，而不是教儿童关于树叶的科学知识。（原则：基于儿童活动中的问题和想法）

老师桑德拉、梅甘、弗林特和我一起开会，讨论让哪些儿童参与探究，探讨组织怎样的活动。我们不知道其间要做什么，只是根据提出的想法和遇到的问题，一步步做计划。但我们希望探究能涉及一些表述清楚、具有批判性的假设，尽量做到细心观察和记录。接下来的问题就是，哪些儿童会对马德琳的问题感兴趣？在这些儿童中，谁适合进行长期探究？谁适合开展合作探究？其中可能会遇到一些冲突和争论。此外，在思考问题的同时，我也考虑如何在探究中融入艺术技能和观点。最终，我们选定四名儿童：马德琳：研究的发起者；擅长具象画的安娜，有项活动需要她参与，而且适合进行合作性工作；稳重而沉着的亚历克斯，适合做领导者角色，能让大家互相迁就，平息彼此间的冲突；贝克擅长运动和身体动作，精通三维立体创作。探究小组组建完毕，我们准备与孩子们一起探索马德琳的问题。（原则：以小组为单位）

树叶画像

四个孩子第一次聚在一起时，桑德拉和我把马德琳的问题告诉他们，并向他们解释：“我们认为，你们四个在一起思考树叶为什么会变色。每个人都是科学家和艺术家，希望你们组建一个强大的团队研究问题。”听了这些话，孩子们立刻开始分享有关秋天树叶的想法和故事，如：在公园里爬树时观察颜色鲜艳的树叶；周末在家耙树叶时，跳到树叶堆上；发现空气变得清新凉爽，阳光也有所改变，要下雨了。

接着，我和桑德拉把事先准备好的树叶拿出来，摆在桌子上：红色、金黄色、橙色、绿色，还有褐色。一时间，大家的注意力都转向树叶："思考为什么树叶会变颜色之前，先认真了解树叶，这点非常重要。所以大家靠近一点，看看能观察到什么。"

每个人拿起一些树叶，仔细观察。孩子们还互相让对方看自己的发现，并提出自己关于树叶神秘变化的假设。

贝克说："这个树叶全部是橙色，只有一点绿。原来它是绿色，现在是橙色。"

亚历克斯说："我的树叶上有线。"

安娜说："为什么会有线？"

亚历克斯说："白色的线把树叶聚拢在一起。"

安娜说："是的，有了这些线才会有颜色。"

贝克说："褐色树叶先变色，绿色树叶后变色。绿色树叶变得慢，褐色树叶变得快。"

安娜说："为什么会这样呢？"

贝克："因为小树叶比大树叶变得快。"

安娜说："为什么小树叶比大树叶变得快？"

贝克："因为大树叶占的空间大，空间大就变得慢。"

大家一直认真仔细研究，通过看、摸、闻，了解树叶的轮廓、颜色、形状和材质。最后，我提议孩子们把树叶画出来，给树叶画像。

我对孩子们说："我们给树叶画像吧，这样就能发现树叶上的很多小细节。""先用画笔画树叶的形状、轮廓和线条，再用水彩画颜料涂色。画像能反映出树叶的特点。"

桑德拉和我选择黑色画笔和水彩画颜料，引导孩子们关注树叶在形状和颜色上的独特特点。画的时候，他们看得非常仔细，边看边把看到的内容一点点画出来，最终画出一幅线条画。接着，他们用水彩画颜料涂色，涂的时候十分注意一种颜色怎样与另一种颜色融合或互相排斥。我们希望，通过运用这些艺术手段，将关注点聚焦于儿童如何看待树叶上。（原则：探究的问题与运用的艺术手段匹配）……

创造属于自己的探究方式

这个故事不是一个模板或课程计划，只是一个实例，告诉我们如何开动脑筋、全情投入地运用艺术开展深入探究。我和桑德拉没有预先编制计划，只是一步步扩展。尽管没有做计划，但我们的工作目的十分清晰：培养儿童形成善于提问、建立假设，以及对各自想法提出并接受反馈的能力。我们希望他们把学习看成是一段旅行，而不是一个静态、死板的问答模式。旅途中，孩子与同伴充满好奇，信心百倍。对我们而言，有些艺术手段比较熟悉，有些则不太熟悉，如：我和桑德拉都没怎么用过金属丝，直到有一天和孩子一起使用，才逐渐熟悉它。但我们希望自己和孩子都来体验探究的过程，并把这一过程看成是学习、旅行的过程。这样，我们才能沉浸其中。

案例分析

“探索树叶的生命周期”属于探究式的幼儿园美术活动，也属于美术与科学整合的活动。在这一活动中，教师和孩子们将艺术作为学习语言，运用艺术深入探究树叶从秋天到冬天再到春天的全部变化过程。这一活动的发起缘于十月初，四岁的马德琳向妈妈提出的问题：“为什么树叶会变色？”

在教师看来，每个儿童都是科学家和艺术家。在探讨为什么树叶会变颜色之前，必须先认真了解树叶。孩子们仔细观察树叶并提出自己关于树叶神秘变化的假设，然后给树叶画像。在周围社区进行探究后，孩子们在彼此分享各自的理论时，往往互相提出质疑和批评。继而运用绘画、黏土、金属丝等多种方式，探索树叶的结构，激发儿童深化关于树叶颜色变化的理论。创作树叶画像让孩子了解树叶的皮肤；描摹、绘画、黏土和金属丝创作让他们了解树叶的结构。顺着安娜的观点（“树叶身上发生了很多变化，所以它们变颜色了。它们得让自己舒服些。”），老师和孩子们一起研究树叶的情感特性，树叶变颜色时，它们会有什么样的感觉？

然后，孩子们一起编了一个关于树叶生命周期的故事，并开始进行实验（将枯萎的树叶放到水里，看它会不会变绿）。在鼓舞人心的庆祝活动中，教师给孩子提供新的艺术材料——饼干和砂糖，以供他们探索。春天到了，孩子们之间的交流表明他们对树叶生命周期的理解已经越来越清晰，同时对树叶为什么会变色的问题，也开始逐渐达成共识。最后，老师决定让孩子们画出对树叶生命周期的理解，帮助他们巩固有关季节循环和树叶生命之间关系的想法。

在该活动中，教师遵循运用艺术开展长期探究的基本原则，如以小组为单位，基于儿童活动中的问题和想法，探究问题与运用的艺术手段是否匹配，持续审视和修正先前工作，从个体活动转向小组合作，保持与全班各组儿童的联系等。整个活动过程中，教师没有直接告诉幼儿关于树叶的知识，而是基于对孩子们的观察与倾听提出问题，延伸和拓展他们的探索。在此，孩子们真正成为学习的主人，自主探索美术语言，自主解决问题。

本课回顾

探究式幼儿园美术教育活动指的是在教师与幼儿共同组成的学习环境中，幼儿自主探索各种美术语言，自主解决问题的学习过程。探究式幼儿园美术教育活动并不是某一种具体类型的美术教育活动，主要是一种理念和思想的体现。探究可以体现在所有的幼儿园教育活动（包括幼儿园美术教育活动）之中，也可以体现在幼儿园美术活动的所有环节之中。在探究式幼儿园美术教育活动中，儿童可以探索各种形式要素、形式美原理、材料的性质与使用方法、各种艺术表现手法、各种解决问题的方法等。教师需要观察儿童的活动，倾听儿童的对话。只有建立在观察与倾听的基础之上，教师才能了解幼儿及其活动的意义（即潜在的问题、想法或情感），并作出适宜的反应。然后，教师可以提出问题，延伸与拓展幼儿的探索，而非直接告诉他们具体的知识或引导他们得出所谓的答案。

思考与练习

1. 与幼儿园美术教育相比，家庭美术教育具有哪些特点？家长该如何开展美术教育？

2. 请结合案例阐述，幼儿园美术创作活动组织实施的基本环节与实施要点。

3. 请结合案例阐述，幼儿园美术欣赏活动组织实施的基本环节与实施要点。

4. 什么是探究式幼儿园美术教育活动？在幼儿园美术教育活动中，教师如何支持幼儿探究？

拓展训练

训练一：

运用幼儿园美术教育活动设计与实施的原理，设计并模拟实施一个幼儿园美术创作活动。

训练二：

运用幼儿园美术教育活动设计与实施的原理，设计并模拟实施一个幼儿园美术欣赏活动。

训练三：

在中班美术活动“五颜六色的烟花”中，在欣赏烟花图片之后，教师边讲解边示范了三种烟花的画法。（1）先画一个圆点，再以圆点为中心，向四周画放射性的线条。（2）先画一个圆点，再以圆点为中心，画三圈小点。（3）在中间画一个圆点，再以圆点为中心，画螺旋形线条。教师示范了烟花画法之后，请小朋友画烟花……你认可这个活动中教师的做法吗？为什么？如果你是教师，会如何开展探索与发现这一环节？

总结与反思

扫一扫，跟随本书作者一起回顾本单元内容，想一想有哪些收获，还存在哪些困惑。

参考文献

1. 边霞:《幼儿园美术教育与活动设计》，北京，高等教育出版社，2009。

2. 边霞:《幼儿园生态式艺术教育理论与实践》，长春，北方妇女儿童出版社，2004。

3. 林琳、朱家雄:《学前儿童美术教育》，上海，华东师范大学出版社，2006。

4. 屠美如:《儿童美术欣赏教育研究》，北京，教育科学出版社，2001。

5. 秦元东:《论艺术能力及其对儿童艺术教育的启示》，南京师范大学博士学位论文，2004。

6. 王任梅:《让宝宝尽情涂画吧》，载《启蒙（0–3）》，2010（2）。

7. [美] 安·佩洛:《艺术语言：以探究为基础的幼儿园美术活动》，于开莲译，北京，教育科学出版社，2011。

第八单元

整合幼儿园美术教育与其他教育

学习目标

1. 了解生态式艺术教育和多元文化艺术教育思想，理解生态式艺术教育和多元文化艺术教育对幼儿园美术教育的启示。

2. 掌握幼儿园美术教育和其他领域教育整合的策略。

3. 尝试设计幼儿园美术教育与其他教育整合的活动。

情境导入

“我们身边的各种爱”单元主题活动，是“现代儿童生态式艺术教育研究”课题组众多实践探索中的一组典型案例。这一单元主要是以美术为切入点，同时又注重美术与音乐、舞蹈、文学、戏剧表演等其他艺术门类的有机融合。[①]案例中提到的生态式艺术教育是什么？幼儿园美术教育如何与其他教育整合？相信学习过本单元的内容后，你就能知道答案了。

① 边霞:《生态式艺术教育——“我们身边的各种爱”单元主题活动》，载《早期教育》，2002（10）。

第一课　幼儿园美术教育与其他教育整合的基本理念

《3—6岁儿童学习与发展指南》明确指出，关注幼儿学习与发展的整体性。儿童的发展是一个整体，幼儿园美术教育要注重与其他学科或领域的相互渗透和整合，促进幼儿身心整体和谐发展，而不应片面追求某一方面的发展。

一、生态式艺术教育

（一）生态式艺术教育的概念

"生态式艺术教育"这一概念来源于"生态式教育"。"生态式教育"指的是一种改变各种知识之间生态平衡状态，形成各专业知识之间以及知识与自我之间的生态关系的教育，它的目的是培养出真正具有智慧的开放型的专家。[①]"生态式教育"强调的是知识与知识之间形成一种系统的、和谐的、可持续发展的关系。

难点讲解

扫一扫，收听"生态式艺术教育"的专家精讲。

生态式艺术教育受到生态学的启示，认为人不仅是生物体，还是社会人和文化人，人需要和自然及文化共生共存。人的发展潜力来自先天和后天的相互作用，通过不断对话激发出来，而且这种潜力是动态的，是不断发展的。生态式艺术教育受到脑科学和心理学的启示，认为人类多种智能的开发均可以通过艺术教育获得。同时，人类心理深层具有一种自动调节、自我补充和自我平衡的高级生态系统，使我们每个人都有成为艺术家的可能性。

想一想

生态式艺术教育与综合艺术教育有什么不同?

在我国，滕守尧首先提出"生态式艺术教育"的观点。在他看来，生态式艺术教育是以音乐、美术、戏剧、舞蹈、影视、设计等多种学科为载体的综合艺术

① 王菊：《生态式艺术教育模式及其构建》，载《天中学刊》，2008（4）。

教育，它是通过艺术与生活、艺术与情感、艺术与文化、艺术与科学之间的多种教育关系，对美学、艺术、艺术批评、艺术创作等学科进行综合的艺术教育形式。[①]

（二）生态式艺术教育的特点

1. 活动目标——促进儿童发展

艺术来源于生活，儿童通过艺术和日常生活的连接，不断丰富自己的艺术体验，提高艺术感受力，从而学会用艺术的眼光观察生活，用艺术化的方式表现生活、美化生活，提高生活的情趣。艺术是人类情感和精神生活的创造性表现，多数艺术表现形式都包含着特定的情感和思想，儿童通过艺术与自己情感生活的连接，学习用艺术的方式表达和交流情感，获得表现和交流能力，健全人格又陶冶情操。生态式艺术教育强调幼儿艺术能力和人文素养的整合发展，既注重培养幼儿的艺术能力，又注重培养幼儿健全的人格和优良的品质，从而促进儿童的可持续发展。

2. 活动内容——倡导交叉融合

在幼儿园中开展生态式艺术教育，是将美术、音乐、戏剧、语言等学科或领域相互融合，彼此相通，成为一种相互联通的综合艺术教育。同时，在每一种艺术门类的每一次活动中，都可以自然、适当地渗透初步的美学、艺术批评、艺术史、艺术创造等方面的内容。[②]

3. 活动过程——体现完整多元

生态式艺术教育表现在幼儿园教育活动中，就有了感知与体验、创造与表现、欣赏与评议等环节。各个环节环环相扣，互相融合和渗透。感知与体验中有创造，创造与表现中有反思，评价与反思中又蕴含着感知与创造，构成了完整多样的生态式艺术教育的活动过程。生态式艺术教育的每一次活动都应包括这几个基本环节，但它们的组合方式是多样的。例如，线性组合模式（感知与体验→创造与表现→评价与反思）、渗透性组合模式（感知与体验＋反思→创造与表现＋反思→评价与反思）等。这些模式的运用，需要依据具体的活动内容以及儿童的学习风格和能力。

---

① 滕守尧：《艺术与创生》，3 页，西安，陕西师范大学出版社，2002。

② 边霞：《生态式艺术教育的基本思想与实践探索》，载《学前教育研究》，2003（7～8）。

4. 活动开展——注重平等对话

幼儿园生态式艺术教育中的对话包括：不同艺术门类之间的对话；艺术与其他学科的对话；教师、幼儿、艺术文本三者之间的互相对话；幼儿与艺术环境、艺术操作材料之间的对话等。[①]具体表现在如下几个方面。

（1）教师和幼儿之间是一种平等的、积极的、双向交流、互补互生的生态关系。教师在生态式艺术教育的实践中不断地感受到幼儿所表现出的独特的艺术表现和体验，从幼儿身上获得有益的启发，教师与幼儿相互尊重，共同成长。

（2）在开展生态式艺术活动时，教师要有一个全局的观念，将不同的艺术形式或者艺术与其他学科进行融合和交叉，以达到整体的效果。

（3）在生态式艺术教育活动中，幼儿一方面通过艺术环境获得艺术体验和感受，同时又通过艺术操作将获得的艺术体验和感受表现出来。

（三）生态式艺术教育对幼儿园美术教育的启示

1. 幼儿园美术教育活动的目标取向

生态式艺术教育强调幼儿的艺术能力和人文素养并重。在设定幼儿园美术教育活动目标时，一方面要发挥艺术的情感教育功能，促进幼儿身心全面和谐发展；另一方面要注重幼儿美术素养的养成。虽然美术的技能技巧已不是幼儿园美术教育活动的主要目标，但是适当的美术技能技巧也不能够被忽视。作为教师应将美术的技能技巧转化为帮助幼儿进行美术创作和表现的支架，成为培养幼儿艺术素养的一部分。

2. 幼儿园美术教育活动内容的选择

生态式艺术教育强调，不同的艺术门类之间是相互联系的，同时艺术与其他学科之间也是相互关联的。幼儿园美术教育活动应与其他教育活动相互整合，彼此联通。幼儿园美术教育活动大致分为绘画、手工和美术欣赏，所以在内容选取方面应力求兼顾绘画、手工和欣赏等内容的整合。同时，幼儿园美术教育活动可以根据实际需要与其他艺术门类或领域的活动相互渗透，促进幼儿用艺术化的方式感受与表现，达到感性和理性的平衡。

3. 幼儿园美术教育活动的组织实施

一个完整的幼儿园美术教育活动，一般可以包括感知与体验、探索与发现、

---

① 边霞：《生态式艺术教育的基本思想与实践探索》，载《学前教育研究》，2003（7～8）。

创作与表现、欣赏与评议等几个基本环节。[①]生态式艺术教育告诉我们，幼儿园美术教育活动的环节既可以环环相扣，也可以相互渗透，相互交叉，是一个完整的过程。同时，教师与幼儿是一种平等对话的关系，互相启发、共同提高。例如，在欣赏与评议环节，幼儿针对作品进行解释与交流，教师应尊重并接纳幼儿的观点。

二、多元文化艺术教育

（一）多元文化与多元文化艺术教育的概念

20 世纪 20 年代，“多元文化”这一术语就已出现。在当时，“多元文化”指的是两种文化现象：一种是殖民地与后殖民地社会的文化。在这种社会中，同时存在着殖民国家的统治文化和原住民的民族文化，这两种差异悬殊的文化并存。另一种指不同的民族文化。虽然具有不同社会和文化来源的民族共存，但是各民族之间以及各民族群体之间的文化特性有着较大的差异。

20 世纪六七十年代，随着现代化程度的提高，文化日趋多样化、复杂化，主要表现为以下三种情况：原有的文化差异未能缩小，又出现了新的文化差异；各种亚文化没能归于主流文化，还出现了各式各样的“反文化”；个体没有完全归属于群体文化，而且由于个体参与不同的社会活动，处于不同的年龄阶段等原因，将不同的文化共存于自身，文化多元的态势日趋显著。

后现代理论作为现代化理论的对立面，它也对“多元文化”作出了解释。后现代理论认为，不仅是殖民地国家存在着统治文化与被统治文化的差异，而且世界上的其他国家也同样存在这种文化差异，几乎任何一个国家都存在着“多元文化”；而且，不只是在民族间才存在价值体系、思想观念上的差异，在各种社会阶层、地域、年龄阶段、性别、群体和宗教之间等同样存在着文化差异。

在此以后，“多元文化”的含义开始由关注宏观层面——种族、民族差异，逐渐进展到涵盖微观层面——价值规范等差异，开始越来越多地与“文化”自身的含义相应。也就是说，多元文化指的是人类群体之间价值规范、思想观念乃至行为方式上的差异。[②]

1995 年，联合国教科文组织在澳大利亚召开了“全球多元文化大会”。该组织

---

① 边霞：《幼儿园美术教育与活动设计》，143 页，北京，高等教育出版社，2009。

② 郑金洲：《多元文化激荡中的教育变革》，载《学术月刊》，2005（10）。

提交给大会的报告将“多元文化”的内涵归纳为：多元文化包含各族群平等享有“文化认同权、社会公平权以及经济受益需求”。[①]由此，“多元”的内涵也在扩大，由最初的非主体民族的外来移民族群或弱小群体而扩大到妇女、残疾人、同性恋等弱势群体，甚至包括所有族群的人。[②]我们可以看出，多元文化不仅仅指全球范围内不同民族文化的共存共荣，而且也意味着单一民族国家中的传统文化对其他民族文化的宽容以及必要的吸收。正如美国学者古迪纳夫所说，多元文化在当今已成为正规人类生活经验，所有的人都生活在一个多元文化的世界中。[③]

多元文化艺术教育是以艺术教育为媒介，向学生传递艺术多元文化知识和技能，发展和传播文化多样性；多元文化艺术教育思想是一种教育思想，一种历史观，一种文艺批评理论，一种意识形态，一种综合多元方法论。[④]多元文化艺术教育以文化多样性为出发点，注重培养学生的多元文化意识与能力，促进学生在了解本国、本民族艺术文化的同时，理解与欣赏其他国家、民族的艺术文化。

（二）多元文化艺术教育的特点

1. 活动目标——了解与尊重多元文化

由于幼儿具有独特的身心发展规律和特点，他们无法通过学习形成文化多元的概念，无法深刻认识到不同文化独特的价值与存在的理由。但是，多元文化有利于帮助幼儿积累丰富的经验，理解不同文化的内涵。幼儿通过体验和感受不同的文化，了解不同文化的形式和内容，进而尊重并接纳各种不同的文化。

2. 活动内容——关注幼儿与多元文化

幼儿园艺术教育是实施美育的重要途径，它重视发挥艺术的情感教育功能，促进幼儿情感、态度、价值观等方面的发展。所以，在艺术教育活动中，教师应根据幼儿的身心发展特点，选择不同国家、地域、民族等的艺术作品，创设条件让幼儿充分地感受与欣赏、表现与创作。

3. 活动过程——欣赏与表现多元文化

在艺术活动中，教师应肯定并接纳幼儿独特的审美感受与情感体验，鼓励幼儿用自己喜欢的方式和用不同的艺术形式大胆地表现与创造。同时，在艺术教育

---

① 李明欢：《“多元文化”论争世纪回眸》，载《社会学研究》，2001（3）。

② 辛治洋：《当前我国多元文化教育研究存在的问题及思考》，载《贵州师范大学学报》，2002（3）。

③ 郑金洲：《教育文化学》，218页，北京，人民教育出版社，2000。

④ 张波：《美国多元文化主义艺术教育思想探析》，载《外国中小学教育》，2010（1）。

活动过程中，教师应引导幼儿感受与欣赏不同艺术所蕴含的文化内涵，鼓励幼儿尝试用不同的艺术形式表达和交流思想感情。

（三）多元文化艺术教育对幼儿园美术教育的启示

1. 多元文化背景下幼儿园美术教育的目标取向

幼儿园艺术教育是一种生命教育和情感教育，与其他教育相比，幼儿园艺术教育更容易从本质上影响幼儿对文化的获得与发展。多元文化背景下的艺术教育目标取向在于给不同文化背景中的不同层次的幼儿提供正式、完整、多元及有意义的经验，且在对文化的判断、选择、认同与接纳中实现自身进步和发展。多元文化背景下的幼儿园美术教育也是如此。

2. 多元文化背景下幼儿园美术教育内容的选择

首先，在地域文化方面，可以将本地域和其他地域文化相结合。例如，江苏的幼儿既可以欣赏江南水乡的景色，又可以欣赏北国风光。这样，幼儿在欣赏本地域景色的同时，能够更好地了解和热爱自己生活的地方。只有在认同自己的地域文化的同时，幼儿才能够接纳和认同其他地域的文化。

其次，在民族文化方面，可以将汉民族文化和少数民族文化相结合。例如，在美术活动中，除了汉民族文化，教师可以引导幼儿欣赏少数民族的服饰，学习少数民族的传统工艺。同时，在立足民族的基础上放眼世界，将其他国家和民族的风俗、文化纳入艺术教育的课程内容之中，使幼儿具有一种乐于了解与尊重不同民族文化的态度，学会并乐于与来自不同文化背景的人们相处。

最后，课程内容的选择应以幼儿文化为根基，回归幼儿的生活世界。①幼儿本身就是一种文化的存在，幼儿在接受现有文化的陶冶和影响的同时，又创造着自己的文化。因此，多元文化背景下美术教育内容的选择还须以幼儿文化为基础，认可并尊重幼儿自身文化的存在。教师应关注幼儿已有的知识经验，选取贴近幼儿生活的内容，进而激发幼儿参与活动，并主动内化为自己的经验。

3. 多元文化背景下幼儿园美术教育活动的实施

多元文化艺术教育的实施，首先要整合美术、音乐、语言等学科或领域，使各学科或领域相互联系，形成一个统一的整体，并渗透到幼儿的日常生活之中。

---

① 吴慧源：《多元文化背景下广西幼儿园艺术教育课程研究》，29页，广西师范大学硕士学位论文，2005。

其次，利用环境对幼儿的潜在影响，在幼儿园环境创设中体现出多元文化的特色。最后，在艺术教育活动中创造一个相对完整的、动态的艺术情境，关注幼儿的审美需要与情感体验，注重幼儿在艺术学习中关键经验的主动建构。

延伸阅读

《通过生态式艺术教育保护儿童的完整》（节选）①

多数成人对儿童的期望是做“完美”之人，这种标准是逻辑性的——只能驯服听话不能野（如只能双腿走不能单腿走；只能正走不能斜走；只能说“是”，不能说“不”）；只能上不能下；只能成功不能失败；只能听不能说；只能得 100 分，不能得 60 分；如此等等。实质上这是砍去一极，只保留自己认为好的一极，认为这样就完美了。试问，自然是否只有生没有死？一棵大树是否只能向上长而不能向下长？

儿童的本性就是道，就是自然，自然的孩子只能是既能上又能下，既有好又有坏，既听话又调皮，既建设又毁灭（如买来玩具折了建，建了又折）。而恰恰是有了两极，才有了两极之间的联通，才产生了新的东西，才具有灵气。

古代有一国王跟随禅宗师父学习园艺，三年之后，国王自认为学成了，就回去要建造一座最美的园林，雇了近千名园丁为其劳作。完成后，国王非常自豪地请禅宗师父前往参观，得意地说：“师父，您看，这儿是对称的，那儿一尘不染，我完全按照您教的做，多么完美啊！”师父见后，摇头叹气道：“你这儿少了些东西。”国王很不解地问：“这么完美，还会缺少什么？”“你这少了野草，少了从树上落下的枯叶。叶落，风吹来，枯叶满天飞，飞到草地上，落在小径上，这样的花园才是完整的。你这只称得上是完美，却不是完整的，不符合自然的本来面目，自然本就是有生有死，你把死亡这极砍掉了，所以不美！”说完，师父走到树叶堆积的地方，抓起一把落叶，扬天撒下，顿时落叶缤纷。“这才是美丽的花园！”师父语重心长地说道。

对于儿童也是这样，我们不能以成人的标准对待儿童，一点不容忍他们的缺点，不能容忍他们走不是路的路，不能容忍他们把玩具拆掉，不能容忍儿童艺术当中

---

① 滕守尧、边霞：《儿童艺术教育的理论与实践研究》，21 页，南京，南京师范大学出版社，2010。

出现我们不能理解的东西。我们要容忍儿童的另外一极，因为正是在两极的互动之中，方才产生灵性。

完美的土地：种植园的土地是完美的，完美的几何造型，勤施肥、勤浇水、勤洒农药，年年高产，果实大而美。

完整的土地：自然生态中的土地是完整的。没有美丽的几何图形，荒野味十足，杂草与庄稼、毒草与香花共生，小动物成群。结出的果实丑而小，但美味。

完美的气候：四季如春，一年常绿。

完整的气候：有冷有热，有春夏秋冬的变化。

完美的快乐：甜美的快乐，无苦涩，无泪水。

完整的快乐：有喜有悲，常常是喜极而泣，泣极而喜，甜蜜中有苦涩，舒服时要呻吟，爱中有恨，恨中有爱。

完整的爱：爱中有恨。一个对孩子具有完整爱的父母，既表扬孩子又批评孩子，批评的时候他（她）也许会浑身冒汗、面红耳赤，但不管怎样激烈孩子凭直觉知道父母是爱他（她）的。

不完整的爱：类似传统所说的后爸或后妈的爱，他们要么溺爱孩子和事事顺从孩子，要么就是对孩子进行冷嘲热讽式的批评——他（她）行动的方式、他（她）走进房间的方式、他（她）对孩子视而不见的方式……显示一种冷淡，其中没有热度，没有任何爱。这两极总是分离的。

儿童是“两极”的天生创造者，通过在两极之间游走，不断生发出灵气。我们不能强求儿童成为完美而不完整的人！再完美的东西，一旦失去灵性，就只会成为成人艺术的翻版，像是美丽的塑料花，很美，但是看上去不舒服。所以教育要尽力保留孩子的天性和自然的本性。

本课回顾

生态式艺术教育是以音乐、美术、戏剧、舞蹈、影视、设计等多种学科为载体的综合艺术教育，它是通过艺术与生活、艺术与情感、艺术与文化、艺术与科学之间的多种教育关系，对美学、艺术、艺术批评、艺术创作等学科进行综合的艺术教育形式。生态式艺术教育具有活动目标关注儿童发展，活动内容倡导交叉融合，活动过程体现完整多元，活动开展注重平等对话等特点。

多元文化艺术教育是以艺术教育为媒介，向学生传递艺术多元文化知识和技能，发展和传播文化多样性。多元文化艺术教育具有活动目标关注了解与尊重多元文化，活动内容关注幼儿与多元文化并重，活动过程注重欣赏与表现多元文化等特点。多元文化背景下的美术教育关注幼儿与文化共生，强调在对文化的了解与尊重、感受与体验、表现与创造中促进幼儿的成长与发展。

第二课　幼儿园美术教育与其他教育整合的实践策略

《幼儿园教育指导纲要（试行）》明确指出：各领域的内容应互相渗透，从不同角度促进幼儿情感、态度、能力、知识、技能等方面的发展。鉴于儿童学习与发展的整体性，在幼儿园教育教学中，五大领域之间并不是相互分割的，而是“血肉相连，血脉相通”的。在整合过程中，我们既要实现不同领域活动目标的整合，同时也要实现不同领域活动内容和方法的整合。需要注意的是，在整合中不要成为简单的相加，而要真正实现各领域间自然的、合理的渗透。幼儿园美术教育不仅可以与艺术领域内的音乐、舞蹈、戏剧等各艺术门类整合，同时可以与科学、语言、健康、社会等其他领域整合。

实践指导

扫码学习如何实践幼儿园美术教育与其他教育整合的策略。

一、幼儿园美术教育与音乐教育的整合

美术和音乐是天生的一家人，美术是凝固的音乐，音乐是流动的美术。美术和音乐虽属于不同的艺术门类，但在很多方面却又有着相似的规律。教师将幼儿园美术活动和音乐活动进行整合，可以使儿童在完整的艺术氛围中发展审美能力和创造能力。

（一）美术和音乐都是对美的欣赏和感受

音乐和美术虽然一个是听觉的艺术，一个是视觉的艺术，但在情感上，很容易形成儿童内心的共鸣。视觉美的积淀，可以化作音乐活动中可视的形象；而听

觉美的集聚，可以迸发美术创作的热情，深化儿童对作品的感受。

在学前阶段，儿童的思维具有具体形象性，所以视觉经验对儿童来说是一种最直观的学习方式。在对美的事物仔细辨别、观察的过程中，儿童可以用语言或动作去描述它们美的特征，积累大量直观经验，这样在音乐活动中儿童就可以更直观地理解节奏、旋律等抽象概念。例如，艺术馆、博物馆是各类艺术聚集的地方，多样的艺术形式欣赏能丰富儿童对美术与音乐的感受（图 8–1 至图 8–3）。音乐表演可以变成美术活动中一幅幅动人的画面，美术活动中丰富的色彩又能化为充沛的情感在音乐活动中表现出来。

图 8–1

图 8–2

图 8–3

儿童在理解和欣赏艺术作品时往往伴随着手舞足蹈、即兴模仿、自发歌唱等行为，这种行为体现了儿童独特的感受方式，也体现了美术和音乐的相通性。与成人相比，儿童更容易产生移情，更容易从一个“局外人”变成一个“局内人”，也更愿意通过肢体语言来表达自己的情绪情感。我们不仅要理解、尊重儿童的感受方式，更要创造条件，将音乐与美术加以结合，让儿童有机会表达自己的感受。

（二）美术教育和音乐教育都能够创造美

幼儿自发的艺术创造本身就包含美术创造和音乐创造。在美术创作活动中，教师除了为儿童提供大量的视觉经验和一定的美术技能外，音乐所带来的心理氛围也能促发儿童美术创作的灵感。在儿童进行美术活动时，老师可以选取适当的背景音乐加以播放，以改善美术活动时相对沉闷的气氛。在儿童开展音乐活动后，也可让儿童将自己当时的心情或场景画出来，从而加深儿童对乐曲的理解，让儿童具备多种艺术表现与创造能力。

二、幼儿园美术教育与语言教育的整合

美术和语言都是儿童表达思维、交流情感的工具。虽然它们拥有不同的符号系统，但在儿童的成长中都发挥着重要的作用。对于语言的学习，可以有效帮助儿童理解美术活动的内容。对于美术的学习，则可以帮助儿童更好地表达情感，获取愉悦的审美感受。

（一）美术和语言都是儿童重要的倾听与表达途径

在美术活动（尤其是小组合作活动）中，存在大量的倾听与交谈机会。而且，美术本身就是儿童十分感兴趣的一项活动，儿童非常乐意交谈他们的想法和感受。例如，在作品评价环节，儿童需要耐心倾听别人的发言，学会等别人表达完之后再去表达自己的观点。在倾听其他儿童发言的过程中，他们既在感知画面的美，又尝试着理解作品的“意义”，明晰同伴的意图，从而从他人的创作中获取新的灵感。

又如，在美术活动的导入阶段，教师可以通过故事、谜语、儿歌等语言形式激发儿童的兴趣。在美术活动的展开阶段，可以将儿童文学作品贯穿其中，儿童只有认真倾听，才能很好地完成相应的美术活动，并在创作过程中体验语言和图画的双重魅力。

在美术活动特别是绘画活动中，儿童往往会边画边说。从最初的动作引导语言，到后来的语言指导动作，绘画和儿童的自语一直是紧密相连的。教师在指导儿童绘画时可以引导儿童清晰地去表达自己的想法，这样既有利于儿童明晰绘画的目的性，又有助于发展儿童的语言能力。

在美术活动中，教师还要创造机会帮助儿童发展语言。例如，在美术活动的评价阶段，儿童有大量的机会对自己和他人的作品进行评价。对自己作品的评价，是一个再现自己构思，审视自己创作过程的历程。对他人作品的评价，则是摆脱自我中心思维的一种重要途径。在评价过程中，教师要耐心倾听，同时让儿童不要着急，慢慢地说，引导儿童尽可能准确、清晰地表达自己的想法、观点和感受。在遇到儿童表达困难的时候，教师给予适当的提示，帮助儿童理清评价思路，当儿童评价完成之后予以积极回应。

文明用语的学习在美术活动中亦不缺乏。教师在美术活动中要做到文明礼貌用语，个别指导评价儿童的作品时应蹲下平视幼儿，和他们平等地进行交流，儿童表达意见时能耐心倾听他们说完，并礼貌回应。在美术活动过程中，老师应提醒儿童不要大声说话，在他人发言时耐心等待，不抢话、插话、打断别人发言，

得到同伴或老师的帮助时应及时表示感谢。

（二）美术教育有助于促进儿童阅读和书写能力的发展

美术教育与语言教育可以巧妙地整合，促进儿童阅读能力的发展。例如，阅读绘本是儿童非常喜爱的活动，而绘本是以美术为载体的语言艺术，特别适合儿童。通过生动的画面，儿童能更好地理解故事内容，引起情感共鸣，从而营造生动的语言学习氛围。

在欣赏散文、儿歌、童谣时，儿童往往很难理解内在的意义，如果在这时配以画面，就可以有效渲染语言欣赏氛围，帮助儿童感受语言文本的内在魅力。对于生活中常见的标识，除了通过语言介绍外，可以通过绘画的方式让儿童去创作，通过自己的努力，儿童会更加深刻地理解这些标识的含义。针对幼儿园各区角的活动规则，教师不妨让儿童以绘画的方式呈现，这样既内化了儿童的规则意识，又锻炼了他们的绘画创作能力。

在理解故事的同时，儿童可以尝试将故事的内容以配画的方式表现，老师或家长还可以在配画旁边配上简单的文字，这样一来，儿童既增强了对故事的阅读理解能力，又使得故事转变成属于儿童自己的独一无二的图画书，有利于激发儿童进一步拓展阅读的兴趣。自己制作的图画书可以使儿童加深对故事情节的记忆，在需要回忆的时候可以较为快速地提取。

在阅读过程中，对故事的命名和美术欣赏中的作品命名有着异曲同工之妙。儿童可以以一种未知的状态进入故事或作品中，根据他自身的理解对作品进行命名。特别是对作品的文学美，可以引导儿童将语言的节奏、韵律和画面的色彩、造型变化相结合，加深儿童对文学作品细节的阅读理解。

儿童的书面表达能力与其手部小肌肉发展密切相关。除了被动等待儿童动作的发展外，日常的美术活动是一种非常好的锻炼手部小肌肉的活动，不论是绘画还是手工，都需要动手操作。经过美术活动的练习，儿童的手部更加灵活，手眼更加协调，运笔也更加娴熟。这时，再去进行文字的书写，就会变得更加容易。当儿童完成自己的美术作品后，可以在作品旁边学习书写自己的名字，再逐渐过渡到一些自己想写的内容。在美术活动中，也可以锻炼儿童的正确书写姿态，从小养成良好的书写习惯。

三、幼儿园美术教育与社会教育的整合

美术领域和社会领域从来就不是两个封闭的系统，它们是互相渗透、紧密联系的。为了实现社会领域教育目标，可以将美术作为一条重要途径。

（一）美术教育有助于促进儿童社会交往能力的发展

儿童美术教育中存在着众多交往机会，是发展儿童交往技能的有效途径。美没有对错，任何幼儿只要展开丰富的想象，愿意拿起画笔去抒发自己的情感，他就能在美的创作中拥有自己独特的发言权。所以，美术是儿童表达与交往的一种方式，可以充分发挥儿童的能力与特长。教师在美术活动中可以创造交往的机会，鼓励儿童相互交流，让儿童在轻松愉快的氛围中感受与人交往的乐趣。

想一想

幼儿园美术教育和社会教育有哪些地方是相互渗透的呢？

在愿意交往的基础上，教师需要提升儿童的交往水平。美术活动中，儿童对他人作品的理解有助于儿童换位思考，理解其他人的想法和感受。同时，开展如“画一画我的朋友”这一类活动，可以增进儿童间的感情，让他们互相发现彼此的优点。此外，在具体的美术活动情境中，儿童能学习到大量的交往规则与技能。例如，在对有限的美术工具分配使用中，儿童可能会和同伴在工具的使用上产生冲突，这就需要教师帮助儿童学会如何分享、合作、轮换等交往技能。在美术活动中还存在着大量的小组或集体活动，需要多名幼儿分工合作，共同努力完成。这也能让儿童体会到合作的重要性，学会和同伴友好相处。

在美术活动中，教师应给儿童树立一个关心、尊重、平等对待大家的榜样。对于应对活动有困难的儿童，应鼓励其他儿童想办法对其提供帮助。在儿童创作成果的展示阶段，引导大家既要爱惜自己的成果，也要尊重爱护他人的成果。同时，鼓励儿童同伴之间相互交流，理解彼此的创作意图，学习彼此的技能特长，用平等、接纳和尊重的态度对待差异。

（二）美术教育有助于发展儿童的社会适应能力

让幼儿喜爱群体生活，就必须让他们体会到群体生活的乐趣所在。美术活动不仅可以在以班级为单位的小群体中开展，还可以跨越年龄班，在混龄的集体中进行。这样，儿童就有更多机会接触不同的年龄群体，从而喜欢并适应群体的生活。

美术是让儿童了解社会生活，学习社会规范的重要方式。通过美术，儿童能

够表现出生活中观察到的不同内容，加深对社会的认识，促进儿童从自然人发展为社会人。除了感知家庭和幼儿园中所需遵守的基本行为规范外，老师可以带领儿童走出幼儿园，去观察体验社会中存在的行为规范，为儿童的创作积累丰富的经验。儿童只有在不断了解社会，了解规范的过程中，才能提升对真善美的认知，逐渐从他律过渡到自律，从愿意遵守基本行为规范，到乐意遵守基本行为规范。

归属感是一种被别人或团体认可、接纳时的感受。马斯洛提出的“需要层次理论”中，“归属与爱的需要”是人类心理需求中的重要一环。只有满足这一需求，人们才有可能在今后的生活中达到自我实现。归属感既包括对家庭、幼儿园的归属感，也包括对家乡、社会、国家的归属感。但这种归属感是相对抽象的，儿童可能很难通过语言的方式去深刻理解。利用美术的形式让儿童表现各种重要的传统节日和纪念日，表现不同的风俗和习惯，这就是一种生动的文化归属教育。儿童会将他们的归属感通过造型、色彩、构图等表现出来，从而激发儿童对集体、家乡、祖国等的热爱。

四、幼儿园美术教育与健康教育的整合

美术看似和健康领域并不相关，但实则两者联系密切，互相促进。美术活动能提高儿童的整体身心发展水平，促进儿童形成积极稳定的情绪，养成良好的性格和习惯。在幼儿园的日常生活中，两者常常融合在一起，促进儿童健康与美的发展。

（一）美术教育有助于促进儿童身心健康发展

健康体态、正确姿势的培养在童年期尤为重要。对于健康知识的传递，除了专门的健康活动，更需要在日常生活中潜移默化地渗透。在美术创作过程中，儿童会保持较长时间的坐立姿态，这也是培养儿童良好体姿的重要契机。教师除了关注儿童的作品外，也要关注他们是否能保持良好的坐姿或站姿，避免儿童出现驼背、耸肩等不良姿态，防止儿童出现脊柱侧弯、近视等疾病。

保持良好的情绪有利于培养儿童的健全人格。儿童的情绪相对于成人来说比较不稳定，有些不善于言语交流的儿童常常会在有负面情绪的时候不知如何宣泄，或采取反社会行为进行宣泄，而美术活动正好给儿童提供了一个良性的非言语的情绪调节通道。通过美术活动，儿童可以多途径地排解自己的负面情绪和表现自己的愉悦情感。教师也能通过儿童的作品及时发现问题，从而疏解幼儿的负面情绪，或分享儿童的愉悦情感，营造温暖轻松的心理氛围。

儿童对于新环境的适应能力相比于成人要差很多。在新的环境中，如果能通过儿童喜爱的活动唤醒他们熟悉的情绪情感，那么将有助于儿童适应生活环境中的新变化。儿童可以借美术缓解自我的焦虑，并通过美术结交更多的朋友，适应新的人际关系。

（二）美术教育能促进儿童手眼协调和各类肌群的发展

对于儿童动作协调性的训练一贯要求不能机械，在美术活动中，儿童的创作工具并不局限于纸笔。比如，在美术活动中，儿童可能使用球类、绳子、瓶子等多种多样的工具进行创作。在使用这些工具进行绘画的同时，儿童增强了动作灵敏性，发展了手眼协调能力。

美术活动是锻炼儿童手部动作灵活协调的最佳活动。通过画笔、剪刀、泥团等工具的使用，在画、剪、折、粘的过程中，儿童的手部小肌肉不断成熟，手部动作越来越灵活协调。这种锻炼的方式本身是儿童喜爱的，所以不需要外力，儿童也是乐于参与其中的。

（三）美术教育有助于培养儿童良好的生活习惯和基本的自理能力

生活习惯的养成对于儿童来说非常重要。通过欣赏图片、阅读绘本等，儿童可以养成良好的作息、饮食和卫生习惯。在体育锻炼方面，也可以利用艺术活动，将运动环境和运动器械进行美的改造，使儿童乐于参与体育锻炼，从而养成锻炼的习惯。

美术活动结束后，对于使用的物品进行整理是必不可少的。整理活动可以培养儿童良好的生活自理能力，知道自己的事情要自己做，同时也是从小对儿童进行独立意识培养的一种途径。

安全知识的宣传同样也可以借助美术的形式，它比言语的说教更为形象直观，儿童更易理解也更易接受。我们常常看到各类警示标志都是以图的形式呈现出来的。这种图示化的安全标志不仅可以作为儿童学习的对象，更可以作为他们创作活动的对象，通过自己的亲身参与，标识可以被儿童更好地内化，从而习得基本的安全知识和自我保护的技能。

五、幼儿园美术教育与科学教育的整合

艺术和科学，虽然两者一个以感性著称，一个以理性著称，但两者却是不可分割的。美术活动与科学活动的整合，是感性与理性的碰撞，会让科学活动更加

生动有趣，也让美术活动增添了一份科学的美感。

（一）美术和科学都是儿童探究世界的重要途径

美术活动的很多内容都是以科学知识为基础的。例如，制作风车、不倒翁等活动，儿童只有在探索了解这些事物的基本原理后，才能够更好地制作。同时，美术是儿童进行科学探究的载体，运用这种特殊的载体他们把计划、探索、实验、发现等记录下来。这种直观形象的记录方式，既有利于培养儿童科学探究的兴趣，又有助于儿童回顾与反思自己的探究活动，为下一次的探究积累经验。

相对而言，审美感知是一种整体的感性认识世界的方式；科学探究是一种分析的理性探究世界的方式。儿童通过科学探究和审美感知，既能认识事物的大小、组成、外部形态，又能把握事物的色彩、形状和感觉。这种感性与理性相结合的探究在儿童认识不同的事物和现象中是可以相互支撑的。

（二）美术教育有助于加强儿童对形状和空间的认识，促进其数学认知的发展

形状是美术活动的核心表现要素之一。通过美术活动的浸润，儿童能较快地掌握不同的形状。在数学活动中，儿童学习的排列规律对美术活动开展有着很大的帮助。而在装饰美术中，儿童经常使用不同的排列组合方式对画面或物品进行装饰，将学到的内容用于实践操作，从而增强儿童的自主自信，促进儿童对规律的进一步理解。

科学活动对于事物“量”的特征的感知与美术活动中对于事物形态的描绘在很多方面是相通的。大小、多少、高矮、粗细等都可以通过绘画、手工等活动进行表现，这本身就是一种学习事物“量”的特征的有效途径。同时，在学习数量比较及各种数的概念上，除了采用实物外，图片也是直观、方便的手段之一。

空间关系同样是美术活动的重要概念，科学探究中习得的形状空间关系可以直接迁移到美术活动中去使用。而美术活动中的空间构图练习也能进一步加深儿童对空间的认识，丰富儿童的空间经验，帮助儿童在生活中正确利用空间经验解决问题。

本课回顾

幼儿园五大领域教育不是孤立的，而是有机联系、互相渗透的。美术教育与其他教育的整合既可以以美术学科作为活动的主要内容，也可以在主题活动中将美术活动与其他领域的活动相互融合，使它们围绕主题进程的需要，不分主次地统整。在美术教育与其他教育的整合中，我们不仅要在目标、内容上进行整合，而且要对各种不同的资源及方法进行整合，给予儿童完整的教育。

第三课　幼儿园美术教育与其他教育整合的案例分析

一、美术教育与音乐教育整合的案例

大班综合活动“听音乐绘画”

活动背景

音乐的旋律、节奏的起伏和线条的表现有些类似。本次活动以音乐作为切入点，通过音乐与绘画的联通，为幼儿提供了多渠道的情感体验。

活动目标

1. 体会通过身体动作和绘画方式感受优美、绵长、柔和的乐曲性质。

2. 初步学习用线条和色块组合成画面表达自己对乐曲的理解。

3. 通过随乐绘画，体验创作的乐趣。

活动准备

物质准备：音乐《纳西华尔兹》、长卷画、蜡笔、水粉颜料、画纸、彩色纸片。

经验准备：幼儿已能够随音乐进行身体动作的表演。

活动过程

1. 感受乐曲，并以身体动作，表现乐曲的旋律特点。

（1）引导幼儿安静倾听音乐。

教师：我有一只神奇的笔，它会听着音乐画画，今天它听的是什么样的音乐呢？我们一起来听听看。

（2）启发幼儿用手指画线的方法表现线条。

（3）引导幼儿用全身的动作来表现乐曲的柔和及绵长的性质。

教师：除了用手指当笔以外，身体还有哪些地方也可以当笔呢？

2. 跟着音乐画线条。

（1）边听音乐，边让幼儿在长卷画上画线条。在画的过程中，引导幼儿注意听音乐。

（2）启发幼儿想象这些线条的组合。

3. 选择与音乐相匹配的色彩。

让幼儿看看彩色的纸片，听音乐找一找哪种色彩和音乐比较匹配，把它们贴在一张纸上，不匹配的贴到另一张纸上，使幼儿感受到柔和、美好的色彩组合的效果以及灰色、压抑的色彩组合的效果。

4. 听音乐绘画。

（1）让幼儿边听音乐边想象画面。

教师：你能用这些优美的线条和好看的颜色组合成一幅画吗？让我们听着音乐来想想，这幅画是什么样的？想好了悄悄告诉老师。

（2）幼儿创作，教师提醒幼儿注意线条和色彩的应用要符合音乐性质，激发幼儿想象，鼓励幼儿创造。

5. 展示幼儿作品，鼓励幼儿大胆地在音乐声中表达画面情节。

活动延伸

边听音乐边欣赏大师的绘画作品，为大师作品匹配相应的音乐。

活动分析

上述活动是幼儿园美术教育与音乐教育整合的活动设计。音乐和美术同属于艺术范畴，所以，教师在目标的设定上，就希望儿童可以以绘画的方式，通过色彩和线条来表达对乐曲的理解。本次活动在幼儿创作前加入音乐欣赏，将音乐与线条、色彩匹配起来，通过这种多通道的感知方式，让幼儿体会不同的音乐带来的不同感觉。这样，有利于幼儿在创作时对作品主题的把握，同时有利于幼儿艺术通感的培养。在随乐绘画阶段，先通过线条去感受乐曲的律动，再通过配色去感受音乐的情感。最后，通过听音乐绘画，对儿童进行双向的审美强化，发展他们的审美感受和审美理解能力。

二、美术教育与语言教育整合的案例

大班综合活动“春天的秘密”

活动背景

春天给人的感觉是五彩缤纷、生机勃勃的。本次活动通过整体感受的方法，以情绪、情感、氛围感染幼儿，让幼儿借助听配乐朗诵、欣赏优美图片，产生丰富的联想，用画笔来表现春天的美丽，激发幼儿热爱大自然的情感。

活动目标

1. 理解诗歌的内容，感受诗歌循环反复的句式美及语言美。

2. 尝试用绘画的方式，描述自己眼中春天的秘密。

3. 乐意参加集体活动，感受春天的美。

活动准备

物质准备：舒缓的背景音乐、PPT《春天的秘密》、油画棒、颜料、画纸。

经验准备：幼儿已观察过春天，对春天的特征有一定的了解。

活动过程

1. 谈话导入，激发幼儿参与活动的兴趣。

教师：小朋友们知道现在是什么季节吗？春天来了，春天在哪儿呢？今天，老师给小朋友们带来了一首非常好听的诗歌，名字就叫《春天的秘密》。

（教师完整朗诵散文诗，幼儿欣赏。）

2. 引导幼儿初步理解、欣赏散文诗。

播放 PPT 鼓励并引导幼儿用诗歌中的语句来表述。

（1）春天来了，春天来了，小河里的冰怎么了？河水是怎么流着的？河水是怎么说的？说了什么？

（2）春天来了，春天来了，垂柳换上了什么样的新装？垂柳在微风中会怎么样呢？听完这句你有什么感觉？

（3）桃花红着脸，后面半句是什么？哪个小朋友来补充一下？抿着嘴是什么样的呢？谁来做一做这个动作？

（4）燕子怎么了？（飞在天空里）燕子飞在什么样的天空里？燕子是怎么叫的呢？你们听了后心里觉得开心吗？刚才有小朋友说到麦苗了。

（5）是什么样的麦苗从什么地方怎样出来的？你们听完这句话有什么

感觉？

（6）春天来了，农民伯伯忙着干什么呢？拖拉机发出什么样的声音？拖拉机也是小声说吗？散文诗里用了一个什么词来说的？

3. 完整欣赏诗歌《春天的秘密》，鼓励幼儿跟着念。

4. 绘画《你眼中春天的秘密》。

教师：春天还有很多秘密，还会在哪里呢？它们又会怎么告诉大家春天的秘密呢？

幼儿绘画，教师巡回指导。

5. 展示幼儿作品，欣赏评价。

活动延伸

装订好幼儿的作品放到表演区编故事。

活动分析

美术是幼儿展现世界和表达自我感受的“第二语言”，在美术创作过程中幼儿也会有言语的表达。幼儿美术能力的发展与其语言的发展息息相关。本案例是幼儿园美术教育与语言教育整合的活动设计。在本次活动中，教师运用诗歌导入的方式，引导幼儿说出春天的不同景色，帮助幼儿在创作过程中把握本次活动的主题。在理解诗歌的内容后，教师让儿童结合自己心中的春天，通过绘画，将语言转化为色彩和线条。在活动延伸环节，将儿童的美术作品放到表演区，帮助儿童创编故事，再次促进儿童的语言能力发展。同时，将语言教育与美术教育相整合，可以通过语言帮助幼儿进行美的感受和体验。

三、美术教育与数学教育整合的案例

大班综合活动“数字画”①

活动背景

数字的存在与人们的生活息息相关。幼儿每天要接触到大量的数字信息，如年龄、生日、家人上下班时间等。同时，孩子到了大班，对数字的理解是

① 本活动改编自徐慧：《幼儿园综合艺术活动指导》，107 页，北京，北京师范大学出版社，2013。

非常重要的。在活动中让幼儿了解数字的形式并以数字组合的方式进行创造，能够充分激发幼儿探究数字的兴趣，发展幼儿的想象力。

活动目标

1. 能够将数字的外形特征与人体的各个部位相互联系起来。

2. 进一步熟悉数形，尝试根据数字组合进行想象绘画。

3. 体验大胆想象与创作的快乐。

活动准备

物质准备：绘画纸、彩色水笔、0~9的数字卡片。

经验准备：幼儿已经认识数字0~9。

活动过程

1. 游戏导入“拍手数数和认数”。

教师拍手，请幼儿默默数教师共拍了几次手并说出数字。幼儿每说对一个数字，教师就出示相应的数字卡片。

2. 让幼儿进一步观察0~9数字的外形特征，引导幼儿进行想象。

教师：小朋友们想一想，这些数字都像什么？

教师：哪个数字像眼睛？哪个数字像耳朵？哪个数字像胳膊？

3. 创意绘画：《数字变变变》。

（1）教师提出创意绘画的要求，要求幼儿用0~9中的任意数字组画成一个人物形象，绘画时这些数字可旋转向各个方向，可以任意扩大或缩小，也可稍作变形。

（2）幼儿创作，教师巡回指导。除了用数字表现人物的外形特征以外，可以引导幼儿在人物衣物的装饰上用数字进行装饰。

4. 作品欣赏与评价。

教师：你最喜欢谁的作品？他的作品哪里最有趣？

幼儿之间相互欣赏作品，猜一猜伙伴的作品中数字藏在了什么地方。

活动延伸

在美工区用0~9中的任意数字组合画成一个动物形象。

活动分析

本次活动是幼儿园美术教育与数字教育整合的活动设计。数字对于幼儿来说是一个个抽象的符号，学前期的儿童处于前运算阶段，抽象逻辑思维能力还没有真正发展起来。为了对这些符号能有更直观的理解，在本次活动中，教师通过不断激发幼儿的想象力，将数字想象成人体的各个部位，通过数字的变形和组合变成一幅幅生动有趣的人物形象作品。这种方式是符合儿童的心理和学习特点的。可以说，在本次活动中美术将抽象的符号演变成具体的身体部位，既有趣，又激发了幼儿的想象力。

四、美术教育与科学教育整合的案例

中班综合活动“弹簧娃娃”①

活动背景

在本次活动中，幼儿通过折叠弹簧宝宝，提高了观察能力、模仿能力和动手能力。而且，幼儿在玩的过程中了解纸条经过折、剪后能变得富有弹性，体验到弹簧在日常生活中的功能。

活动目标

1. 认识到纸条通过折、剪的方式可以变得有弹性。
2. 能用卡纸条折叠弹簧，并大胆地用皱纹纸、勾线笔装饰弹簧娃娃。
3. 体验制作和装饰弹簧娃娃的乐趣。

活动准备

物质准备：卡纸条、乒乓球、双面胶、泡沫胶、皱纹纸、勾线笔。

经验准备：幼儿已了解弹簧的特性。

活动过程

1. 出示弹簧宝宝，引起幼儿的兴趣。

教师：今天老师用卡纸条、乒乓球来给你们变个魔术，请你们先把眼睛闭上，老师说 1、2、3，小朋友们再把眼睛睁开。

教师：小朋友们看！这是什么？

---

① 本活动改编自南京市奥体艺术幼儿园王静老师的中班美术活动“弹簧娃娃”。

邀请小朋友上来摸一摸老师做好的弹簧娃娃。

教师：这个小娃娃有什么特点？它的身体像什么？

教师：这是弹簧娃娃，像我们见到的弹簧一样，它可使自己的身体变短变长。我们可以怎样用卡纸条折叠弹簧？

2. 教师和幼儿共同探索操作步骤及要求。

（1）用双面胶固定两个卡纸条的一端。

（2）把下面的卡纸条沿着上面卡纸条的边向上折叠，用交叉折叠的方式折叠弹簧。弹簧折叠好了以后请你们把过剩的部分叠到弹簧里。

（3）把乒乓球用泡沫胶或双面胶固定在弹簧上。

3. 幼儿操作，教师巡回指导。

在活动过程中，教师可以引导幼儿用皱纹纸、勾线笔对弹簧娃娃进行装饰。

4. 幼儿展示作品，师幼进行评价。

5. 活动小结。

今天小朋友们真能干，自己动手做了弹簧娃娃，希望大家今后能够多观察多思考，生活中还有很多有趣的东西等着我们去发现。

活动延伸

活动结束后，可以让幼儿收集一些弹簧玩具，并尝试用图画的方式记录下弹簧玩具跳跃时的形态。

活动分析

本案例是幼儿园美术教育与科学教育整合的活动设计。美术与科学有着一种天然的联系。在本次活动中，教师以美术为主线（即弹簧娃娃的制作），将科学知识融于美术教育之中，以科学的探究来丰富美术活动内容，以艺术的表达方式增添科学活动的趣味性。

五、美术教育与社会教育整合的案例

小班综合活动“哭娃和笑娃”[①]

活动背景

小班幼儿刚入园，情绪不是很稳定。有一半的幼儿在入园初都是哭着度过，怎么劝都没有用，为了让幼儿尽快地适应幼儿园生活，我们特意设计了本次活动。

活动目标

1. 学会从眉毛、眼睛、嘴巴的细微变化中观察出人的情绪变化。
2. 能用简洁的线条表现出哭与笑两种不同的表情。
3. 能关心他人，愿为好朋友带来快乐。

活动准备

物质准备：幼儿人手一面小镜子，及画好脸轮廓的画纸和彩笔，表现哭和笑的表情图片，分别准备一段节奏欢快和悲伤的音乐。

经验准备：幼儿已了解哭和笑两种表情。

活动过程

1. 视频导入：教师播放事先录好的班内幼儿哭闹和大笑的视频让幼儿观看，回味当时自己的情绪。

教师：视频里的小朋友怎么了？你是怎么知道的？

教师：猜猜他们为什么哭？为什么笑呢？怎样让哭的小朋友也快乐起来？

教师：你遇到过哪些开心的事？那你遇到过伤心的事吗？讲给大家听听。

教师：如果好朋友有伤心的事了，想想看，我们怎样做能让他快乐起来？

2. 照镜子，再次观察五官与情绪的变化关系。

分别播放欢快的和悲伤的音乐，引导幼儿一边照镜子，一边仔细观察眉毛、眼角和嘴巴的细微变化。

3. 幼儿创作，教师适时进行指导。

教师可以提示幼儿按照镜子里自己的样子进行添画。

---

① 本活动改编自幼儿教育网。

4. 创设“心情速递”展示板。

同伴间互相讲述自己制作的心情卡。观察小伙伴的心情，看看有没有伤心的伙伴需要我们的关心。

播放背景音乐，幼儿自由结伴，相互做笑脸，把快乐带给同伴和朋友。

活动延伸

提醒幼儿每天结束幼儿园生活后，将自己一天的心情表现在“心情速递”板上，对于不开心的幼儿及时关注，并让他开心起来。

活动分析

本案例是幼儿园美术教育与社会教育整合的活动设计。在本案例中，美术作为幼儿社会交往的一种手段，让幼儿获得比知识更重要的东西，那就是爱、自信、创造和个性。活动的导入阶段，通过观察激发儿童的审美情感，接着通过儿童的审美感知发现情感和五官的关系，这都为创作提供了直观的基础。最后，引导儿童学会积极地调控自己的情绪情感，从而促进他们的社会情感发展。

六、美术教育与健康教育整合的案例

中班综合活动“画杯子”①

活动背景

春天天气比较干燥，但是有些幼儿不喜欢喝水，容易对身体健康造成威胁。为了能够让幼儿认识到喝水的重要性，同时帮助他们养成爱喝水的习惯，所以本次活动引导幼儿设计自己喜欢的杯子。

活动目标

1. 学会仔细观察杯子的细部特征。
2. 能够大胆创作自己喜欢的杯子。
3. 通过交流和分享自己的作品，体验创作的成就感。

① 本活动改编自大考吧网 http：//old.dakao8.com/jiaoan/html/13365712426373.html，2012-05-09。

活动准备

物质准备：各种颜色、形状的卡通杯若干、彩色笔、蜡笔、图画纸若干张。

经验准备：幼儿已对杯子的形状和用途有所了解。

活动过程

1. 谈话导入，引出活动主题。

教师：我们每个小朋友喝水的时候，都有自己的小杯子。可是，有的小朋友不喜欢喝水，喝水少的话，小朋友是会生病的。如果我们每个人都有一个漂亮的小杯子喝水的话，小朋友是不是就会喜欢喝水呢？

2. 出示若干漂亮的卡通杯，引导幼儿仔细观察。

教师：小朋友们，这是只漂亮的卡通杯。想一想，杯子可用来做什么？

教师：请小朋友们有序地来挑一个自己喜欢的杯子。看一看你挑选的杯子的颜色、样式，摸一摸杯子有什么样的触觉？想一想我选的杯子与其他杯子有什么不同？

3. 幼儿自由设计杯子，画在画纸上。

要求：展开联想，画出自己想要的杯子。自由设计杯子的形状、大小、颜色、图案。

4. 作品展示。

向老师、同伴介绍自己独一无二的杯子。让幼儿自由表达，鼓励幼儿把一句话说完整，并引导幼儿说说自己设计杯子的意图。自己设计的杯子有什么特点？做了哪些装饰？打算把杯子送给谁？

活动延伸

与幼儿共同搜集各种形态的杯子图片，让幼儿了解更多的杯子造型。

进行亲子活动，有条件的家长可带幼儿逛一逛附近的生活馆，引导幼儿观察发现各种造型奇特的杯子实物，甚至可带幼儿去“陶吧”亲自制作一个杯子。

活动分析

本案例是幼儿园美术教育与健康教育整合的活动设计。在本次活动中，教师将幼儿在美术创作过程中的情感体验作为实现健康教育目标的一种途径。教师将幼儿喝水的益处作为导入，引导幼儿设计自己喜欢的杯子，将其对杯子的喜爱之情转移到喝水上，从而培养儿童爱喝水的生活习惯。

七、美术教育与地域文化整合的案例

大班手工活动“美丽的银滩”①

活动背景

对生活在北海地区的幼儿来说，他们对银滩的美丽景色再熟悉不过了。本次活动通过让幼儿用沙子粘贴的方式去感受银滩的美丽，培养他们更加热爱自己生活的土地。

活动目标

1. 学习用胶水粘贴沙子，进一步学习粘贴点状材料的技能。

2. 养成整洁、干净的操作习惯。

3. 通过创作，表达对家乡景色的热爱。

活动准备

物质准备：淘洗干净的细沙，装沙子的盘子数个及刷笔，加入了少量黄色颜料的胶水、湿抹布和几张银滩风景的图片。

经验准备：幼儿已经去过银滩。

活动过程

1. 活动导入：欣赏银滩的照片。

（1）教师与幼儿一起到“我是小小旅行家”专栏欣赏幼儿的照片，请留影的幼儿说一说：银滩是什么样子的？

（2）教师出示银滩风景的图片，请幼儿欣赏图画内容。

教师：这是什么地方？人们在做什么？

（3）教师提出用沙子进行粘贴制作美丽海滩的建议，激发幼儿的活动兴趣。

2. 教师和幼儿共同探讨制作步骤。

（1）先用刷笔在“海滩”的轮廓线内刷上彩色的胶水（胶水加入颜色是为了让幼儿容易看清涂过胶水的地方），提醒幼儿要涂得均匀，每个地方都

---

① 本活动改编自徐慧：《幼儿园综合艺术活动指导》，132 页，北京，北京师范大学出版社，2013。

要涂到，但不能涂到线外去。

（2）用拇指、食指、中指抓起一小撮沙子，轻轻揉搓着让沙子慢慢往下落，这样可以比较均匀地撒在纸上。提醒幼儿凡是涂了胶水的地方都要撒上沙子。

（3）等画纸稍微干后，把纸竖起来，把多余的沙子轻轻地抖到沙盘里。

3. 幼儿创作，教师巡回指导。

提醒幼儿注意保持桌面干净、整洁，多余的沙子要放回到沙盘里。

4. 展示、欣赏幼儿作品。

活动延伸

沙堡：组织幼儿到沙地玩，让幼儿自由进行沙堡游戏，看看谁塑的沙堡高。

沙碗种植：把沙子放到小的纸碗或纸杯中代替泥土，种上一两颗小种子，等它发芽，就是一个很精致的小盆景。

活动分析

这是一个幼儿园美术教育与地域文化整合的活动设计。本次活动由幼儿在银滩游玩的照片导入，继而引导幼儿采用手工粘贴沙子的形式表现美丽的银滩，从而激发他们对家乡银滩的热爱。在本次活动中，幼儿既获得了粘贴的技能，同时也加深了对家乡景色、风土人情等地域文化元素的体验。

八、美术教育与民族文化整合的案例

大班美术欣赏活动“民族服装”[①]

活动背景

我国是个多民族国家，每个民族都有自己的特色，在服饰上也不例外。本次活动，可以让幼儿了解我国有56个民族，除了汉族以外，还有许多少数民族，他们有着代表其民族特征的风俗习惯与服装特点。

① 本活动改编自赵寄石、唐淑:《幼儿园渗透式领域课程（教师用书），大班（上）》，207页，南京，南京师范大学出版社，2005。

活动目标

1. 了解丰富多样的中国民族服装。

2. 学会欣赏各民族服装的款式、色彩、图案、质地等特点。

3. 感受人们通过服装所表达的对美好生活的向往。

活动准备

物质准备：各民族服装图片或实物若干，各类装饰的纸制材料、彩笔、剪刀等，少数民族歌舞音乐。

经验准备：幼儿已经见过维吾尔族、傣族等少数民族服装。

活动过程

1. 出示各民族服装，引导幼儿欣赏。

教师：你看到了什么？这些服装都是哪些民族的人穿的？

2. 讨论各民族服装款式的不同之处。

教师：这些服装是什么式样的？看上去各有什么特点？

3. 讨论各民族服装的色彩搭配特点。

教师：这些服装的色彩是怎样搭配的？每件服装的主要颜色是什么？配上了哪些颜色？这样配色好看吗？为什么？

教师：哪套服装用的颜色多？哪套服装用的颜色少？给你的感觉有什么不同？

4. 讨论民族服装的图案内容及寓意。

教师：这些服装上有哪些图案？这些民族的人为什么在服装上画美丽的图案？这些图案代表什么意思呢？

5. 讨论各民族服装的质地特点。

你能说出这些服装是用什么面料做的吗？你摸上去有什么感觉？

6. 请幼儿自由讨论欣赏后的感觉，教师适当引导。

教师：欣赏了各民族的服装后，你有什么感觉？你喜欢这些服装吗？你最喜欢哪一套？为什么？为什么各民族的人们都把服装做得这么漂亮？

播放音乐，教师和幼儿跟着音乐载歌载舞。

活动延伸

可结合社会领域中有关祖国、民族等话题开展一系列活动，从民族服装扩展到各民族的地域分布、生活习惯、文化特色等。

活动分析

本次活动是幼儿园美术教育与民族文化整合的活动设计。教师从民族服装的式样、颜色、图案、质地等方面引导幼儿进行美术欣赏活动。通过对不同民族的服装进行欣赏，既培养了幼儿的美术欣赏能力，又增进了幼儿对不同民族文化的了解。

九、美术教育与跨文化教育整合的案例

大班美术欣赏活动“中外建筑”①

活动背景

暑期结束后，小朋友们将自己在暑假和爸爸妈妈出门旅游的照片带到了幼儿园。在建筑区游戏时，老师发现小朋友们开始注重各种建筑物的样式和造型。为了能让幼儿积累更多有关各式建筑物的知识，教师准备了本次美术欣赏活动。

活动目标

1. 欣赏、比较中国和外国的建筑，初步了解中外建筑的风格特点。

2. 大胆地表达自己的感受和体验，耐心地倾听同伴的意见。

3. 对各种经典的建筑物感兴趣，激发热爱祖国的情感。

活动准备

物质准备：中外经典建筑物（如长城、天安门、天坛、白宫、克里姆林宫、卢浮宫等）的图片。

经验准备：对中外标志性的建筑物有一定的了解。

活动过程

1. 教师出示教学挂图和各种中国建筑物的图片。

教师：图片上是什么？你们看过北京的天安门吗？

教师：看到这些建筑，你有什么感觉？你知道它们是哪个国家的建筑吗？

---

① 本活动改编自赵寄石、唐淑：《幼儿园渗透式领域课程（教师用书），大班（下）》，197页，南京，南京师范大学出版社，2005。

2. 具体欣赏中国建筑物的外形和建筑风格。

幼儿和同伴相互交流。

教师：图片上的建筑物是什么样的？上面有什么样的图案？

教师：你最喜欢哪座建筑物？喜欢它的什么地方？

教师小结：图上的建筑物高高大大、气势雄伟，象征着我们伟大的祖国。

教师为幼儿简单介绍中国建筑的背景。

3. 出示外国建筑物的图片。

比较欣赏中国的古典建筑和国外的经典建筑。

教师：猜猜看，图片上的这一建筑是中国的建筑还是外国的建筑？

教师与幼儿共同讨论。

教师：中国的建筑和外国的建筑有什么不同？

4. 教师小结。

这些漂亮的建筑有的是中国的，有的是外国的，但都各具特色。中国的建筑上面，大多数都画着或雕刻着龙和凤；而外国的建筑看上去造型独特，充满异域风情。

活动延伸

引导幼儿用绘画、泥工、剪贴等多种方法表现自己喜欢的建筑物；还可以引导幼儿欣赏一些中外风格相结合的现代建筑，以拓展幼儿的视野，激发幼儿对各式各样建筑物的兴趣。

活动分析

这是一个幼儿园美术教育与跨文化教育整合的活动设计。在本次活动中，教师引导幼儿从形状、图案等角度欣赏中外的建筑物，并介绍了相关背景知识。通过对中外建筑的比较欣赏，幼儿对中外建筑的风格特点有了更加清晰的了解，同时逐渐学会尊重与接纳外国文化。

本课回顾

本节课介绍了幼儿园美术教育和音乐、语言、社会、健康、科学教育以及与地域文化、民族文化、跨文化教育相整合的教育活动案例。在这些案例中，我们发现美术可以作为实现不同教育目标的方法、手段、途径和表现方式。

思考与练习

1. 生态式艺术教育与多元文化艺术教育对幼儿园美术教育有哪些启示？

2. 尝试探寻《3—6岁儿童学习与发展指南》中艺术领域与其他领域在目标和内容上的内在联系。

3. 幼儿园美术教育和健康教育可以在哪些方面进行整合？

拓展训练

训练一：

结合生态式艺术教育的理念，请尝试设计一个幼儿园美术教育与其他教育整合的活动。

训练二：

结合多元文化艺术教育理念，请尝试设计一个多元文化背景下的幼儿园美术教育活动。

总结与反思

扫一扫，跟随本书作者一起回顾本单元内容，想一想有哪些收获，还存在哪些困惑。

参考文献

1. 边霞:《幼儿园美术教育与活动设计》，北京，高等教育出版社，2009。

2. 李季湄、冯晓霞:《〈3—6岁儿童学习与发展指南〉解读》，北京，人民教育出版社，2013。

3. 滕守尧:《艺术与创生》，西安，陕西师范大学出版社，2002。

4. 滕守尧:《回归生态的艺术教育》，南京，南京出版社，2008。

5. 滕守尧、边霞:《儿童艺术教育的理论与实践研究》，南京，南京师范大学出版社，2010。

6. 徐慧:《幼儿园综合艺术活动指导》，北京，北京师范大学出版社，2013。

7. 郑金洲:《教育文化学》，北京，人民教育出版社，2000。

8. 赵寄石、唐淑:《幼儿园渗透式领域课程（教师用书）》，南京，南京师范大学出版社，2005。

9. 王春燕:《中国学前课程百年发展变革的历史与思考》，南京师范大学博士学位论文，2003。

10. 吴慧源:《多元文化背景下广西幼儿园艺术教育课程研究》，广西师范大学硕士学位论文，2005。

11. 边霞:《生态式艺术教育——“我们身边的各种爱”单元主题活动》，载《早期教育》，2002（10）。

12. 边霞:《生态式艺术教育的基本思想与实践探索》，载《学前教育研究》，2003（7～8）。

13. 李明欢:《“多元文化”论争世纪回眸》，载《社会学研究》，2001（3）。

14. 王菊:《生态式艺术教育模式及其构建》，载《天中学刊》，2008（4）。

15. 辛治洋:《当前我国多元文化教育研究存在的问题及思考》，载《贵州师范大学学报》，2002（3）。

16. 郑金洲:《多元文化激荡中的教育变革》，载《学术月刊》，2005（10）。

第九单元

评价学前儿童美术教育

学习目标

1. 了解学前儿童美术教育评价的发展历程。

2. 领会幼儿园美术教育活动评价的目的和原则。

3. 掌握幼儿园美术教育活动评价的内容，学会评价具体的幼儿园美术教育活动。

4. 学会从美术创作过程、美术作品、美术欣赏能力三个方面对幼儿的美术学习进行评价。

情境导入

以下是一位教师在评价幼儿美术作品时写下的一段话。

“在评价幼儿作品时，不要将幼儿的作品与其他同伴比较：‘瞧瞧你画的不如某某小朋友好’，等等。这样的语言只会挫伤孩子的积极性。我们首先应该肯定幼儿的进步；再次要看看该幼儿在哪些方面进步了，可以从创作态度、创造力等方面综合评价。”

上述内容说明这位老师在评价幼儿美术作品时比较注重什么？我们可以从哪些方面去评价幼儿的美术学习？相信学习完本单元的内容后，你就能知道答案了。

第一课 代表性的学前儿童美术教育评价思想与方案

学前教育评价是对学前教育的社会价值做出判断的过程。它以学前教育为对象，对其效用给予价值上的判断。[①]学前儿童美术教育评价是学前儿童美术教育课程中必不可少的组成部分。通过对学前儿童美术教育的评价，教师可以充分认识到学前儿童美术的性质和特点，从而有助于"教师选择最佳教育模式或方案，保证学前儿童美术教育目标的实现"[②]。迄今为止，有影响的学前儿童美术教育评价思想主要有罗恩菲尔德及艾斯纳的美术教育评价思想，代表性的学前儿童美术教育评价方案有多彩光谱评价方案、档案袋评价及作品取样系统等。

相关链接

1929年美国教育家泰勒第一次提出"教育评价"这个概念。他将教育评价作为一门学科，其理论与基本思想是注意教育效果的价值判断。泰勒强调首先应分析教育应达到的目标，然后根据这一目标来评价教育效果，"教育评价可以为实现理想的教育目标起到促进和保证作用"。

一、代表性的学前儿童美术教育评价思想

（一）罗恩菲尔德的美术教育评价思想

罗恩菲尔德将儿童作为艺术教育的中心，注重儿童艺术创作的过程。关于美术教育评价的目的，罗恩菲尔德认为，是为了帮助教师更加了解儿童，并有效地提示儿童从事创作。关于美术教育评价的方式，他主张不仅要考虑到儿童的个体差异，也要考虑儿童所处的发展阶段。例如，"经验对7岁的儿童而言，可能是重

① 霍力岩：《学前教育评价》，18页，北京，北京师范大学出版社，2014。

② 孔起英：《学前儿童美术教育》，227页，南京，南京师范大学出版社，1998。

要但无意义，然而对12岁的儿童却可能具有意义了”①。关于美术教育评价的标准，他认为儿童创作的作品是其身心发展的外在表现，儿童作品的评价标准可分为客观与主观两方面。

其一是客观的评价标准，主要包括以下三个维度。

1. 发展的阶段：根据对不同年龄阶段儿童的心智和美术特点的研究，他将儿童美术发展分为涂鸦期、前图式期、图式期、写实萌芽期、拟写实期、青春危机期六个阶段，并且对每个阶段都提出了相应的发展评价量表。

2. 技巧和技术：在评量技巧和技术时，须考虑三个因素。（1）儿童选择的技巧足够他用来表现吗？（2）该技巧的使用是否与儿童的作品合为一体？（3）完成品所呈现的效果如何？②

3. 作品的组织：在评量儿童作品的组织时，须考虑三个要点。（1）这幅画对儿童有何意义？（2）该儿童是否都用同一种表现方式？（3）该作品是否是一贯的？③

其二是主观的评价标准，主要包括以下三个维度。

1. 心理的评量：儿童在创作时是否能够体验到他的作为，作品是否呈现出儿童自我表现的积极欲望。

2. 作品意义的评量：儿童作品的意义是儿童体验其经验和表现的程度。这一评量标准需要教师仔细观察儿童的创作过程才可以得出。

3. 不同成长界限的评量：对儿童作品的评价应考虑其感情成长、智慧成长、生理成长、知觉成长、社会成长、美感成长、创造性成长七个方面的发展。

（二）艾斯纳的美术教育评价思想

艾斯纳倡导以学科为基础的美术教育，从此，美术教育从以儿童为中心转向以课程为中心，强调不仅要注重过程还要注重结果。关于评价的目的，艾斯纳认为是为了改进教学计划与教学方法，从而进一步提高教学质量。

艾斯纳认为，评价的范围包括儿童与自我、儿童与班级、儿童与标准。“儿童与自我”是幼儿与过去某一时间点的自我发展对照，表明儿童的能力、感性与理

---

① ［美］罗恩菲尔德：《创造与心智的成长》，44页，长沙，湖南美术出版社，1993。

② ［美］罗恩菲尔德：《创造与心智的成长》，61页，长沙，湖南美术出版社，1993。

③ ［美］罗恩菲尔德：《创造与心智的成长》，65页，长沙，湖南美术出版社，1993。

解力的增长范围程度；“儿童与班级”是对比儿童与班级其他儿童，可以获得儿童在某一评价项目的一般水平，但这种评价范围也需要关注儿童的个体差异；“儿童与标准”是以学期或教学纲领的教育目标为基础，通过美术教育帮助儿童达到设定的目标。考虑到不同范围的评价给学生带来的正面和负面影响，因此，每个范围的评价都应谨慎进行。

关于儿童美术创作的评价标准，艾斯纳认为包括三个方面。其一是工作中显示出来的技巧，也就是儿童展示他所使用工具材料的技术特性的能力应该达到的程度。其二是儿童作品的美学性与表现性。包括儿童对作品的组织形式的关注程度，这些形式所起作用的方式，以及作品所展现的表现特性的类型。其三是创造的想象力在作品中的运用程度。包括儿童作品的独创程度，儿童是否用新颖的手法来处理材料，作品是否提供了内在的审视，作品是否澄清了以前世界某些模糊不清的方面。关于美术教育的评价途径，他认为主要有自我报告、直接的观察和集体的评判等。

二、代表性的学前儿童美术教育评价方案

（一）多彩光谱评价方案

难点讲解

扫一扫，收听“多彩光谱评价方案”的专家精讲。

多彩光谱项目以加德纳的多元智能理论和费尔德曼认知发展非普遍性理论作为理论依据。多彩光谱项目旨在揭示每个儿童的智能，发现每个儿童的智能强项，并引导儿童在其智能强项领域获得进一步的发展。

多彩光谱评价方案由评价活动和活动风格评价两部分组成，第一部分评价活动涵盖了运动、语言、数学、科学、社会、视觉艺术以及音乐 7 个智能领域的 15 个评价活动，详细说明了每一种活动发展的关键能力及活动目标、活动材料与准备、活动的具体程序、评价的过程和注意事项。第二部分活动风格评价，具体包括儿童是否愿意参加活动、参与活动时的信心、游戏性、专注程度、坚持性、工作速度、健谈性、计划性、创新性、成就感、与成人的互动等 18 种明显的风格特征。

该评价方案对儿童美术创作从具象性表现水平、探索程度、艺术水平三个范畴进行评价。

1. 具象性表现水平指创造出可辨认的符号来代表一般物体的能力。包括以下三个方面。

（1）基本形式：组成物体的基本线条形状、物体特征的表现、比例是否接近现实。

（2）颜色：颜色是否与所画对象一致。

（3）空间组合：物体在画面上的空间排列。

2. 探索程度指儿童使用艺术材料时通过设计、具象性绘画所反映出的灵活性、生产性、创造性和变化性的程度。包括以下三个方面。

（1）颜色：颜色的多样。

（2）变化：图画在形式和主题上的变化程度。

（3）动态：线条、形状和色彩显现出来的动态。

3. 艺术水平指运用不同的艺术元素如线条、形状、色彩来表现感情、制造效果以及装饰艺术作品的能力。包括以下三个方面。

（1）表现力：作品中对情感的表达。

（2）饱满感：不同深浅线条的效果。

（3）美感：美感与和谐。

评价时根据儿童的作品在每一个具体的评分维度上给出1、2、3三个不同高低水平的评价分值，同时还用描述性的文字对儿童的美术能力发展情况进行叙述。[①]

（二）档案袋评价

20世纪80年代美国教育实践中出现了一种学业成就评定方式——档案袋评价法。美国阿肯色州立大学的Elizabeth F.Shores和Cathy Grace在其著作《幼儿学习档案：真实记录幼儿学习历程》中指出，档案袋评价法不仅观察幼儿的进步情况，还可以了解幼儿的个别差异。更重要的是，教师在日常生活中收集幼儿作品时，根据幼儿的学习发展方向随时调整自己的教学计划，修正教学活动，真正做到开展以幼儿发展为中心的课程。

难点讲解

扫一扫，收听“档案袋评价”的专家精讲。

① ［美］玛拉·克瑞克维斯基：《多元智能理论与学前儿童能力评价》，194～198页，北京，北京师范大学出版社，2002。

档案袋评价法收集和保存的用来记录幼儿发展的项目丰富，种类繁多。其中最具有代表性的就是幼儿的作品。在对幼儿美术作品进行评价的过程中，从涂鸦到呈现具体图像的不同阶段的幼儿作品中，教师能够看到幼儿的表现和发展，可以帮助幼儿在作品上注明幼儿的名字、创作时间、幼儿的口述等。

（三）作品取样系统

美国教育评价专家山姆·麦索尔斯与其同事以表现性评价理论为基础研发出了作品取样评价系统（The Work Sampling System）。目的在于协助教师运用教室内真实的经验、活动与作品来记录并评价儿童的技巧、知识和行为。①

难点讲解

扫一扫，收听“作品取样系统”的专家精讲。

作品取样系统适用于学前至小学五年级的儿童，它包含三个相互关联的系统：发展指引与发展检核表、档案和综合报告。同时涵盖七个领域：个人与社会发展、语言与文学、数学思考、科学思考、社会文化、艺术、体能发展与健康，每个领域在三个系统都出现。

相关链接

作品取样系统中对5～6岁儿童美术方面的发展指引：

◆尝试使用不同的表达媒介（如彩色笔、手指画、撕贴画、黏土、面团等）。

◆快乐时，用画来表达感受。

◆使用某一种材料一段时期，以发展更好的控制力及技术。

◆评论一位朋友的画作："我喜欢你用这么多颜色来画你的图，它看起来像暴风雨。"

◆找出美术馆中他们最喜欢的画，并说明理由。

◆对于同伴所做的建构物、艺术作品等很热心地提意见。

---

① ［美］山姆·麦索尔斯等著：《作品取样系统——教室里的真实性表现评价》，1页，南京，南京师范大学出版社，2009。

“发展指引”是一套用来评价学生在不同年龄时表现与成就的合理期望。“发展检核表”是依据每一年龄的发展指引所延伸出来的年级表现指标，用来总结及诠释教师的观察。①

“档案”是有目的地收集学生的作品，由核心项目与个人项目组成，收集学生学期初、学期末、学年末三个时期的作品，是由师生共同创造的。

“综合报告”是教师根据幼儿在一段时间的表现，收集和回顾儿童的所有资料，结合发展检核表、档案、儿童家庭资料等内容对儿童做出详细的评价，反映出他们在每个领域的表现与进步。

作品取样系统在使用的过程中不会根据学生的一项表现来评价他的能力，而是会多次地运用发展指引与检核表，教师的观察及有架构的档案资料来评价。

本课回顾

迄今为止，有影响的学前儿童美术教育评价思想主要有罗恩菲尔德及艾斯纳的美术教育评价思想，代表性的学前儿童美术教育评价方案主要有多彩光谱评价方案、档案袋评价及作品取样系统等，具体见表 9–1。

表 9–1　代表性的学前儿童美术教育评价思想与方案

学前儿童美术教育评价思想与方案	主要观点
罗恩菲尔德的美术教育评价思想	涉及评价目的、评价方式和儿童作品评价标准
艾斯纳的美术教育评价思想	涉及评价范围、美术创作评价标准和评价途径
多彩光谱评价方案	由评价活动和活动风格评价两部分组成
档案袋评价	通过收集幼儿美术作品等作为评价的依据
作品取样系统	包括三个相互联系的系统，涵盖七个领域

第二课　幼儿园美术教育活动评价

《幼儿园教育指导纲要（试行）》指出，教育评价是幼儿园教育工作的重要组

① ［美］山姆·麦索尔斯等著：《作品取样系统——教室里的真实性表现评价》，9 页，南京，南京师范大学出版社，2009。

成部分，是了解教育的适宜性与有效性，调整和改进工作，促进每一个幼儿发展，提高教育质量的必要手段。幼儿园美术教育活动评价的对象由美术教育活动和活动的主体构成。具体来说，幼儿园美术教育活动的评价包括美术教育活动中的教师及幼儿的活动过程和活动效果。

一、幼儿园美术教育活动评价的目的

教学活动评价的核心目标是为了了解教学活动的成效，了解教学过程中教师和幼儿的行为，了解教学对幼儿发展的意义。①具体到幼儿园美术教育活动，可以说幼儿园美术教育评价旨在提高幼儿园美术教育活动的教学质量，提高教师的教育水平，促进其专业成长，促进每一个幼儿富有个性的成长。

（一）提高幼儿园美术教育活动教学质量

对幼儿园美术教育活动的评价为教师判断幼儿园美术教育活动的开展状况提供了反馈。教师可以了解幼儿园美术教育活动的目标是否实现，教育活动的内容选择是否合理，教学方法的选择和使用是否得当，是否达到了预期的教育效果，有助于教师发现幼儿园美术教育活动存在的问题，帮助教师及时改进美术教育活动方案，从而使幼儿园美术教育活动发挥有效作用，提高其教育质量。

（二）提高教师的教育水平，促进其专业成长

幼儿园美术教育活动的评价是对教师是否有效完成活动目标的一个判断，有利于帮助教师认识到自己设计和组织幼儿园美术教育活动的不足之处，促使教师根据评价结论对自己的教学活动设计、教学方法等做出调整。

幼儿园美术教育活动评价重视教师的自评，有利于教师对活动过程进行不断反思。教师自评使其由原来的评价对象变成评价主体，在评价过程中，处于主动的、积极的参与状态，这十分有利于教师反思自己的教育工作，自觉进行自我调控、自我修正、自我完善，从而不断提高教师自我评价的能力和效度，进而提高教育的质量和效率。教师自评的过程会成为教师运用专业知识审视教育行为，发现、分析、研究、解决教育活动中的问题的过程，也是教师自我成长的过程。

（三）促进每一个幼儿富有个性的成长

设计、组织和实施幼儿园美术教育活动的根本目的是促进幼儿身心的和谐发

---

① 虞永平：《幼儿园教学活动的评价》，载《早期教育》，2005（2）。

展与富有个性的发展，这也是幼儿园教育活动的根本宗旨和基本出发点。幼儿园美术教育活动是否真正促进了幼儿的个性发展，需要对幼儿园美术教育活动进行评价。在发展性理念指导下的幼儿园美术教育活动评价注重幼儿的主动、积极、富有个性的发展，重视幼儿创作的活动过程，关注幼儿园美术教育活动是否满足了每个幼儿的需要，是否尊重了每个幼儿在能力上的个体差异，是否注意到了幼儿情感态度、技能技巧的和谐发展等。

二、幼儿园美术教育活动评价的原则

幼儿园美术教育活动的评价原则是人们对美术教育活动评价的客观规律的认识，它是指导人们进行教育活动评价的行动准则。我们认为，幼儿园美术教育活动的评价应遵循以下原则：交互主体性原则、发展性原则、全面性原则和情境性原则。

（一）交互主体性原则

幼儿园美术教育活动的评价应遵循交互主体性原则，在尊重幼儿主体性的基础上，也充分考虑到教师的积极作用。“交互主体性”这一概念源于现象学大师胡塞尔，我们借用这一概念是为了说明幼儿园美术教育活动评价中幼儿和教师互为主体。

在幼儿园美术教育活动中，教师是设计、组织和实施活动的主体，幼儿是美术活动的主体。教师根据幼儿的身心发展特点及其美术发展水平，向幼儿提出适当的目标要求，提供丰富的美术活动材料，选择适宜的活动内容；在教师的引导下幼儿根据自己的兴趣和需要，完成创作的过程，和教师、同伴交流并分享美术活动的成果等。交互主体性评价可以同时激发教师和幼儿的主动性。

幼儿园美术教育活动评价应重视教师和幼儿的自我评价。教师是幼儿园美术教育活动的设计者和组织者，通过教师的自我评价，有利于教师对幼儿园美术教育活动进行自主调整，使幼儿园美术教育活动发挥其应有的效用和价值。幼儿是幼儿园美术教育活动的参与者和践行者，通过幼儿的评价，可以帮助教师掌握幼儿美术发展的实际情况，为教师今后设计幼儿园美术教育活动提供了借鉴。

（二）发展性原则

幼儿园美术教育活动的评价目的是促进幼儿、教师及幼儿园美术教育教学的发展。美国教育家斯塔费尔比姆强调：“评价最重要的意图不是为了证明，而是为了改进。"[1]早期的教育评价目的是为"选择适合教育的儿童"，而现代教育评价的目的则是"创造适合儿童的教育"，它是为不断完善和改进幼儿园教育活动过程，提高教育活动质量而服务的。

幼儿园美术教育活动评价应关注幼儿园美术教育活动改进的需要，关注幼儿的发展、教师的专业发展，注重突出评价的激励与控制功能，激发幼儿、教师、课程的内在发展动力，促进其不断进步，从而实现其自身的价值。

（三）全面性原则

首先，幼儿园美术教育活动评价应关注活动的整个过程，不应只对幼儿园美术教育活动效果中的儿童作品进行评价，还应对其活动目标、内容、方法进行评价。通过对幼儿园美术教育活动进行全面的评价，有利于促进教师不断调整对幼儿园美术教育活动的设计、组织，提高教育活动的质量。如果幼儿园美术教育活动评价是一种只注重教育活动效果的评价，忽视对活动其他方面的评价，那么就很难得出全面真实的结论。

其次，幼儿园美术教育活动评价不仅要关注活动目标中知识技能目标的完成，更应重视情感态度目标的实现，否则幼儿园美术教育活动就走不出"灌输知识，追求技能"的桎梏。有效的幼儿园美术教育活动，不仅仅局限于幼儿获得知识技能，更应重视幼儿情感态度的发展，创新意识及能力的形成。

最后，幼儿园美术教育活动评价还应促进全体幼儿富有个性的、和谐的发展。幼儿园美术教育活动评价应注重教师是否注意到了每个幼儿，是否能够引导每个幼儿积极参与活动全过程。

（四）情境性原则

加德纳认为，传统的学校教育评价是用非情境化的考试系统外加标准化的考试来评价学生。这种评价往往与课程、教学分离，通常是在完成了一定的学习任务之后，在特定的时间、地点进行，评价与学生的学习过程也截然分离，它并不是教与学过程中的"形成性评价"，而是一种"终结性评价"。加德纳提出了"情境化评价"的理念，以此来改正学校教育评价的功能及方法。他把"情境化评价"作为"标准化考试"的替代方案，认为真实的评价应该发生在实际的学习过程中，即学生掌握完成某项工作所需的知识、技能和技巧——他称之为"学徒模式"，如

---

① 曹英:《幼儿园绘画教育活动评价内容的研究》，17页，东北师范大学硕士学位论文，2006。

学会演奏、表演、运动、绘画等的过程。[①]

《幼儿园教育指导纲要（试行）》明确指出，幼儿园教育活动评价要“在日常生活与教育教学过程中采用自然的方法进行。平时观察所获的具有典型意义的幼儿行为表现和所积累的各种作品等，是评价的重要依据”。因此，幼儿园美术教育活动评价坚持情境性原则，将幼儿园美术教育活动与幼儿的生活经验紧密联系起来。

三、幼儿园美术教育活动评价的内容

幼儿园美术教育活动评价的内容从不同的角度可以有多种不同的划分方法，有针对人的评价（如对教师的评价及对幼儿的评价等），有针对物的评价（如美术活动中用到的工具和材料），有针对过程的评价，有针对效果的评价（如儿童作品）等。对教育教学活动环节的评价、对教师教学活动的评价、对幼儿学习活动的评价则应是最基本的评价内容。

虞永平在《幼儿园教学活动的评价》一文中曾列出《幼儿园教学活动评价表》，该表格中包括目标、内容、教师、幼儿四个项目，每个项目分为 A、B、C、D 四个等级。根据虞永平的《幼儿园教学活动评价表》，结合幼儿园美术教育活动自身的特点，幼儿园美术教育活动的评价可以从以下方面着手。

（一）活动目标

1. 活动目标是否符合不同年龄班幼儿的发展特点和能力水平。

2. 活动目标是否与美术教育的总目标相一致，是具体的、明确的，具有可操作性的。

3. 活动目标是否能够体现本次活动的重点和难点，层次是否分明。

4. 目标在活动过程中的达成度如何。

（二）活动内容

1. 活动内容的选择是否符合特定年龄班儿童的发展特点，是否符合幼儿的知识和经验水平。

2. 活动内容的选择是否有助于实现美术教育活动所制订的目标。

3. 活动的工具和材料是否能支持幼儿的学习，是否能够满足幼儿的艺术表现

---

① ［美］Joe L.Kincheloe 主编：《多元智力再思考》，9 页，北京，中国轻工业出版社，2004。

力，是否能够满足不同能力水平幼儿的需求。

4. 内容实际的完成情况如何。在活动过程中，预定的内容是否全面完成，有没有完成一些计划外的活动内容，它是在什么特定的情境下发生的，这样是否合理。

（三）教师

1. 教师在活动过程中的讲解是否适宜。主要指教师在美术教育活动中对活动内容的讲述与解释是否适宜，是否有利于幼儿进一步学习和促进幼儿思考。

2. 教师在活动过程中对幼儿的关注程度如何。主要指教师对幼儿在美术教育活动中的情况的关注，包括幼儿的兴趣、投入程度、创作过程等方面。

3. 教师在活动过程中使用的教学策略是否适宜。主要指教师在讲解过程中及幼儿创作过程中，所采用的旨在激励、指导、传授、帮助、启发幼儿的具体策略是否合适。

> **想一想**
>
> 记录一次美术教育活动的评价过程，关注教师对活动过程的反思，以及教师对教学设计的进一步完善。

4. 教师总结和评价是否适宜。教师在美术教育活动过程中及活动结束后，是否能够根据需要开展适当的评价。

（四）幼儿

1. 幼儿在活动过程中的投入程度。幼儿在美术教育活动中是否积极主动，注意力是否集中，思维是否活跃，是否愿意与教师、同伴进行互动，是否表现出创造性。

2. 幼儿在创作过程中的专注程度。

3. 幼儿在活动过程中是否能够获得新的经验，是否在面临问题时能够有效运用已有经验努力解决问题。

4. 幼儿的学习习惯。

四、学前儿童美术教育活动案例与分析

大班美术活动“有趣的量高尺”

活动背景

新年过后，孩子们又长大了一岁，身高也有了变化。开展美术活动“有

趣的量高尺”基于以下两点思考：对量高尺的欣赏贴近幼儿已有的生活经验；对不同设计图案、不同形状的量高尺的欣赏，以及对其设计创意的感受，有利于激发幼儿的创造力。

活动目标

1. 知道自己随着年龄的增长也会长高，尝试设计并绘画有趣的量高尺。

2. 欣赏、感受量高尺的不同设计图案及其设计创意，能运用借形想象、夸张等手法设计制作有创意的量高尺。

3. 感受成长的愉悦，体验自己动手设计的乐趣。

活动准备

1. 物质准备

量高尺 PPT 图片及裁成长条的彩色卡纸、白色油画棒，标好身高尺度的透明软玻璃水晶垫人手一条、双面胶、教师用范例一份等。场地上事先画好离地 40cm 的长线一条，在活动室布置幼儿收集来的量高尺。

2. 经验准备

用过量高尺量身高，且已有用油画棒画画的经验。

活动过程

1. 谈话导入，引起幼儿对量高尺的关注。

教师：过完年后，我们又大了一岁，你有什么变化呢？你怎么知道自己长高了呢？用什么量的？

2. 欣赏各种图案的量高尺，探索各种量高尺的不同设计创意及其蕴含的意义。

（1）欣赏量高尺组合（长颈鹿、大象、椰子树等图案量高尺），引发幼儿感知“借形想象”的创意美（图 9–1、图 9–2）。

（2）引导幼儿结合生活经验，大胆联想。

（3）欣赏有创意的量高尺（火箭、船、气球等图案量高尺），探索其设计的巧妙之处（图 9–3 至图 9–6）。

（4）小结：原来生活中有很多有趣的量高尺，有的是利用了事物的某个比较长的部分做成量高尺，有的量高尺是夸张地拉长事物的某一部分让人看了很好笑，还有很多量高尺表现出了设计师的巧妙创意。那设计师为什么要这么花心思地去设计量高尺呢？

3. 介绍制作材料，鼓励幼儿大胆想象、设计有创意的量高尺。

（1）介绍绘画材料，启发幼儿设想如何设计量高尺。

（2）介绍量高尺模板，提出制作要求。

4. 幼儿根据自己的设想独立创作，教师巡回指导。

（1）重点鼓励幼儿设计跟别人不一样并有自己创意的量高尺。

（2）在贴身高线标尺时，帮助个别有设计需要的幼儿进行裁剪。

5. 相互欣赏作品，感受成功的快乐。

（1）引导幼儿将制作好的量高尺沿线固定在墙面上，并和同伴之间相互量一量身高。

（2）师幼共同欣赏作品，相互分享、提升经验。

附：

图 9-1

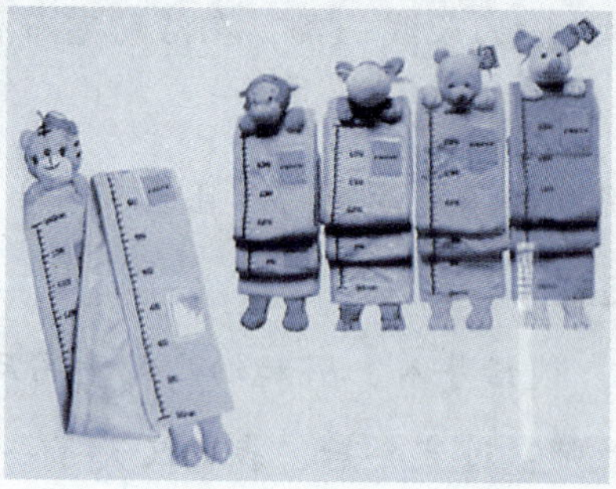

图 9-2

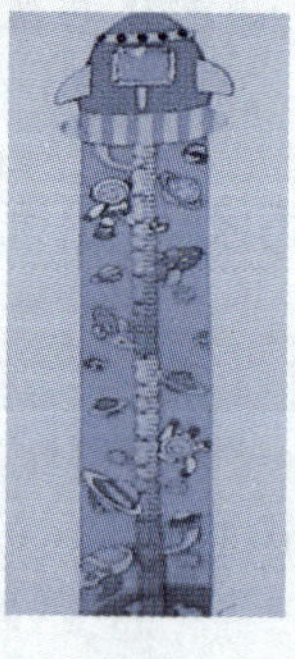

图 9-3

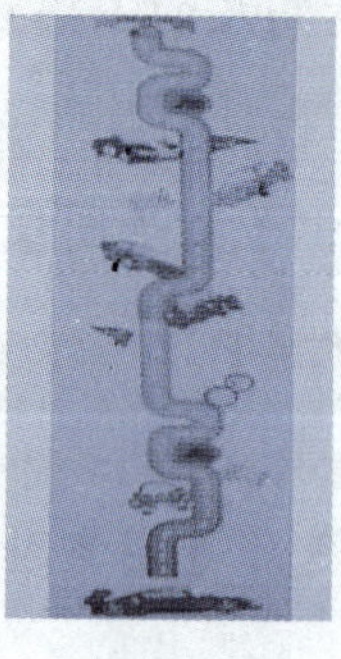

图 9-4

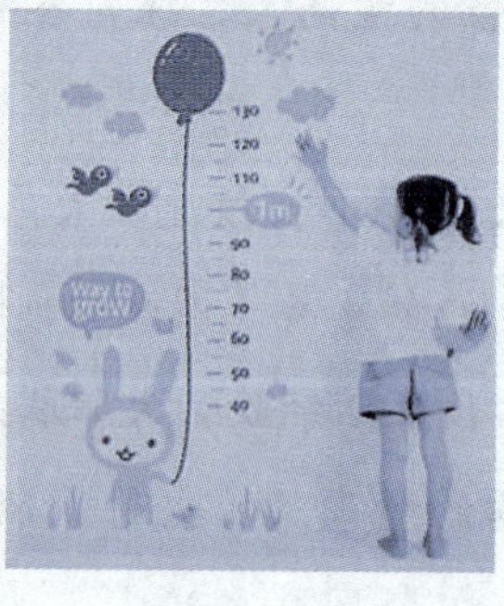

图 9-5

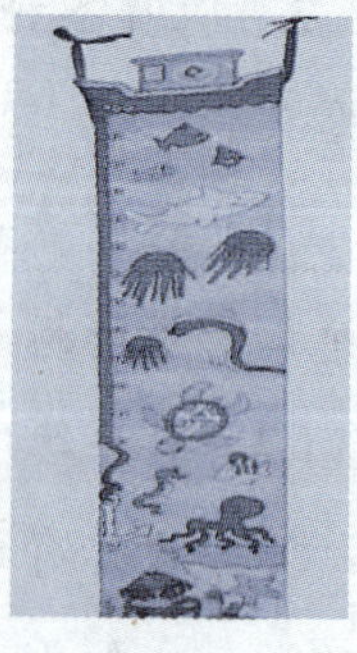

图 9-6

活动实施与分析

教师：过完年后，我们又大了一岁，你有什么变化呢？

幼儿：长大了。

幼儿：长高了。

教师：小朋友们如何知道自己是不是长高了呢？

幼儿：量身高。

教师：用什么量的？

幼儿：尺子量。

幼儿：量高尺。

教师：下面我们来欣赏一下，设计师们为我们小朋友设计的量高尺（出示图 9-1）。

幼儿：哇！

教师：设计师们是用什么形状来设计量高尺的啊？

幼儿：设计师喜欢用长长高高的事物来设计量高尺。

教师：这些量高尺是什么图案啊？

幼儿：长颈鹿！

幼儿：大象！

幼儿：椰子树！

教师：在量高尺的哪里量身高的？

幼儿：（上来指图片中的刻度）这一条条的线。

教师：能量身高的叫身高线，设计师把身高线设计在哪里？

幼儿：大象的长鼻子。

幼儿：长颈鹿的脖子上。

教师：为什么要把身高线放在这些地方啊？

幼儿：因为长颈鹿的脖子长长的，高高的。

教师：生活中除了大象鼻子和椰子树，还有什么是长长高高的？

幼儿：蛇。

幼儿：猴子。

幼儿：柱子。

幼儿：人的腿。

幼儿：房子（高高的楼房）。

幼儿：电视塔。

幼儿：大山。

幼儿：火山口。

教师：（又呈现一些量高尺的图片）看！它们的设计有什么巧妙之处（出示图 9–2）？

幼儿：老虎的身体被拉长了。

教师：这些量高尺还有更巧妙的地方，巧妙在哪里？

幼儿：会折叠的，很软的。

教师：看看这些量高尺都是什么图案（出示图 9–3 至图 9–6）？

幼儿：火箭。

幼儿：赛车道。

幼儿：气球的线。

幼儿：海底世界。

教师：为什么要花那么多心思把量高尺设计得那么漂亮啊？

幼儿：这些图案就是为了让我们喜欢。

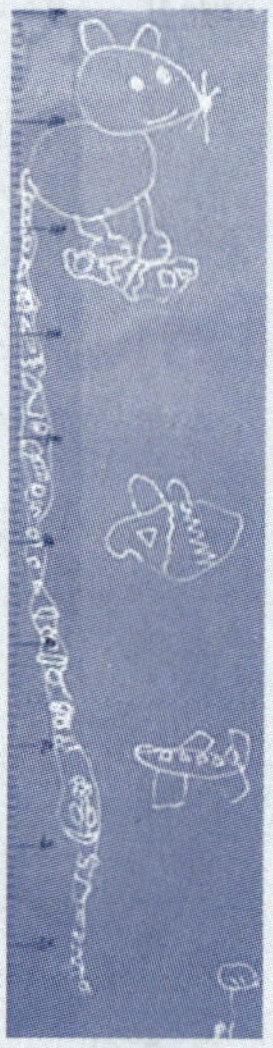

图 9–7　幼儿作品 1

教师：你打算怎样设计你的量高尺呢？

幼儿：把喜欢的卡通人物的脖子拉长，变成量高尺。

幼儿：老鼠的尾巴。

在创作阶段，教师为幼儿准备了裁成长条的彩色卡纸、白色油画棒及标好身高尺度的透明软玻璃水晶垫、双面胶。并在场地上事先画好离地 40cm 的长线一条。教师首先介绍了制作材料，请小朋友想一想“你打算设计怎样的量高尺”，并鼓励幼儿大胆进行创作。

创作结束后，小朋友共同欣赏与评价作品（图 9–7、图 9–8），并尝试利用量高尺量出自己的身高。教师请小朋友介绍自己的作品，并问幼儿：“你最喜欢哪一个量高尺？为什么？”

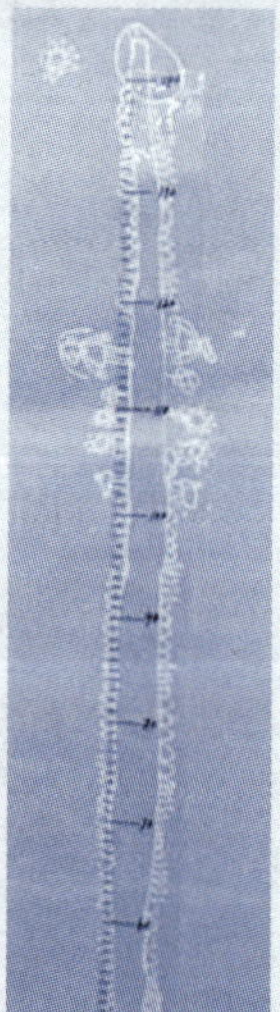

图 9–8　幼儿作品 2

活动评价

活动“有趣的量高尺”在新年过后，从幼儿的身高有所变化入手，引导幼儿思考如何量出自己的身高，用何种工具量身高，导入量高尺的概念。然后，教师向幼儿展示各种利用事物不同部分和图案设计出的量高尺，激发幼儿的已有经验。在充分感知与体验的基础上，孩子们进行自由创作，他们的作品贴合日常生活经验，具有表现力，富有想象力。欣赏与评价环节，师幼共同欣赏作品，并利用创作出的量高尺对自己的身高进行测量，使幼儿更进一步地体验作品，同时提升了幼儿的经验。

该活动的设计与实施体现了以下几个方面的特点。

作品的选择贴近幼儿的生活经验，紧扣活动主题，符合大班幼儿的心理发展特点。同时，该活动融入了数学元素，大班幼儿已经开始学习自然测量，数学经验相对于小班和中班幼儿更丰富一些，所以，该活动融入数学活动中“测量”的概念，使得本次美术活动更具实用性。此外，量高尺在幼儿的生活当中十分常见，教师带领幼儿欣赏各种不同图案及不同形状的量高尺，一方面使得幼儿的已有经验得到巩固；另一方面在教师的引导下幼儿发挥想象力，主动思考生活中适合用来制作量高尺的图案和形状。教师在作品选择中不仅选择了幼儿喜爱的动物、卡通形象、生活物品等，而且也选择了一些经过变形后的整体形象（如赛车道、海底世界等），同时给予幼儿启示，激发了幼儿的想象力，使得他们已有的审美经验进一步丰富。作品的选择体现了适宜的层次性和递进性，使得幼儿对量高尺的认识更加深入。

提供的操作材料有助于幼儿的创作，富有表现力，如裁成长条的彩色卡纸、白色油画棒、标好身高尺度的透明软玻璃水晶垫等。在表现与创作环节，幼儿可以自由选择自己喜欢的彩色卡纸。标好身高尺度的透明软玻璃水晶垫能够贴在幼儿创作的量高尺上，使量高尺更具实用性。油画棒也有利于幼儿抓握，白色油画棒画在彩色卡纸上，色彩鲜明。幼儿在表现与创作环节能够充分表达自己的感受与体验。此外，教师给幼儿提供了宽阔的场地，幼儿能够自由地进行创作。在欣赏与评价环节，教师将幼儿创作的量高尺固定在墙面上，让幼儿和同伴相互量一量身高，丰富了幼儿的生活经验。

背景音乐的选择与幼儿创作的氛围十分贴合。背景音乐《菊次郎的夏天》旋律活泼轻快，可以激发幼儿丰富的想象力和创造力，使幼儿主动进入情境，感受和体验欣赏与创作的过程。

（该活动由夏涓设计并执教，邵秋硕整理并分析）

本课回顾

幼儿园美术教育评价有利于幼儿园美术教育活动教学质量的提高，帮助教师提高自身教育水平，获得专业成长，并能促进每一个幼儿富有个性的成长。幼儿园美术教育活动的评价应遵循交互主体性原则、发展性原则、全面性原则和情境性原则等。关于幼儿园美术教育活动的评价可以从活动目标、活动内容、教师、幼儿四个方面进行。需要注意的是，对教师的评价不仅要评价教师自身的专业素养，也要评价教师在活动设计、组织和实施过程中的表现。

第三课　幼儿美术学习评价

幼儿的美术学习是幼儿通过游戏的方式认识世界、记录生活、表达情感的一种方式。幼儿园美术活动一般包括幼儿园绘画活动、手工活动和美术欣赏活动。所以，在评价幼儿美术学习时，我们可以从幼儿美术创作过程、幼儿美术作品和幼儿美术欣赏等几个方面来进行评价。

一、对幼儿美术创作过程的评价

幼儿的美术创作过程是创作者从构思到作品呈现的过程。在这一过程中既有创作者内隐的心理活动，也有创作者外显的行为表现。创作过程将内隐和外显的活动融为一体。

要对幼儿美术创作过程进行评价，那么第一步就要细致观察和详细记录幼儿在创作过程中的表现。在幼儿的美术创作过程中最容易观察到的就是创作者外显的行为表现，内隐的心理活动常常通过外显的行为表现出来。所以，我们可以记录幼儿在美术创作过程中的言语、表情、行为等方面的表现。第二步就是要对这些记录下来的资料进行整理分析，并作出解释。第三步就是要求评价者需要有比较全面的幼儿美术教育理念，在评价过程中既要考虑到幼儿已经掌握的美术知识和技巧，也要考虑到幼儿已有的审美经验与生活经验，以及幼儿的美术学习态度和学习风格等。

关于幼儿美术创作过程的评价，我们可以从创作者的构思、主动性、兴趣、专注度、独立性、创造性、操作的熟练性、自我感觉、习惯与常规九个部分进行评价，同时在这九个部分中，每个部分又可以分成四个水平进行细致评价。[①]

（一）构思

构思是评价幼儿在创作前是否能够预先考虑好要创作的主题和内容。幼儿构思往往与幼儿的年龄水平、创作水平、学习风格都有一定的关系。所以，在构思部分，可以分为以下四种水平。

1. 创作前先考虑好创作的主题和内容，之后再围绕已想好的主题和内容进行创作。

2. 先考虑好要创作作品的部分内容，完成之后再考虑另一部分内容。

3. 先开始创作，再进行构思，在创作过程中，想到什么就创作什么。

4. 只有创作活动，没有形象创造，表现为在纸上随意涂抹或反复掰泥、撕纸。

（二）主动性

主动性是评价幼儿开始进行创作和在创作过程中的投入状态。主动性可能受幼儿自身对美术的兴趣，以及幼儿对活动主题兴趣的影响。具体可分为以下四种水平。

1. 由于幼儿受到自身兴趣以及愿望的支配，自觉进行美术创作。

2. 由于受到特定工具材料的引发，开始进行美术创作。

3. 看见其他人进行美术创作，自己也跟着做。

4. 在教师和成人的提醒或者要求下开始进行美术创作。

（三）兴趣

兴趣是评价幼儿是否愿意投入到美术创作中，以及在创作中是否积极热情、兴奋愉悦。具体可分为以下四种水平。

1. 自愿开始美术创作，并倾注极大热情，完全沉浸在创作过程之中。

2. 欣然接受并愉悦地开始创作，在创作过程中可能会以自言自语的方式流露出愉悦之情。

3. 在创作中犹豫不决，并企图中断或张望别人在做什么。

---

① 陈帼眉:《学前儿童发展与教育评价手册》，712～716 页，北京，北京师范大学出版社，1994 年。

4. 拒绝进行美术创作。

（四）专注度

专注度是评价幼儿在美术创作过程中注意力的集中程度与持久程度。幼儿的专注度可能受到周围环境，幼儿对活动本身的兴趣以及幼儿的学习品质的影响。具体可分为以下四种水平。

1. 能在较长的一段时间内从事已选定的美术创作，并不受外界的干扰，有时甚至第二天能够继续创作。

2. 能在同年龄幼儿一般可维持的时间内持续从事创作活动，中途偶有离开的现象发生，但还会自动回来，直到活动完成。

3. 需要教师或者成人的鼓励，才能将美术创作进行完毕。

4. 不能将美术创作进行完，或中途改变活动。

（五）独立性

独立性是评价幼儿能否自己决定活动任务并完成任务的标准。幼儿的独立性可能受到幼儿的气质与性格特点，幼儿的美术能力水平的影响。具体可分为以下四种水平。

1. 自己决定活动任务，解决创作过程中出现的问题，拒绝别人的干涉，独立完成任务。

2. 主动请教成人或同伴，考虑别人的建议，然后自己完成任务。

3. 模仿他人完成自己的作品。

4. 接受并在他人的帮助下完成作品。

（六）创造性

创造性是评价幼儿在美术创作过程中是否有独创和表现意识与能力。具体可分为以下四种水平。

1. 构思、材料的利用以及造型都别出心裁。

2. 重组已学过的造型式样、方法和技能进行造型。

3. 重复已学过的造型式样、方法和技能进行造型。

4. 只按成人传授的造型式样、方法和技能进行造型。

（七）操作的熟练性

操作的熟练性是评价幼儿在美术创作过程中的动作是否灵活、准确。操作的熟练性可能受到幼儿的年龄、动作发展、机体成熟水平与美术能力水平等影响。

具体可分为以下四种水平。

1. 使用工具的姿势正确、轻松，操作动作连贯、迅速、准确，一次完成创作，作品质量好。

2. 使用工具的姿势正确、轻松，操作动作平稳，但欠准确，中途修改，作品质量好。

3. 使用工具的姿势正确但笨拙，操作动作迟缓、准确性差，有失误不知修改，作品显粗糙。

4. 使用工具的姿势笨拙有误，只有重复性动作，不能完成作品。

（八）自我感觉

自我感觉是评价幼儿对自己创作出来的美术作品的看法。具体可分为以下四种水平。

1. 自己认为作品很成功，主动邀请别人欣赏自己的作品，并解释作品的含义，甚至能将自己的作品慷慨赠予别人。

2. 对自己的作品感到满意，但不主动展示，听到别人的称赞感到愉快，并希望保留作品。

3. 认为自己的作品不太成功，接受别人的看法，希望将作品交给成人。

4. 对自己的作品感到沮丧，对别人的反应无动于衷或产生抵触，对自己作品的去向不关心或毁掉作品。

（九）习惯与常规

习惯与常规是评价幼儿在美术创作过程中是否能够有步骤、有秩序地工作，包括创作的顺序性方面和保持工具材料的秩序方面。

一是创作的顺序性方面，具体可分为以下四种水平。

（1）有顺序、有步骤地完成作品。

（2）弄错步骤，发现后主动纠正，并完成作品。

（3）想到什么就做什么，在混乱中完成作品，作品有缺陷。

（4）只完成局部，作品半途而废。

二是保持工具材料的秩序方面，具体可分为以下四种水平。

（1）保持工具材料摆放的固定位置，用时取出，用后按原位置放回。

（2）大致能保持原位，放错位置后能找到。

（3）用后乱放，用时找不到。

（4）不会取放，拿到什么用什么。

二、对幼儿美术作品的评价

幼儿美术作品是幼儿美术学习的一种呈现方式，可以反映出幼儿在美术学习过程中获得的经验和能力。不同的评价者评价的层面也不尽相同。

（一）罗恩菲尔德对儿童美术作品的评价

罗恩菲尔德根据幼儿在美术作品中反映出的感情、智能、身体动作、知觉、社会性、美感、创造七个方面，制定出了一般评价量表。[①]具体标准见表 9-2 和表 9-3。

表 9-2　幼儿美术作品的主观评价标准

评价项目	成长的属性	等级		
		很少	一些	很多
感情的成长	非定型的表现			
	非概念性的表现			
	经常改变表现符号			
	自我经验的表现			
	自由地使用线条和笔触			
智能的成长	包含许多细节			
	色彩的变化			
	其他主动知识的呈现			
身体动作的成长	视觉和动作的协调			
	身体动作的表现			
	身体意象的投射			
	技巧熟练			
知觉的成长	视觉经验的表现：光、影、空间透视、颜色变化			
	非视觉经验的表现：触觉、纹理组织、听觉			
	运动经验的表现			
社会性的成长	体验他人的需要			
	呈现社会环境的特征			
	参与团体制作			
	欣赏其他文化			
	乐于与人合作			

① ［美］罗恩菲尔德:《创造与心智的成长》，70～72 页，长沙，湖南美术出版社，1993。

续表

评价项目	成长的属性	等　　级		
		很少	一些	很多
美感的成长	思想、感情和知觉的统整			
	对于色彩调和的敏感性			
	对于纹理调和的敏感性			
	对于线条调和的敏感性			
	对于形体调和的敏感性			
	喜爱装饰性的设计图案			
创造的成长	独创而不抄袭			
	独创而不模仿他人的风格			
	独创的内容			
	表现方式与他人不同			
	作品整体与他人不同			

表 9–3　幼儿美术作品的客观评价标准

评价项目	评价标准	评价等级		
		很少	一些	很多
发展阶段（表现是否符合所属阶段特征）	人物			
	空间			
	色彩			
技　　巧	所用技巧适于表现			
	所用技巧是作品整体的一部分			
	作品中呈现的努力程度			
作品的组织	作品的一部分有细节表现			
	作品的一部分表现了真实环境			
	作品的一致性			
	作品的任何改变影响作品意义的程度			

（二）多彩光谱项目对儿童美术作品的评价

多彩光谱项目对幼儿美术作品的评价从具象性表现水平、探索程度、艺术水平三个方面进行。[①]具体标准见表 9–4 至表 9–6。

表 9–4　光谱计划之儿童视觉艺术评价标准——具象性表现水平

元素	具体标准	水平一	水平二	水平三
基本形式	组成物体的基本线条形状、物体特征的表现，比例与现实接近的程度	1. 垂直线、斜线和水平线孤立存在，包含结构的图画被涂得乱七八糟，涂鸦是任意而胡乱的。 2. 基本物不完整。 3. 物体内和各物体之间的比例不一致。	1. 倾向于把某些几何图形组合成更复杂的形式。 2. 能包含物体的主要特征。 3. 物体内部自身的比例与现实一致。	1. 轮廓线开始出现，画面不是几何图形的拼凑，而是勾勒物体的轮廓线，包括剖面图和侧视图。 2. 明显的细节。 3. 物体自身和物体间的比例接近现实。
颜色	画面颜色与所画物像的一致性	颜色的使用随意，与所画的对象没有联系。	使用多种颜色，且使用颜色中至少有一种是真实物体的颜色，或者完全就是真实物体颜色的反映。	使用多种颜色作画，且大多数画都能有意使用颜色，极少的画中出现与现实不符的颜色。
空间组合	物体在画面上的空间排列	画中各物体模糊地浮在空中，所画的人物、物体和动物是颠倒的、倾斜的、偏离的，散布在画的四周。	对基线有着初步的认识，物体和人物之间常常彼此不相关，或局限在纸上的某个地方。	所作的画反映了明显的基线感，所画的对象间彼此相关且在纸上融为一体，对上端、下端、里外的认识很明显。

表 9–5　光谱计划之儿童视觉艺术评价标准——探索程度

元素	具体标准	水平一	水平二	水平三
颜色	颜色的多样性	每一幅画基本上都是单色，颜色很少有变化。	使用多种颜色，多用色彩作简单的画。	有效地运用多种颜色表现情感和气氛，色彩的对比和混合很明显，所作的画多彩而有意味。

① ［美］玛拉·克瑞克维斯基：《多元智能理论与学前儿童能力评价》，194～198 页，北京，北京师范大学出版社，2002。

续表

元素	具体标准	水平一	水平二	水平三
变化	图画在形式和主题上的变化程度	图案和构思重复而且很少或根本没有变化，画中所表现的组合很有限。具象性表现的形式极少或根本没有变化。	许多组合交织在一起或出现在所收集的图画中。具象性图画在图案、物体或主题上有中等程度的变化。	在设计中以多种多样的方式使用线条和形状，如开放的和封闭的、爆发性的和控制性的。具象性图画在形式上或主题上有明显的变化。
动态	线条、形状和色彩显现出来动态	一直生硬僵化地使用线条、形状和形式，仅仅依赖基本的几何图形而很少使用斜线、虚线和飘逸的线条，所作的画是静态的、重复的。	在具象性图画和设计中大量或游戏似的使用线，所作的画流畅而自由奔放。	线条、形式和色彩生动地表现出节奏、平衡与和谐，显示出动态。

表 9–6　光谱计划之儿童视觉艺术评价标准——艺术水平

元素	具体标准	水平一	水平二	水平三
表现力	作品中对情感的表达	画中几乎没有明显的情感表现。画几乎不能引起情感共鸣或反应。	具有比较明显的通过线条、形状引发感觉和情绪的能力，但还不够明确。	通过实际的具象和抽象的手法表达强烈的情绪色彩。画面呈现出“活泼”“悲伤”或“有力”。
饱满感	不同深浅线条的效果	线条的变化不是为了加强画的效果，而是画面本身需要。	用线条的变化来造成图案或具象性图画中一两个特定事物的效果。	图画中用深浅不同的线条表现几个事物的结构，并产生了一定的效果。
美感	美感与和谐	缺乏美感，很少有意修饰、精心描绘，有时也使用多种色彩，但不是为了加强效果，而是画面本身需要。	为了修饰的需要而有意选择某些颜色，虽然修饰可能夸张或卡通化，但是个体的形状显示出一定的美感与和谐感。	十分注意装饰，图式或复制品都表现出韵律并经过修饰。形式经过了仔细和有意的安排。图画多彩，充满平衡感和韵律感。儿童能用有意义的方式参与到美的自我表现过程中来。

（三）孔起英对儿童绘画作品的评价

孔起英从线的造型、色彩的使用和构图与构思三个方面对学前儿童的绘画作品进行了评价。[①]具体标准见表 9–7 至表 9–9。

表 9–7　学前儿童绘画作品评价标准——线的造型

一级次元	权重	二级次元	权重	等级标准	得分
线的造型	0.30	线和形状的使用	0.30	乱线涂鸦，无一定形象。 用单一形状（圆）表示某一形象，仅具象征性。 具有基本形状(圆),并能把线条和形状组合在一起，但形象的整体性不强。 能用熟练、流畅的线（直线、曲线、折线）和正确的形状（圆形、方形、三角形），并把它们有机地组合起来，表示整体形象。	
		结构特征的把握	0.35	无结构特征，或结构特征错误，不能反映物体的形象。 具备了物体的基本部分，但结构不合理或特征有遗漏。 形象的各组成部分基本齐全，特征显著，但结构欠合理。 能用很多细节来准确地表现物体特征，结构合理紧凑，各部分之间关系基本正确。	
		造型的创造性	0.35	毫无创造性。 创造性不明显，模仿成分多。 造型的某一部分具有创造性。 造型的两个以上部分具有创造性。	

① 孔起英:《学前儿童美术教育》，242～245 页，南京，南京师范大学出版社，1998。

表 9–8　学前儿童绘画作品评价标准——色彩的使用

<table>
<tr><th>一级次元</th><th>权重</th><th>二级次元</th><th>权重</th><th>等级标准</th><th>得分</th></tr>
<tr><td rowspan="3">色彩的使用</td><td rowspan="3">0.30</td><td>随类赋彩</td><td>0.35</td><td>随便用 1～3 种颜色不按物体的固有色涂。
所画对象的颜色有 4～6 种与物体的固有色相似。
所画对象的颜色有 7～9 种与物体的固有色相似。
所画对象的颜色有 10 种或 10 种以上与物体的固有色相似。</td><td></td></tr>
<tr><td>色彩的丰富性</td><td>0.35</td><td>无规律地乱涂色。
颜色的种类较少，画面色彩较单调。
选择颜色种类较多，画面色彩鲜明，但主调不明显。
选择颜色种类多，画面色彩鲜明，能有主调地表现主题。</td><td></td></tr>
<tr><td>色彩的情感表现性</td><td>0.30</td><td>无意味地涂色。
尽量模仿对象的概念化的色彩，无情感表现。
有主观感受，但色彩表现不强烈，区分度不大。
不受对象固有色的束缚，能涂出自己主观感受到的色彩，有情绪性，区分度大。</td><td></td></tr>
</table>

表 9–9　学前儿童绘画作品评价标准——构图与构思

<table>
<tr><th>一级次元</th><th>权重</th><th>二级次元</th><th>权重</th><th>等级标准</th><th>得分</th></tr>
<tr><td>构图与构思</td><td>0.40</td><td>画面构图</td><td>0.35</td><td>画面上的形象各自孤立，互不联系，形象的组织杂乱无章。
画面的形象或偏于一角，或呈列举式。
能将主物体安排在突出的位置上，但整体布局不太合理。
形象主次分明，画面布局合理，具有一定的均衡感与整体感。</td><td></td></tr>
</table>

续表

一级次元	权重	二级次元	权重	等级标准	得分
构图与构思	0.40	立体空间的把握	0.30	物体“漂浮”在画面上，无逻辑上的联系，缺乏空间观念。 有地平线概念，但无大小、前后、内外的观念，物体作逐一排列，形象具有等高等大样。 有大小及内外观念，并能表现；但前后关系还不能表现，所画物体多为透明画。 能表现出物体的大小、前后、内外等关系。	
		主题的表达	0.35	完全不理解主题意义，所画形象与主题无关。 能画出一些与主题有关的形象，但形象间缺乏联系，尚不能正确表达主题。 所画内容较多，形象之间有联系，基本上能表达主题，但不生动。 所画内容丰富，情节生动，表达主题清楚并正确。	

（四）杨景芝对儿童美术作品的评价

杨景芝提出可从下述五个方面对幼儿美术作品进行评价。①

1. 作品是否符合幼儿的年龄特点。幼儿的作品应与其年龄阶段的心理发展和绘画能力相符合。

2. 作品是否具有童真稚趣。作品的内容和形式应能表现出幼儿的感受和天性。

3. 作品是否有独特性。凡是最能反映幼儿个性的作品，往往是最有创造力的。

4. 作品的艺术水平。画面构成饱满，用线、用色大胆肯定，具有美感，充满信心。

5. 使用材料和表现技法是否有独到之处。

三、对幼儿美术欣赏的评价

幼儿美术欣赏指幼儿对中外美术作品进行体验和感悟的过程，是一种复杂的

① 杨景芝：《幼儿绘画心理与教育》，215页，武汉，中国地质大学出版社，2004。

心理活动。在边霞主编的《幼儿园美术教育与活动设计》中，对幼儿美术欣赏的评价从美术欣赏能力和美术欣赏态度两个方面进行。[①]

（一）对幼儿美术欣赏能力的评价

美术欣赏能力包含着感知觉、联想、想象、情绪、情感等多种心理因素，是一种高级的心理能力。对幼儿美术欣赏能力的评价主要包括美术作品的经验、形式、象征、主题四个方面，每个方面又可分成三或四种水平。

1. 经验

（1）能说出美术作品的主要内容及简单关系，而且能够具体描述作品中的细节，甚至做出整体性描述。

（2）能说出美术作品的主要内容及简单关系。

（3）能说出美术作品的主要形象和内容。

（4）不能说出美术作品的主要形象和内容。

2. 形式

（1）能用描述性或者具体而又生动的语言从美术作品的造型、色彩、构图等方面说出美在哪里。

（2）幼儿由于受到美术作品中的某些形象、色彩或者情节的吸引，而做出正面评价。

（3）幼儿由于受到作品中有自己熟悉的某些形象、色彩或者情节的吸引，而做出正面评价。

（4）只是很笼统地对美术作品做出正面评价。

3. 象征

（1）能够准确、细致地说出作品的象征意味。

（2）能够准确、简单地说出作品的象征意味。

（3）不能或者不正确地说出作品的象征意味。

4. 主题

（1）能够细致描述出作品的主题。

（2）能准确、简单地说出作品的主题。

（3）不能或者不正确地说出作品的主题。

---

① 边霞：《幼儿园美术教育与活动设计》，233～238 页，北京，高等教育出版社，2009。

（二）对幼儿美术欣赏态度的评价

美术欣赏态度，指参与美术欣赏过程中的专注程度，可以分为很专注、比较专注和不太专注三种水平。

1. 很专注：从欣赏开始到结束，幼儿能够集中注意力，几乎不受其他因素的影响。

2. 比较专注：在美术欣赏过程中，幼儿能够努力集中注意力，较少受到其他因素的影响。即使受到影响而中断欣赏，也能够很快地继续欣赏。

3. 不太专注：在美术欣赏过程中，幼儿很容易受到其他因素的影响，经常走神。

本课回顾

在评价幼儿美术学习时，我们可以从幼儿美术创作过程、幼儿美术作品和幼儿美术欣赏等方面进行。关于幼儿美术创作过程的评价，可以从创作者的构思、主动性、兴趣、专注度、独立性、创造性、操作的熟练性、自我感觉、习惯与常规九个部分进行。关于幼儿美术作品的评价，由于不同的评价者关注的评价层面不尽相同，所以，我们列举了罗恩菲尔德、多彩光谱项目、孔起英和杨景芝有关幼儿美术作品评价的标准。关于幼儿美术欣赏的评价，可以从幼儿美术欣赏能力和幼儿美术欣赏态度两个方面进行。

思考与练习

1. 在评价幼儿园美术教育活动时，我们应遵循哪些原则？

2. 观看一次幼儿园美术教育活动，尝试写出你的教育活动评价。

3. 选定某一幼儿作为观察对象，观察其在美术活动过程中的表现，尝试对他的美术学习做出评价。

拓展训练

训练一：

在教育实习过程中，尝试开展一次幼儿园美术教育活动，通过自评和其他评价者的评价，写出你的反思并进一步完善你的活动设计。

训练二：

在教育实习过程中，观察所在班级幼儿在美术活动过程中的表现，并思考你的教育策略。

总结与反思

扫一扫，跟随本书作者一起回顾本单元内容，想一想有哪些收获，还存在哪些困惑。

参考文献

1. 边霞：《幼儿园美术教育与活动设计》，北京，高等教育出版社，2009。

2. 白爱宝：《幼儿发展评价手册》，北京，教育科学出版社，1999。

3. 陈帼眉：《学前儿童发展与教育评价手册》，北京，北京师范大学出版社，1994。

4. 霍力岩：《学前教育评价》，北京，北京师范大学出版社，2014。

5. 孔起英：《学前儿童美术教育》，南京，南京师范大学出版社，1998。

6. 杨景芝：《幼儿绘画心理与教育》，武汉，中国地质大学出版社，2004。

7. 朱家雄:《学前儿童美术教育》,上海,华东师范大学出版社,1999。

8. [美]罗恩菲尔德著:《创造与心智的成长》,王德育译,长沙,湖南美术出版社,1993。

9. [美]玛拉·克瑞克维斯基编:《多元智能理论与学前儿童能力评价》,李季湄、方钧君译,北京,北京师范大学出版社,2002。

10. [美]山姆·麦索尔斯等著:《作品取样系统——教室里的真实性表现评价》,廖凤瑞、陈姿兰译,南京,南京师范大学出版社,2009。

11. [美]Joe L.Kincheloe 主编:《多元智力再思考》,霍力岩、李敏谊等译,北京,中国轻工业出版社,2004。

12. 曹英:《幼儿园绘画教育活动评价内容的研究》,东北师范大学硕士学位论文,2006。

13. 彭俊英:《幼儿美术创作发展评价研究》,南京师范大学硕士学位论文,2003。

14. 王永存:《罗恩菲尔德的幼儿美术作品评价标准在幼儿园的应用研究》,首都师范大学硕士学位论文,2013。

15. 虞永平:《幼儿园教学活动的评价》,载《早期教育》,2005(2)。